KB018970

포켓북 왕초보 중한단어 사전

포켓북
왕초보 중한단어 사전

2022년 04월 10일 초판 1쇄 인쇄
2022년 04월 15일 초판 1쇄 발행

지은이 송미경
발행인 손건
편집기획 김상배, 장수경
마케팅 최관호, 김재명
디자인 박민주
제작 최승용
인쇄 선경프린테크

발행처 *LanCom* 랭컴
주소 서울시 영등포구 영등포동4가 146-5, 3층
등록번호 제 312-2006-00060호
전화 02) 2636-0895
팩스 02) 2636-0896
홈페이지 www.lancom.co.kr
이메일 elancom@naver.com

ⓒ 랭컴 2022
ISBN 979-11-92199-10-8 13720

외국어 잡는 포켓북 단어사전 시리즈 5

왕초보

포켓북

중한

CHINESE-KOREAN
DICTIONARY

단어
사전

*Lan*Com
Language & Communication

이 책의 구성과 특징

모든 외국어는 단어에서 비롯됩니다. 따라서 하나의 단어에서 외국어 학습의 문이 무한대로 열리는 것입니다. 이 때 가장 필요한 것이 사전입니다. 그러나 대부분의 사전은 한정된 지면에 최대한의 정보를 수록하기 때문에 보기 편하고, 찾기 쉬운 점에서는 문제가 있습니다. 또한 상세한 어구 해설이나 문법 설명 등이 들어 있어도 초급자에게는 오히려 단어 그 자체의 의미를 알기 어려운 경우도 많습니다. 이 책은 중국어를 배우는 학생에서부터 실버 세대에 이르기까지 폭넓게 초보자의 입장을 고려하여 심혈을 기울여 다음과 같이 간편하게 엮었습니다.

중국어 병음순으로 찾아보는 단어사전

학습자가 원하는 단어를 즉석에서 사전처럼 찾아 볼 수 있도록 중국어 병음순(영어의 알파벳순)으로 엮어 모르는 단어가 나왔을 때 쉽고 빠르게 그 뜻을 찾아 볼 수 있습니다.

중국어 학습에 필요한 9,000여 중한단어 엄선수록

중국어를 자유자재로 구사할 수 있도록 주로 중국어 학습에 꼭 필요한 9,000여 단어를 엄선하여 기초 학습자의 중국어 단어 길라잡이가 될 수 있도록 꾸몄습니다.

중국인의 발음에 가깝게 한글로 발음표기

중국어 병음을 잘 읽지 못하더라도 누구나 쉽게 읽을 수 있도록 표제 단어의 병음 뒤에 중국인의 발음에 충실하여 한글로 표기해두었습니다. 한글 발음을 참조하되 전적으로 의존하지 말고 최대한 원음대로 발음할 수 있도록 노력한다면 학습에 많은 도움이 될 것입니다.

휴대가 간편한 포켓북 사이즈

이 책은 한손에 잡히는 아담한 사이즈로 언제 어디서나 들고 다니면서 쉽게 꺼내서 일본어 단어 학습은 물론 원하는 단어를 찾아볼 수 있습니다.

주제별 그림단어

학습자의 흥미를 돋우고 지루하지 않도록 중간 중간 주제별로 그림단어를 수록하여 그림과 함께 단어를 즐겁게 공부할 수 있습니다.

CONTENTS

주제별 그림단어

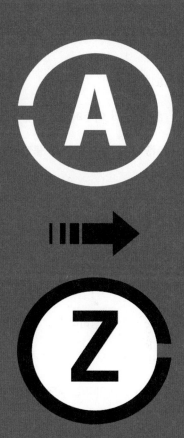

□ 啊	【ā】 아 오!	
□ 阿姨	【āyí】 아이	아주머니, 이모, 보모
□ 哎	【āi】 아이	의아하거나 불만을 나타낼 때
□ 挨	【āi】 아이	가까이 가다, 달라붙다
□ 唉	【āi】 아이	예 (대답)
□ 癌	【ái】 아이	암
□ 矮	【ǎi】 아이	키가 작다, 낮다
□ 爱	【ài】 아이	사랑하다
□ 爱戴	【àidài】 아이따이	존경, 추앙, 추대하다
□ 哀悼	【āidào】 아이따오	애도, 애도하다
□ 爱国	【àiguó】 아이꾸어	애국하다
□ 爱好	【àihào】 아이하오	취미, 기호, 애호하다
□ 爱护	【àihù】 아이후	애호, 보호하다
□ 埃及	【āijí】 아이지	이집트
□ 爱面子	【àimiànzi】 아이미엔즈	체면을 차리다

8

□ 爱情	[àiqíng] 아이칭	애정
□ 哀求	[āiqiú] 아이치우	애원, 애원하다, 애걸하다
□ 爱人	[àirén] 아이런	애인, 처, 기쁘다, 귀엽다
□ 碍事	[àishì] 아이스	거치적거리다, 방해되다
□ 哀痛	[āitòng] 아이통	애통해 하다, 비통해 하다
□ 爱惜	[àixī] 아이시	아낌, 애석함
□ 哎呀	[āiya] 아이야	아이고!
□ 哎哟	[āiyō] 아이요	에이!, 어머!
□ 艾滋病	[àizībìng] 아이즈삥	에이즈
□ 按	[ān] 안	누르다, ~에 따라서
□ 安	[ān] 안	안정하다, 편안히 안정시키다
□ 案	[àn] 안	사건, 공문, 제안
□ 暗	[àn] 안	어둡다
□ 岸	[àn] 안	언덕, 강기슭
□ 暗暗	[àn'àn] 안안	슬며시, 몰래
□ 暗淡	[àndàn] 안딴	암담하다
□ 暗地里	[àndìli] 안띠리	암암리에, 남몰래, 내심
□ 按钉	[àndīng] 안	압정, 압핀

□ 安定	【āndìng】 안	안정하다, 안정시키다
□ 案件	【ànjiàn】 안지엔	안건
□ 安静	【ānjìng】 안징	안정적이다
□ 暗礁	【ànjiāo】 안지아오	암초
□ 按摩	【ànmó】 안모	안마, 안마하다
□ 安宁	【ānníng】 안닝	안정되다
□ 安排	【ānpái】 안파이	준비, 배치, 배정하다, 처리하다
□ 按期	【ànqī】 안치	제때에, 기한대로
□ 案情	【ànqíng】 안칭	사건 내용, 경위
□ 安全	【ānquán】 안취엔	안전하다
□ 安全感	【ānquángǎn】 안취엔간	안전감
□ 暗杀	【ànshā】 안사	암살하다
□ 按时	【ànshí】 안스	제때에
□ 暗示	【ànshì】 안스	암시하다
□ 按算	【ànsuàn】 안쑤안	계획하다. 꾀하다. 예상하다
□ 暗算	【ànsuàn】 안쑤안	몰래 음모(흉계)를 꾸미다
□ 安慰	【ānwèi】 안웨이	위로, 마음이 편하다, 차분하다
□ 安稳	【ānwěn】 안원	평온하다

□ 安详	【ānxiáng】 안샹	점잖다
□ 安心	【ānxīn】 안씬	안심
□ 按照	【ànzhào】 안자오	따르다, ~에 따라, 근거하여
□ 安置	【ānzhì】 안즈	안치하다
□ 暗中	【ànzhōng】 안종	암중, 암암리
□ 安装	【ānzhuāng】 안주앙	설치하다, 가설하다
□ 昂贵	【ángguì】 앙꿰이	값비싸다, 오르다
□ 昂然	【ángrán】 앙란	떳떳하다, 씩씩하다, 당당하다
□ 昂扬	【ángyáng】 앙양	앙양되다
□ 凹	【āo】 아오	오목하다
□ 袄	【ǎo】 아오	저고리(중국)
□ 熬	【áo】 아오	끓이다, 달이다, 참고 견디다
□ 傲慢	【àomàn】 아오만	오만하다
□ 奥秘	【àomì】 아오미	매우 깊은 뜻, 깊고 신비하다
□ 奥妙	【àomiào】 아오미아오	오묘하다
□ 拗口	【àokǒu】 아오커우	발음하기 어렵다
□ 澳洲	【àozhōu】 아오저우	호주, 오스트레일리아

A
B
C
D
E
F
G
H
J
K
L
M
N
O
P
Q
R
S
T
W
X
Y
Z

가족 家族

① 祖父
zǔfù 쭈푸

② 祖母
zǔmǔ 쭈무

③ 爸爸
bàba 빠바

④ 妈妈
māma 마마

⑤ 弟弟·哥哥
dìdi 띠디 · gēge 꺼거

⑥ 妹妹·姐姐
mèimei 메이메이
jiějie 지에지에

⑦ **丈夫**
zhàngfū 장푸

⑧ **妻子**
qīzǐ 치즈

⑨ **小孩子**
xiǎoháizǐ 시아오하이즈

⑩ **婴儿**
yīng'ér 잉얼

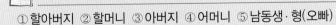

① 할아버지 ② 할머니 ③ 아버지 ④ 어머니 ⑤ 남동생·형(오빠)
⑥ 여동생·언니(누나) ⑦ 남편 ⑧ 아내 ⑨ 어린이 ⑩ 아기

13

□ 吧　　　　【ba】바 문장 끝에서 요청이나 명령을 나타냄

□ 扒　　　　【bā】바 벗기다, 허물다, 붙잡다

□ 疤　　　　【bā】바 흉터, 허물

□ 捌(八)　　【bā】바 8, 팔

□ 拔　　　　【bá】바 뽑다

□ 把　　　　【bǎ】바 쥐다, 잡다, (소변을) 누이다

□ 坝　　　　【bà】빠 댐, 제방

□ 罢　　　　【bà】빠 그만두다, 끝냄

□ 把　　　　【bà】바 자루가 있는 가구에 쓰임

□ 爸爸　　　【bàba】빠바 아빠

□ 把柄　　　【bǎbǐng】바빙 손잡이

□ 霸道　　　【bàdào】빠따오 패도, 격렬하다, 사납다

□ 罢工　　　【bàgōng】빠궁 파업하다

□ 把关　　　【bǎguān】바관 엄밀히 점검하다, 관문을 지키다

□ 巴结　　　【bājie】바지에 아첨하다, 환심을 사다

□ 芭蕾舞　　〔bālěiwǔ〕바레이우 **발레**

□ 霸权　　〔bàquán〕빠취엔 **패권**

□ 把手　　〔bǎshou〕바셔우 **손잡이**

□ 把握　　〔bǎwò〕바워 **자신, 쥐다, 장악하다, 파악하다**

□ 把戏　　〔bǎxì〕바시 **속임수, 수작**

□ 霸占　　〔bàzhàn〕빠잔 **점령하다**

□ 掰　　〔bāi〕바이 **물건을 쪼개다, 까다**

□ 白　　〔bái〕바이 **희다, 흰색, 백색**

□ 摆　　〔bǎi〕바이 **배열하다, 진열하다, 배치하다**

□ 拜　　〔bài〕바이 **절하다, 숭배하다**

□ 败　　〔bài〕빠이 **패배하다**

□ 白白　　〔báibái〕바이바이 **헛되이, 거저**

□ 百倍　　〔bǎibèi〕바이뻬이 **백배하다**

□ 白菜　　〔báicài〕바이차이 **배추**

□ 摆动　　〔bǎidòng〕바이똥 **흔들거리다**

□ 拜访　　〔bàifǎng〕빠이팡 **예방하다, 방문하다**

□ 百分比　　〔bǎifēnbǐ〕바이펀비 **백분비**

□ 败坏　　〔bàihuài〕빠이화이 **손상시키다, 나쁘다**

15

□ 拜会	【bàihuì】 빠이훼이	방문하다, 뵙다
□ 百货	【bǎihuò】 바이후어	백화 (상품)
□ 白酒	【báijiǔ】 바이지우	소주 (백주)
□ 拜年	【bàinián】 바이니엔	세배하다
□ 柏树	【bǎishù】 바이수	측백나무
□ 白天	【báitiān】 바이티엔	낮
□ 摆脱	【bǎ ituō】 바이투어	벗어나다
□ 扳	【bān】 반	잡아당기다, 비틀다
□ 般	【bān】 반	~와 같은
□ 搬	【bān】 반	옮기다
□ 斑	【bān】 반	얼룩, 반점
□ 板	【bǎn】 반	널판자
□ 瓣	【bàn】 빤	꽃잎, 파편, 판막
□ 伴	【bàn】 빤	동료, 동반자
□ 扮	【bàn】 빤	분장하다, 얼굴표정을 짓다
□ 办	【bàn】 빤	처리하다, 창설하다, 준비하다
□ 半	【bàn】 빤	반, 절반
□ 拌	【bàn】 빤	버무리다

16

□ 半边天　　〔bànbiāntiān〕빤비엔티엔 하늘의 반쪽,
　　　　　　　　　　　　　　　　　　세상의 반쪽

□ 颁布　　　〔bānbù〕반뿌 반포하다

□ 半岛　　　〔bàndǎo〕빤다오 반도

□ 半导体　　〔bàndǎotǐ〕빤다오티 반도체

□ 办法　　　〔bànfǎ〕빤파 방법

□ 颁发　　　〔bānfā〕반파 수여하다, 하달하다

□ 办公　　　〔bàngōng〕빤궁 공무를 보다

□ 办公室　　〔bàngōngshì〕빤궁스 사무실

□ 班机　　　〔bānjī〕빤지 정기 항공편

□ 半截　　　〔bànjié〕빤지에 절반, 중도

□ 半径　　　〔bànjìng〕빤징 반경

□ 办理　　　〔bànlǐ〕빤리 처리하다, 취급하다

□ 伴侣　　　〔bànlǚ〕빤뤼 반려, 동반자

□ 半路　　　〔bànlù〕빤루 도중

□ 办事　　　〔bànshì〕빤스 일을 보다

□ 半数　　　〔bànshù〕빤수 반수

□ 伴随　　　〔bànsuí〕빤쉐이 동반하다

□ 半天　　　〔bàntiān〕빤티엔 한나절

17

□ 半途而废　　【bàntúérfèi】 빤투얼페이 중도에서 그만두다

□ 办学　　　　【bànxué】 빤쉬에 학교를 세우다

□ 扮演　　　　【bànyǎn】 빤이엔 출연하다

□ 半夜　　　　【bànyè】 빤예 심야

□ 搬运　　　　【bānyùn】 반윈 운송하다

□ 班长　　　　【bānzhǎng】 반장 반장

□ 班子　　　　【bānzi】 반즈 극단, 그룹, 관리 등급

□ 半真半假　　【bànzhēnbànjiǎ】 빤전빤지아 진실하지 못하다

□ 伴奏　　　　【bànzòu】 빤쩌우 반주하다

□ 帮　　　　　【bāng】 방 돕다, 집단, 가장자리, 결사

□ 绑　　　　　【bǎng】 방 묶다, 결박하다

□ 棒　　　　　【bàng】 빵 훌륭하다, 강하다, 막대기, 곤봉

□ 磅　　　　　【bàng】 빵 파운드

□ 帮办　　　　【bāngbàn】 방반 보좌하다, 도와서 처리하다

□ 绑架　　　　【bǎngjià】 방지아 유괴하다, 납치하다

□ 帮忙　　　　【bāngmáng】 방망 일손을 돕다

□ 榜牌　　　　【bǎngpái】 방파이 게시판

□ 帮派　　　　【bāngpài】 방파이 파벌, 소집단

18

□ 棒球	【bàngqiú】 방치우	야구
□ 傍晚	【bàngwǎn】 빵완	저녁
□ 榜样	【bǎngyàng】 방양	본보기
□ 帮助	【bāngzhu】 방주	방조하다
□ 包	【bāo】 바오	보자기, 봉지, 꾸러미, 싸다
□ 剥	【bāo】 바오	벗기다, 까다, 바르다
□ 薄	【báo】 바오	야박하다, 경미하다
□ 宝	【bǎo】 바오	보배
□ 饱	【bǎo】 바오	배부르다, 속이 차다, 실컷, 족히
□ 保	【bǎo】 바오	보호하다, 보증하다
□ 报	【bào】 빠오	알리다, 보답하다, 신문, 소식
□ 爆	【bào】 빠오	폭발하다
□ 抱	【bào】 빠오	안다, 싸다
□ 保安	【bǎo'ān】 바오안	(치안을) 보안하다
□ 包办	【bāobàn】 바오빤	도맡아 하다
□ 宝贝	【bǎobèi】 바오뻬이	보배
□ 包藏	【bāocáng】 바오창	포함하다, 싸서 감추다, 속에 품다
□ 保藏	【bǎocáng】 바오창	보존하다, 간수하다

□ 保持	〔bǎochí〕	바오츠	유지하다
□ 报仇	〔bàochóu〕	빠오처우	복수하다
□ 报酬	〔bàochou〕	빠오처우	보수, 사례금
□ 保存	〔bǎocún〕	바오춘	보존하다
□ 报答	〔bàodá〕	빠오다	보답하다
□ 报到	〔bàodào〕	빠오따오	도착하였음을 보고하다
□ 报道	〔bàodào〕	빠오따오	등록하다, 도착하다
□ 报导	〔bàodǎo〕	빠오따오	보도하다
□ 暴动	〔bàodòng〕	빠오똥	폭동
□ 爆发	〔bàofā〕	빠오파	폭발하다
□ 暴风雨	〔bàofēngyǔ〕	빠오	폭풍우
□ 抱负	〔bàofù〕	빠오푸	포부 (꿈)
□ 包袱	〔bāofu〕	바오푸	보따리
□ 报复	〔bàofù〕	빠오푸	보복, 보복하다
□ 保付	〔bǎofù〕	바오푸	지불을 보증하다
□ 包扶	〔bāofú〕	바오푸	도맡아 보살피다
□ 暴富	〔bàofù〕	빠오푸	벼락부자가 되다
□ 抱负	〔bàofù〕	바오푸	포부

□ 包干儿	【bāogānr】 바오깔	일을 책임지고 맡다
□ 报告	【bàogào】 빠오까오	보고
□ 保管	【bǎoguǎn】 바오관	보관, 보관하다
□ 宝贵	【bǎoguì】 바오꿰이	귀중하다, 소중히 하다
□ 包裹	【bāoguǒ】 바오꾸어	소포, 포장하다
□ 包含	【bāohán】 바오한	포함하다
□ 饱和	【bǎohé】 바오허	포화, 최대한도에 이르다
□ 保护	【bǎohu】 바오후	보호하다
□ 宝剑	【bǎojiàn】 바오지엔	보검, 보배로움 칼
□ 保健	【bǎojiàn】 바오지엔	보건
□ 报刊	【bàokān】 빠오칸	간행물
□ 报考	【bàokǎo】 빠오카오	시험에 응시하다
□ 宝库	【bǎokù】 바오쿠	보고, 보물창고
□ 包括	【bāokuò】 바오쿠어	포괄하다
□ 堡垒	【bǎolěi】 바오레이	보루, 토치카, 견고한 구축물
□ 暴力	【bàolì】 빠오리	폭력
□ 保龄球	【bǎolíngqiú】 바오링치우	볼링, 볼링공
□ 保留	【bǎoliú】 바오리우	보류하다

□ 暴露　　　【bàoluò】빠오루어 폭로하다

□ 包罗　　　【bāoluó】빠오루어 포괄하다. 망라하다

□ 包锣　　　【bāoluó】빠오루어 꽹과리

□ 饱满　　　【bǎomǎn】바오만 포만하다, 왕성하다, 만족하다

□ 保密　　　【bǎomì】바오미 비밀을 지키다

□ 报名　　　【bàomíng】빠오밍 신청하다

□ 保姆　　　【bǎomǔ】바오무 보모

□ 爆破　　　【bàopò】빠오퍼 폭파하다

□ 抱歉　　　【bàoqiàn】빠오치엔 미안하게 생각하다

□ 报社　　　【bàoshè】빠오셔 신문사

□ 宝石　　　【bǎoshí】바오스 보석

□ 保守　　　【bǎoshǒu】바오셔우 고수하다, 보수적이다

□ 保送　　　【bǎosòng】바오쏭 보증 추천하여 보내다

□ 包围　　　【bāowéi】바오웨이 포위하다

□ 保卫　　　【bǎowèi】바오웨이 보위하다

□ 保温　　　【bǎowēn】바오원 보온하다

□ 保险　　　【bǎoxiǎn】바오시엔 보험, 안전하다

□ 报销　　　【bàoxiāo】빠오시아오 결산하다, 정산하다

□ 饱学	【bǎoxué】 빠오쉬에	학식이 풍부하다
□ 保养	【bǎoyǎng】 바오양	보양하다, 양생하다
□ 暴雨	【bàoyǔ】 빠오위	폭우
□ 抱怨	【bàoyuàn】 빠오위엔	원망하다
□ 爆炸	【bàozhà】 빠오자	작렬하다, 폭발하다
□ 保障	【bǎozhàng】 바오장	보장, 보장하다
□ 保证	【bǎozhèng】 바오정	보증하다
□ 暴政	【bàozhèng】 빠오정	폭정
□ 报纸	【bàozhǐ】 빠오즈	신문지
□ 保质	【bǎozhì】 바오즈	품질을 보증하다
□ 保重	【bǎozhòng】 바오종	몸조심하다
□ 爆竹	【bàozhú】 빠오주	폭죽
□ 包装	【bāozhuāng】 빠오주앙	포장하다
□ 雹子	【báozi】 바오즈	우박
□ 包子	【bāozi】 바오즈	만두
□ 碑	【bēi】 베이	비석, 비
□ 杯	【bēi】 베이	컵, 잔
□ 北	【běi】 베이	북(쪽)

□ 背	〔bèi〕 뻬이	업다, 지다
□ 倍	〔bèi〕 뻬이	배
□ 被	〔bèi〕 뻬이	~에 당하다, ~에게
□ 辈	〔bèi〕 베이	무리, 또래, 세대
□ 悲哀	〔bēi'āi〕 베이아이	슬프다, 애통하다
□ 背包	〔bēibāo〕 베이바오	배낭, 침낭
□ 卑鄙	〔bēibǐ〕 베이비	비열하다
□ 北边	〔běibian〕 베이비엔	북쪽
□ 北部	〔běibù〕 베이뿌	북부
□ 悲惨	〔bēicǎn〕 베이찬	비참하다
□ 被动	〔bèidòng〕 뻬이똥	수동적이다, 소극적이다
□ 北方	〔běifāng〕 베이팡	북방
□ 悲愤	〔bēifèn〕 베이펀	슬프고 분하다
□ 被告	〔bèigào〕 뻬이까오	피고
□ 悲观	〔bēiguān〕 베이관	비관하다
□ 背后	〔bèihòu〕 뻬이허우	배후
□ 背景	〔bèijǐng〕 뻬이징	배경
□ 悲剧	〔bēijù〕 베이쥐	비극

□ 贝壳	〔bèiké〕	뻬이커	조개껍질
□ 背面	〔bèimiàn〕	뻬이미엔	후면, 배면
□ 北面	〔běimiàn〕	베이미엔	북쪽
□ 背叛	〔bèipàn〕	뻬이판	배반하다
□ 被迫	〔bèipò〕	뻬이포	강요당하다
□ 悲伤	〔bēishāng〕	베이샹	슬프고 마음이 쓰리다
□ 倍数	〔bèishù〕	뻬이수	배수
□ 背诵	〔bèisòng〕	베이쏭	암송하다
□ 悲痛	〔bēitòng〕	베이통	비통하다
□ 背心	〔bèixīn〕	뻬이씬	러닝셔츠
□ 备用	〔bèiyòng〕	뻬이용	비축하다, 예비해두다
□ 杯子	〔bēizi〕	베이즈	컵
□ 被子	〔bèizi〕	뻬이즈	이불
□ 奔	〔bēn〕	번	달리다, 내달리다
□ 本	〔běn〕	번	근본, 책, 본래의, 원래의, ~권
□ 笨	〔bèn〕	뻔	우둔하다, 서투르다, 어리석다
□ 奔驰	〔bēnchí〕	번츠	내달리다, 질주하다
□ 笨蛋	〔bèndàn〕	뻔딴	바보, 멍청이

□ **本来**　【běnlái】 번라이 **본래의**

□ **本领**　【běnlǐng】 번링 **본령**

□ **本能**　【běnnéng】 번넝 **본능**

□ **奔跑**　【bēnpǎo】 번파오 **빨리 뛰다, 분주히 싸다니다**

□ **本钱**　【běnqián】 번치엔 **본전**

□ **本人**　【běnrén】 번런 **본인, 그 자신**

□ **本身**　【běnshēn】 번션 **(사람이나 일의) 그 자신(자체)**

□ **本事**　【běnshì】 번스 **출전, 전고**

□ **奔腾**　【bēnténg】 번텅 **질주하다, 끓어오르다**

□ **本性**　【běnxìng】 번씽 **본성**

□ **本着**　【běnzhe】 번저 **~에 의하다, ~으로 여기다**

□ **本质**　【běnzhì】 번즈 **본질**

□ **笨重**　【bènzhòng】 뻔종 **육중하다, 둔하고 무겁다**

□ **笨拙**　【bènzhuō】 뻔쭈어 **서툴다, 우둔하다**

□ **本子**　【běnzi】 번즈 **공책**

□ **甭**　【béng】 벙 **~할 필요 없다**

□ **蹦**　【bèng】 뻥 **뛰어오르다**

□ **绷带**　【bēngdài】 벙따이 **붕대**

26

□ 崩溃	〖bēngkuì〗 벙쿠에이	**붕괴되다, 파산하다**
□ 绷	〖bēng〗 벙	**갑자기 튀어오르다**
□ 逼	〖bī〗 비	**강박하다, 독촉하다, 핍박하다**
□ 比	〖bǐ〗 비	**비교하다, 겨루다, ~에 비하여**
□ 笔	〖bǐ〗 비	**붓, 필획, ~몫**
□ 彼	〖bǐ〗 비	**그것, 저것, 그, 상대방**
□ 币	〖bì〗 삐	**화폐**
□ 必	〖bì〗 삐	**반드시, 꼭, 틀림없이**
□ 闭	〖bì〗 삐	**닫다, 다물다, 막히다**
□ 壁	〖bì〗 삐	**벽, 담**
□ 避	〖bì〗 삐미엔	**피하다, 숨다, 방지하다**
□ 臂	〖bì〗 삐	**팔, 상박**
□ 弊病	〖bìbìng〗 삐삥	**폐해, 악폐**
□ 彼此	〖bǐcǐ〗 비츠	**피차, 상호**
□ 必定	〖bìdìng〗 삐띵	**꼭, 반드시**
□ 弊端	〖bìduān〗 삐뚜안	**폐단**
□ 比方	〖bǐfāng〗 비팡	**비유**
□ 比分	〖bǐfēn〗 비펀	**득점**

□ 笔迹　　【bǐjì】 비지 필적

□ 笔记　　【bǐjì】 비지 필기

□ 比价　　【bǐjià】 비지아 비교가격

□ 必将　　【bìjiāng】 비지앙 틀림없이, ~할 것이다

□ 比较　　【bǐjiào】 비지아오 비교적, 비교하다

□ 逼近　　【bījìn】 비진 바싹 접근하다

□ 毕境　　【bìjìng】 삐징 필경, 어차피

□ 比例　　【bǐlì】 비리 비례

□ 碧绿　　【bìlǜ】 삐뤼 검푸르다

□ 避免　　【bìmiǎn】 삐미엔 피면하다

□ 闭幕　　【bìmu】 삐무 폐막, 폐막하다

□ 闭幕式　【bìmùshì】 삐무스 폐막식

□ 逼迫　　【bīpò】 비퍼 핍박하다

□ 必然　　【bìrán】 삐란 필연적이다, 반드시, 꼭

□ 比如　　【bǐrú】 비루 예를 들다

□ 比赛　　【bǐsài】 비싸이 시합하다

□ 闭塞　　【bìsè】 삐써 막히다

□ 笔试　　【bǐshì】 비스 필기시험

□ 鼻涕	〔bítì〕 비티	콧물
□ 必修	〔bìxiū〕 삐시우	필수의
□ 必须	〔bìxu〕 삐쉬	반드시 해야 한다
□ 必要	〔bìyào〕 삐야오	필요하다
□ 毕业	〔bìye〕 삐예	졸업하다
□ 比喻	〔bǐyù〕 비위	비유, 비유하다
□ 笔直	〔bǐzhí〕 비즈	똑바르다, 매우 곧다
□ 比重	〔bǐzhòng〕 비종	비중
□ 鼻子	〔bǐzi〕 비즈	코
□ 边	〔biān〕 비엔	가장자리, 변경, 한계
□ 扁	〔biǎn〕 비엔	납작하다, 평평하다
□ 遍	〔biàn〕 비엔	널리, 엮다, 편집하다, ~번
□ 便	〔biàn〕 삐엔	편리하다, 비록 ~일지라도
□ 变	〔biàn〕 삐엔	변하다
□ 辨别	〔biànbié〕 삐엔비에	분간하다
□ 鞭策	〔biāncè〕 삐엔처	말채찍, 채찍질하다
□ 变成	〔biànchéng〕 삐엔청	변화시키다
□ 便道	〔biàndào〕 삐엔따오	지름길, 인도

29

□ 贬低　　【biǎndī】비엔디　얕잡아보다

□ 遍地　　【biàndì】삐엔띠　도처에, 곳곳에

□ 变动　　【biàndòng】삐엔똥　변동, 변동하다

□ 边防　　【biānfang】비엔팡　변방

□ 变革　　【biànge】삐엔거　변혁, 변혁하다

□ 变更　　【biàngēng】삐엔껑　변경하다

□ 编号　　【biānhào】비엔하오　일련번호

□ 辩护　　【biànhù】삐엔후　변호하다

□ 变化　　【biànhuà】삐엔화　변화하다

□ 变换　　【biànhuàn】삐엔환　변환하다

□ 编辑　　【biānjí】비엔지　편집, 편집하다

□ 边疆　　【biānjiāng】비엔지앙　변강

□ 辩解　　【biànjiě】삐엔지에　변명하다

□ 边界　　【biānjiè】비엔지에　변계

□ 边境　　【biānjìng】비엔징　변경

□ 便利　　【biànlì】삐엔리　편리하다

□ 辩论　　【bianlùn】삐엔룬　변론, 논쟁, 변론하다

□ 鞭炮　　【biānpào】비엔파오　폭죽

□ 变迁　　【biànqiān】삐엔치엔 변천

□ 辨认　　【biànrèn】삐엔런 분별하다, 식별하다

□ 便条　　【biàntiáo】삐엔티아오 쪽지

□ 变形　　【biànxíng】삐엔씽 변형되다

□ 贬义　　【biǎnyì】비엔이 (문장에서) 비방하는 의미

□ 便于　　【biànyu】삐엔위 편리하다

□ 边缘　　【biānyuán】비엔위엔 모서리, 주변

□ 编者按　【biānzhě'àn】비엔저안 편집자의 말

□ 辩证　　【biànzhèng】삐엔정 변증법적이다, 논증하다

□ 辩证法　【biànzhèngfǎ】삐엔정파 변증법

□ 编制　　【biānzhì】비엔즈 편제

□ 贬值　　【biǎnzhí】비엔즈 평가절하하다, 값이 떨어지다

□ 变质　　【biànzhì】삐엔즈 변질하다, 변하다

□ 编制　　【biānzhì】비엔즈 엮다, 편성하다

□ 鞭子　　【biānzi】비엔즈 채찍

□ 辫子　　【biànzi】삐엔즈 땋은 머리

□ 边边　　【biānbiān】비엔비엔 ~하면서 ~하다

□ 标　　　【biāo】비아오 표지, 기호, 표시하다, 입찰하다

A
B
C
D
E
F
G
H
J
K
L
M
N
O
P
Q
R
S
T
W
X
Y
Z

□ 表	【biǎo】 비아오 곁, 본보기, 표, 시계
□ 标本	【biāoběn】 비아오번 표본
□ 表达	【biǎoda】 비아오다 (생각·감정을) 표현하다
□ 标点	【biāodiǎn】 비아오디엔 구두점
□ 表面	【biǎomiàn】 비아오미엔 표면
□ 表明	【biǎomíng】 비아오밍 밝히다, 표명하다
□ 表情	【biǎoqíng】 비아오칭 표정
□ 表示	【biǎoshì】 비아오스 표시하다
□ 标题	【biāotí】 비아오티 표제
□ 表现	【biǎoxiàn】 비아오시엔 표현, 표현하다
□ 表演	【biǎoyǎn】 비아오이엔 공연하다
□ 表扬	【biǎoyáng】 비아오양 표양하다, 표창하다
□ 标语	【biāoyu】 비아오위 표어, 플래카드
□ 表彰	【biǎozhāng】 비아오장 표창하다
□ 标志	【biāozhì】 비아오즈 표지, 상징(하다)
□ 标准	【biāozhǔn】 비아오준 표준
□ 憋	【biē】 비에 (대소변을) 참다, 숨막히다
□ 别	【bié】 비에 구별하다, 꽂다, 혹시

□ **别处** 〔biéchù〕 비에추 다른 곳

□ **别的** 〔biéde〕 비에더 다른 것

□ **别管** 〔biéguǎn〕 비에관 ~을 막론하고, 간섭하지 마라

□ **别扭** 〔bièniu〕 삐에니우 어색하다, 괴팍하다

□ **别人** 〔biérén〕 비에런 다른 사람

□ **别说** 〔biéshuō〕 비에슈어 ~은 말할 것도 없고

□ **别字** 〔biézì〕 비에쯔 오자, 틀리게 쓰거나 한 글자

□ **宾馆** 〔bīnguǎn〕 빈관 영빈관, 호텔

□ **兵** 〔bīng〕 빙 사병, 병

□ **冰** 〔bīng〕 빙 얼음

□ **丙** 〔bǐng〕 빙 병, 셋째

□ **柄** 〔bǐng〕 빙 자루, 줄기, 대

□ **饼** 〔bǐng〕 빙 구운 납작한 떡

□ **病** 〔bìng〕 삥 병, 질병, 앓다, 아프다

□ **并** 〔bìng〕 삥 합치다, 통합하다, 그리고, 또

□ **病虫害** 〔bìngchónghài〕 삥총하이 병충해

□ **冰川** 〔bīngchuān〕 빙추안 빙하

□ **病床** 〔bìngchuáng〕 삥추앙 병상

□ 并存　　【bìngcún】삥춘 **병존하다**

□ 冰点　　【bīngdiǎn】빙띠엔 **빙점, 섭씨 0도**

□ 病毒　　【bìngdú】삥두 **병독**

□ 病房　　【bìngfáng】삥팡 **병실**

□ 饼干　　【bǐnggān】빙간 **과자**

□ 冰棍儿　【bīnggùr】빙꿀 **아이스케이크**

□ 病号　　【bìnghào】삥하오 **환자**

□ 冰淇淋　【bīngjilíng】빙지링 **아이스크림**

□ 病菌　　【bìngjūn】삥쥔 **병균**

□ 并列　　【bìngliè】삥리에 **병렬하다, 병렬**

□ 并排　　【bìngpái】삥파이 **나란히 열을 짓다**

□ 并且　　【bìngqiě】삥취에 **~뿐만 아니라**

□ 病情　　【bìngqíng】삥칭 **병세**

□ 病人　　【bìngrén】삥런 **환자**

□ 冰山　　【bīngshān】빙샨 **빙산, 얼음산**

□ 冰糖　　【bīngtáng】빙탕 **얼음사탕**

□ 冰箱　　【bīngxiāng】빙샹 **냉장고**

□ 秉性　　【bǐngxìng】빙씽 **성격**

□ 拨   【bō】 보 돌리다, 따돌리다

□ 播   【bō】 보 파종하다, 전파하다

□ 伯伯   【bóbó】 보보 큰아버지

□ 菠菜   【bōcài】 보차이 시금치

□ 驳斥   【bóchì】 보츠 반박하다, 논박하다

□ 波动   【bōdòng】 보뚱 파동, 동요하다, 술렁거리다

□ 搏斗   【bódòu】 보떠우 박투하다

□ 播放   【bōfàng】 보팡 방송하다

□ 伯父   【bófù】 보푸 큰아버지

□ 薄技   【bójì】 보지 하찮은 기술(재주)

□ 搏击   【bójī】 보지 박격하다, 후려치다, 격투하다

□ 拨款   【bōkuǎn】 보콴 자금을 조달하다

□ 博览会   【bólǎnhuì】 보란훼이 박람회

□ 波浪   【bōlàng】 보랑 파도, 물결

□ 玻璃   【bōlí】 보리 유리

□ 薄膜   【bómó】 보모 얇은 막, 필름

□ 伯母   【bómǔ】 보무 큰어머니

□ 薄弱   【bóruò】 보루어 박약하다

□ 博士　　　〔bóshì〕 보스 박사

□ 播送　　　〔bōsòng〕 보쏭 방송하다

□ 波涛　　　〔bōtāo〕 보타오 파도

□ 博文　　　〔bówén〕 보원 지식이 많고 사리에 밝다

□ 波纹　　　〔bōwén〕 보원 파문, 물결무늬

□ 驳文　　　〔bówén〕 보원 반박문, 논박하는 글

□ 博物馆　　〔bówùguǎn〕 보우관 박물관

□ 剥削　　　〔bōxuē〕 보쉬에 착취

□ 播音　　　〔bōyīn〕 보인 방송하다

□ 播种　　　〔bōzhòng〕 보종 파종하다

□ 脖子　　　〔bózi〕 보즈 목

□ 不安　　　〔bù'ān〕 뿌안 불안하다

□ 卜　　　　〔bǔ〕 부 예측하다, 고르다

□ 补　　　　〔bǔ〕 부 보충하다, 깁다, 보양하다

□ 捕　　　　〔bǔ〕 부 붙잡다, 체포하다

□ 布　　　　〔bù〕 뿌 천, 헝겊

□ 步　　　　〔bù〕 뿌 걸음, 단계, 상태

□ 不　　　　〔bù〕 뿌 (부정문에 사용) ~않다

□ 埠　　　　　　〔bù〕 뿌 부두, 고장

□ 不必　　　　　〔búbì〕 부삐 ~하지 말라

□ 不比　　　　　〔bùbǐ〕 뿌비 비할 수 없다, 같지 않다

□ 步兵　　　　　〔bùbīng〕 뿌빙 보병

□ 不曾　　　　　〔bùcéng〕 뿌청 ~아닌, 없었던

□ 补尝　　　　　〔bǔcháng〕 부창 보상하다

□ 补充　　　　　〔bǔchōng〕 부총 보충하다

□ 不辞而别　〔bùcíérbié〕 뿌츠얼비에 아무 말없이 떠나다

□ 不错　　　　　〔búcuò〕 부추어 괜찮다

□ 不大　　　　　〔búdà〕 부따 크지 않다, 그다지 ~하지 않다

□ 不单　　　　　〔bùdān〕 뿌단 ~뿐만 아니라

□ 不但　　　　　〔búdàn〕 부딴 뿐만 아니라

□ 不当　　　　　〔búdàng〕 부땅 부당하다, 타당치 않다

□ 不得　　　　　〔bùdé〕 뿌더 할 수 없다

□ 不得不　　　〔bùdébù〕 뿌더뿌 부득불, 어찌할 수 없다

□ 不得了　　　〔bùdéliǎo〕 뿌더리아오 대단하다, 매우 심하다,
　　　　　　　　　　　　　　　　야단났네!

□ 不得已　　　〔bùdéyǐ〕 뿌더이 부득이하다, 하는 수 없이

□ 不等　　　　　〔bùděng〕 뿌덩 기다리지 않다

□ 步调	【bùdiào】 뿌띠아오	보조, 걸음걸이, 걷는 속도
□ 不定	【búdìng】 부띵	~일지도 모르다, 정하지 않다
□ 不断	【búduàn】 부뚜안	부단히
□ 部队	【bùduì】 뿌뚜에이	부대 (군대)
□ 不对	【búduì】 부뚜에이	틀리다, 맞지 않다
□ 步伐	【bùfá】 뿌파	보조, 걸음걸이
□ 不法	【bùfǎ】 뿌파	불법적이다
□ 不妨	【bùfáng】 뿌팡	무방하다, 괜찮다
□ 部分	【bùfen】 뿌펀	부분
□ 不敢当	【bùgǎndāng】 뿌간당	황송합니다
□ 布告	【bùgào】 뿌까오	포고
□ 不公	【bùgōng】 뿌궁	불공평하다
□ 不够	【búgòu】 부꺼우	부족하다, 모자라다
□ 不顾	【búgù】 부꾸	돌보지 않다, 고려하지 않다
□ 不管	【bùguǎn】 뿌관	관계하다
□ 不光	【bùguāng】 뿌광	~뿐 만 아니라
□ 不过	【búguo】 부꾸어	그런데, 단지, ~에 지나지 않다
□ 不好意思	【bùhǎoyìsi】 뿌하오이스	부끄러워하다, 죄송하다

38

□ 部件	〔bùjiàn〕 뿌지엔	부품(조립)
□ 不见	〔bújiàn〕 부지엔	보이지 않다
□ 不见得	〔bújiànde〕 부지엔더	~라고는 할 수 없다
□ 不解	〔bùjiě〕 뿌지에	이해하지 못하다, 알지 못하다
□ 不禁	〔bùjīn〕 부진	참지 못하다
□ 不仅	〔bùjǐn〕 뿌진	뿐만 아니라
□ 补救	〔bǔjiù〕 부지우	보완하다, 만회하다
□ 不久	〔bùjiu〕 뿌지우	머지않아, 곧
□ 布局	〔bùjú〕 뿌쮜	구성, 배치
□ 不觉	〔bùjué〕 뿌쮜에	모르는 사이에
□ 不堪	〔bùkān〕 뿌칸	견딜 수 없다
□ 不可	〔bùkě〕 뿌커	~하지 않으면 안 된다
□ 补课	〔bǔke〕 부커	보충수업하다
□ 不愧	〔búkuì〕 부쿠에이	~에 부끄럽지 않다, ~답다
□ 捕捞	〔bǔlāo〕 부라오	(물고기를) 잡다
□ 不利	〔búlì〕 부리	불리하다
□ 不良	〔bùliáng〕 뿌리앙	불량하다
□ 不料	〔bùliào〕 뿌리아오	뜻밖에, 의외에

□ 部落　　【bùluò】 뿌루어 **부락, 촌락**

□ 不论　　【bùlùn】 부룬 **~을 막론하고, ~든지**

□ 不满　　【bùmǎn】 뿌만 **불만족하다, 불만**

□ 部门　　【bùmén】 뿌먼 **부문**

□ 不免　　【bùmiǎn】 뿌미엔 **면할 수 없다**

□ 不平　　【bùpíng】 뿌핑 **불공평하다**

□ 不然　　【bùrán】 뿌란 **그렇지 않으면**

□ 不容　　【bùróng】 뿌롱 **허용하지 않다**

□ 不如　　【bùrú】 뿌루 **~만 못하다, ~하는 편이 낫다**

□ 不少　　【bùshǎo】 뿌샤오 **적지 않다**

□ 不时　　【bùshí】 뿌스 **이따금, 때때로**

□ 不是　　【búshì】 부스 **잘못, 과실**

□ 卜筮　　【bǔshì】 부스 **점(을 치다)**

□ 捕食　　【bǔshí】 부스 **(동물이) 먹이를 잡아먹다**

□ 布施　　【bùshī】 부스 **희사하다, 보시(하다)**

□ 步石　　【bùshí】 부스 **디딤돌, 포석**

□ 不是吗　【búshìma】 부스마 **그렇지 않은가?**

□ 不是~而是~　【búshì~érshì】 부스~얼스 **~아니면, ~일 것이다**

□ 不是~就是~　[búshì~jiùshì]　부스~지우스　~아니면 ~이다

□ 部首　　　　[bùshǒu]　부셔우 (한자의) 부수

□ 部署　　　　[bùshǔ]　뿌수 배치, 배치하다, 안배하다

□ 补贴　　　　[bǔtiē]　부티에 보조금

□ 不停　　　　[bùtíng]　뿌팅 멈춤이 없다

□ 不同　　　　[bùtóng]　뿌통 부동하다

□ 部位　　　　[bùwèi]　뿌위 부위

□ 不惜　　　　[bùxī]　뿌시 아끼지 않다, 꺼리지 않다

□ 补习　　　　[bǔxí]　부시 보습하다

□ 部下　　　　[bùxià]　뿌시아 부하

□ 不暇　　　　[bùxiá]　부시아 (~할) 시간이 없다, 겨를이 없다

□ 不像话　　　[búxiànghuà]　부시양화 말이 아니다, 꼴불견이다

□ 不相上下　[bùxiāngshàngxià]　뿌샹샹시아 엇비슷하다

□ 步行　　　　[bùxíng]　뿌씽 보행하다

□ 不行　　　　[bùxíng]　뿌씽 안 된다, 쓸모없다

□ 不幸　　　　[bùxìng]　뿌씽 불행하다

□ 不朽　　　　[bùxiǔ]　뿌시우 불행하다, 불운하다

□ 不许　　　　[bùxǔ]　뿌쉬 허용하지 않다, 불허하다

□ **不言而喻** 【bùyánéryù】 뿌이엔얼위 말하지 않아도 안다

□ **不要** 【búyào】 부야오 ~하지 말라

□ **不要紧** 【búyàojǐn】 부야오진 괜찮다, 상관없다

□ **不宜** 【bùyí】 뿌이 ~좋지 않다

□ **不一定** 【bùyídìng】 뿌이띵 일정하지 않다, 한결같이 않다

□ **不用** 【búyòng】 부용 사용하지 않다

□ **不由得** 【bùyóudé】 뿌여우더 저도 모르게, 어쩔 수 없이

□ **不在乎** 【búzàihu】 부자이후 아무렇지도 않다

□ **不怎么样** 【bùzěnmeyang】 뿌전머양 보통이다

□ **部长** 【bùzhǎng】 뿌장 부장

□ **布置** 【bùzhì】 뿌즈 포치하다

□ **不止** 【bùzhǐ】 뿌즈 그치지 않다, ~를 넘다(범위)

□ **不只** 【bùzhǐ】 뿌즈 ~뿐만 아니라

□ **不知不觉** 【bùzhībùjué】 뿌즈뿌쥐에 자기도 모르는 사이에

□ **不至于** 【búzhìyú】 부즈위 ~도 못하다

□ **步骤** 【bùzhòu】 뿌저우 순서, 절차

□ **补助** 【bǔzhù】 부주 보조, 보조하다

□ **不住** 【búzhu】 부주 그치지 않다, 쉬지 않다

42

□ **捕捉** 【bǔzhuō】 부쭈어 **잡다, 포착하다**

□ **步子** 【bùzi】 뿌즈 **걸음, 단계, 정도**

□ **不足** 【bùzú】 뿌주 **부족하다**

집 家

① 浴室
yùshì 위스

② 洗手间
xǐshǒujiān 시셔우지엔

③ 厨房
chúfáng 추팡

④ 饭桌
fànzhuō 판쭈어

① 욕실 ② 화장실 ③ 부엌 ④ 식탁

⑤ **楼上**
lóushàng 루어샹

⑥ **窗户**
chuānghu 추앙후

⑦ **壁**
bì 삐

⑧ **阶梯**
jiētī 지에티

⑨ **门**
mén 먼

⑩ **下层**
xiàcéng 씨아청

⑪ **客厅**
kètīng 커팅

⑤ 위층 ⑥ 창문 ⑦ 벽 ⑧ 계단 ⑨ 문 ⑩ 아래층 ⑪ 거실

45

□ 擦 　　【cā】 차 닦다, 칠하다, 문지르다

□ 猜 　　【cāi】 차이 알아맞히다, 추측하다

□ 才 　　【cái】 차이 방금, 이제 막

□ 裁 　　【cái】 차이 절, 자르다, 제거하다

□ 财 　　【cái】 차이 재물

□ 采 　　【cǎi】 차이 따다, 채취하다

□ 踩 　　【cǎi】 차이 밟다, 극복하다, 추적하다

□ 菜 　　【cài】 차이 야채, 요리

□ 猜测 　　【cāicè】 차이써 추측, 알아맞히다

□ 财产 　　【cáichǎn】 차이찬 재산

□ 菜单 　　【càidān】 차이딴 메뉴

□ 采购 　　【cǎigòu】 차이꺼우 사들이다

□ 采访 　　【cǎifǎng】 차이팡 인터뷰, 취재하다

□ 裁缝 　　【cáifeng】 차이펑 재봉, 재봉사

□ 裁缝 　　【cáiféng】 차이펑 재봉하다

□ 财富	【cáifù】 차이푸	**재산**
□ 财富	【cáifù】 차이푸	**재부**
□ 才干	【cáigàn】 차이깐	**재간**
□ 财会	【cáihuì】 차이훼이	**재무와 회계**
□ 采集	【cǎijí】 차이지	**채집하다**
□ 裁决	【cáijué】 차이쥐에	**판결, 결재**
□ 财经	【cáijīng】 차이징	**재정과 경제**
□ 裁军	【cáijūn】 차이쥔	**군축하다**
□ 财力	【cáilì】 차이리	**재력**
□ 材料	【cáiliào】 차이리아오	**재료**
□ 采纳	【cǎinà】 차이나	**채납하다**
□ 才能	【cáinéng】 차이넝	**재능**
□ 裁判	【cáipàn】 차이판	**재판, 재판하다**
□ 采取	【cǎiqu】 차이취	**취하다**
□ 彩色	【cǎise】 차이셔	**색깔**
□ 财务	【cáiwù】 차이우	**재무**
□ 猜想	【cāixiǎng】 차이샹	**추측하다, 추량하다**
□ 柴油	【cáiyóu】 차이여우	**디젤유**

□ 采用　　　【cǎiyòng】 차이용 **채용하다**

□ 财政　　　【cáizhèng】 차이정 **재정**

□ 才智　　　【cáizhì】 차이즈 **재능과 지혜**

□ 餐　　　　【cān】 찬 **요리, 식사, (음식을) 먹다**

□ 残　　　　【cán】 찬 **흠이 있다, 잔여의**

□ 蚕　　　　【cán】 찬 **누에**

□ 惨　　　　【cǎn】 찬 **비참하다, 잔인하다**

□ 残暴　　　【cánbào】 찬빠오 **잔혹하다**

□ 餐车　　　【cānchē】 찬처 **식당차**

□ 参观　　　【cānguān】 찬관 **참관하다**

□ 残疾　　　【cánjí】 찬지 **불구자**

□ 参加　　　【cānjia】 찬지아 **참가하다**

□ 参军　　　【cānjūn】 찬쥔 **입대하다, 종군하다**

□ 参考　　　【cānkǎo】 찬카오 **참고하다**

□ 惭愧　　　【cánkuì】 찬퀘이 **부끄럽다, 죄송스럽다**

□ 残酷　　　【cánkù】 찬쿠 **참혹하다**

□ 灿烂　　　【cànlàn】 찬란 **찬란하다**

□ 参谋　　　【cānmóu】 찬머우 **참모, 참모하다**

48

□ 残忍	〔cánrěn〕 추안런	잔인하다
□ 餐厅	〔cāntīng〕 찬팅	식당
□ 参与	〔cānyù〕 찬안위	참여하다
□ 参议院	〔cānyìyuàn〕 찬이위엔	참의원
□ 残余	〔cányú〕 찬위	잔여
□ 参照	〔cānzhào〕 찬자오	참조하다
□ 藏	〔cáng〕 창	숨다, 숨기다, 간수하다
□ 舱	〔cāng〕 창	선창, 객실
□ 苍白	〔cāngbái〕 창바이	창백하다
□ 仓促	〔cāngcù〕 창추	황급하다, 급작스럽다
□ 苍蝇	〔cāngying〕 창잉	파리
□ 操	〔cāo〕 차오	잡다, 종사하다, 행하다
□ 槽	〔cáo〕 차오	구유, 고랑, 홈
□ 草	〔cǎo〕 차오	풀, 초
□ 草案	〔cǎo'àn〕 차오안	초안
□ 操场	〔cāochǎng〕 차오창	운동장
□ 草地	〔cáodì〕 차오띠	초지
□ 操练	〔cāoliàn〕 차오리엔	훈련하다

□ 操劳	【cāoláo】 차오라오 **과로하다**
□ 草率	【cǎoshuài】 차오수아이 **거칠다**
□ 操心	【cāoxīn】 차오씬 **마음이 쓰이다, 심려하다**
□ 草原	【cǎoyuán】 차오위엔 **초원**
□ 操作	【cāozuò】 차오쭈어 **조작하다**
□ 操纵	【cāozòng】 차오종 **조종하다, 조작하다**
□ 册	【cè】 처 **~책**
□ 测	【cè】 처 **측량하다, 예측하다**
□ 撤	【cè】 처 **치우다, 철수하다**
□ 侧	【cè】 처 **옆, 곁, 기울이다, 치우치다**
□ 测定	【cèdìng】 처띵 **측정하다**
□ 策划	【cèhuà】 처화 **획책하다, 계략을 꾸미다**
□ 测量	【cèliáng】 처리앙 **측량하다**
□ 策略	【cèlüè】 처뤼에 **책략**
□ 侧面	【cèmiàn】 처미엔 **측면**
□ 测试	【cèshì】 처스 **측량하다**
□ 测算	【cèsuàn】 처쑤안 **예측하다**
□ 厕所	【cèsuǒ】 처슈어 **화장실**

□ 测验	【cèyàn】 처이엔	시험(하다). 테스트(하다)
□ 蹭	【cèng】 청	문지르다, 질질 끌다
□ 曾	【céng】 청	일찍부터, 이미
□ 层	【céng】 청	~층
□ 层次	【céngcì】 청츠	(말·글 따위에서) 내용의 순서
□ 曾经	【céngjīng】 청징	일찍이, 이미
□ 差	【chā】 차	차이, 상이점
□ 叉	【chā】 차	손으로 틀어잡아 밀쳐내다
□ 插	【chā】 차	끼우다, 삽입하다, 꽂다
□ 茶	【chá】 차	차
□ 查	【chá】 차	검사하다, 조사하다, 찾아보다
□ 岔	【chà】 차	갈라지다
□ 差	【chà】 차	다르다, 차이가 나다
□ 差别	【chābié】 차비에	차별
□ 差不多	【chàbuduo】 차부뚜어	거의 비슷하다, 웬만하다
□ 差错	【chācuò】 차추어	착오, 재난
□ 查处	【cháchǔ】 차추	조사하여 처리하다
□ 差点儿	【chàdiǎnr】 차디알	하마터면, 약간 못하다

51

茶馆	【cháguǎn】 차관 다방, 찻집
差距	【chājù】 차쥐 격차
茶话会	【cháhuàhuì】 차화훼이 다과회
查获	【cháhuò】 차후어 수사하여 압수하다
查明	【chámíng】 차밍 조사하여 밝히다
刹那	【chànà】 차나 찰나, 순간
插秧	【chāyāng】 차양 모내기하다
茶叶	【cháyè】 차예 찻잎
诧异	【chàyì】 차이 의아하게 여기다
差异	【chāyì】 차이 차이
查阅	【cháyuè】 차위에 검열하다
叉子	【chāzi】 차즈 포크
插嘴	【chāzuǐ】 차쮀이 말참견하다
拆	【chāi】 차이 (붙어 있는 것을) 뜯다, 떼다
掺	【chān】 찬 섞다, 타다
搀	【chān】 찬 부축하다, 붙잡다, 섞다
馋	【chán】 찬 게걸스럽다
缠	【chán】 찬 둘둘 감다, 얽히다

□ 蝉　　　　【chán】 찬 매미

□ 产　　　　【chǎn】 찬 낳다, 생산하다

□ 铲　　　　【chǎn】 찬 깎다, 치다, 파다

□ 颤　　　　【chàn】 찬 떨다, 진동하다

□ 产地　　　【chǎndì】 찬띠 산지

□ 颤动　　　【chàndòng】 찬똥 진동하다, 흔들리다

□ 颤抖　　　【chàndǒu】 찬더우 부들부들 떨다

□ 产量　　　【chǎnliàng】 찬리앙 산량

□ 产品　　　【chǎnpǐn】 찬핀 산품

□ 产生　　　【chǎnshēng】 찬성 산생하다

□ 阐明　　　【chǎnmíng】 찬밍 천명하다

□ 产区　　　【chǎnqū】 찬취 생산구(지역)

□ 阐述　　　【chǎnshù】 찬수 명백히 논술하다

□ 传说　　　【chánshuō】 찬슈어 전설

□ 产物　　　【chǎnwù】 찬우 산물

□ 谗言　　　【chányán】 찬이엔 참언

□ 产业　　　【chǎnyè】 찬예 산업

□ 产值　　　【chǎnzhí】 찬즈 생산가치, 생산고

□ 常　　　　【cháng】창 늘

□ 长　　　　【cháng】창 길다

□ 尝　　　　【cháng】창 맛보다, 경험하다

□ 肠　　　　【cháng】창 창자, 밸

□ 偿　　　　【cháng】창 보상하다, 변상하다

□ 场　　　　【chǎng】창 ~회, ~번

□ 常常　　　【chángcháng】창창 늘

□ 长处　　　【chángchù】창추 장점, 훌륭한 점

□ 场地　　　【chǎngdì】창띠 장소

□ 长度　　　【chángdù】창뚜 길이

□ 长短　　　【chángduǎn】창뚜안 길이, 장점과 단점

□ 厂房　　　【chǎngfang】창팡 공장, 작업장

□ 常规　　　【chángguī】창궤이 상규, 관례

□ 场合　　　【chǎnghe】창허 장소, 경우, 상황

□ 偿还　　　【chánghuán】창환 상환하다

□ 厂家　　　【chǎngjiā】창지아 공장

□ 常见　　　【chángjiàn】창지엔 자주(흔히) 보다, 흔히 있다

□ 长久　　　【chángjiǔ】창지우 장구(하다), 영구(하다)

□ 仓库	【chāngkù】 창쿠 **창고**
□ 猖狂	【chāngkuáng】 창쾅 **미친 듯이 날뛰다**
□ 场面	【chǎngmiàn】 창미엔 **장면, 정경, 외관**
□ 常年	【chángnián】 창니엔 **오랜 기간**
□ 长期	【chángqī】 창치 **장기**
□ 厂商	【chǎngshāng】 창상 **제조업자**
□ 昌盛	【chāngshèng】 창성 **번창하다**
□ 尝试	【chángshì】 창스 **시험, 경험, 시험해보다**
□ 常识	【chángshí】 창스 **상식**
□ 长寿	【chángshòu】 창서우 **장수하다**
□ 场所	【chǎngsuǒ】 창쑤어 **장소**
□ 长途	【chángtú】 창투 **장거리**
□ 畅通	【chàngtōng】 창통 **마음껏 이야기하다**
□ 常务	【chángwù】 창우 **상무**
□ 畅销	【chàngxiāo】 창시아오 **매상이 좋다**
□ 倡议	【chàngyì】 창이 (계획 따위를) **제안하다**
□ 常用	【chángyòng】 창용 **늘 쓰다**
□ 长远	【chángyuǎn】 창위엔 **장원하다, 장구하다**

□ 厂长	【chǎngzhǎng】 창장	공장장
□ 长征	【chángzhēng】 창정	장정, 멀리 가다, 원정하다
□ 抄	【chāo】 차오	베끼다, 수사검거하다
□ 超	【chāo】 차오	넘다, 뛰어넘다
□ 朝	【cháo】 차오	~으로 향하다
□ 潮	【cháo】 차오	조수, 조류, ~운동
□ 吵	【chǎo】 차오	시끄럽다, 말다툼하다
□ 炒	【chǎo】 차오	볶다
□ 超额	【chāo'é】 차오어	정액을 초과하다
□ 超产	【chāochǎn】 차오찬	초과생산하다
□ 超出	【chāochū】 차오추	초과하다
□ 朝代	【cháodài】 차오따이	왕조의 연대
□ 超过	【chāoguò】 차오꾸어	초과하다
□ 超级	【chāojí】 차오지	뛰어나다, 초급(슈퍼), 초
□ 吵架	【chǎojia】 차오지아	다투다
□ 潮流	【cháoliú】 차오리우	조류
□ 吵闹	【chǎonào】 차오나오	(큰소리로) 말다툼하다
□ 钞票	【chāopiào】 차오피아오	지폐

56

□ 潮湿　　【cháoshī】차오스 습기, 습기차다

□ 嘲笑　　【cháoxiào】차오시아오 조소하다

□ 抄写　　【chāoxiě】차오시에 베껴쓰다

□ 超越　　【chāoyuè】차오위에 초월하다

□ 吵嘴　　【chǎozuǐ】차오쮀이 말다툼하다, 언쟁하다

□ 车　　　【chē】처 차

□ 扯　　　【chě】처 당기다, 찢다, 잡담하다

□ 车床　　【chēchuáng】처추앙 선반기

□ 彻底　　【chèdǐ】처디 철저히

□ 车间　　【chējiān】처지엔 직장

□ 车辆　　【chēliàng】처리앙 차량

□ 车梯　　【chētī】처티 차의 트랩

□ 撤退　　【chètuì】처투에이 철퇴하다, 철수하다

□ 车厢　　【chēxiāng】처샹 찻간

□ 撤销　　【chèxiāo】처시아오 취소하다, 해임하다

□ 车站　　【chēzhàn】처잔 역전

□ 沉　　　【chén】천 심하다, 깊다

□ 趁　　　【chèn】천 ~하는 김에

□ 趁	【chèn】 천 타다, 편승하다, (때를) ~봐서
□ 沉淀	【chéndiàn】 천띠엔 침전, 침전하다
□ 沉静	【chénjìng】 천징 고요하다, 차분하다
□ 陈旧	【chénjiù】 천지우 낡다, 케케묵다
□ 陈列	【chénliè】 천리에 진열하다
□ 沉闷	【chénmèn】 천먼 음울하다, 침울하다, 꽁하다
□ 沉默	【chénmò】 천모 침묵하다
□ 衬衫	【chènshān】 천샨 셔츠
□ 陈述	【chénshù】 천수 진술하다
□ 沉思	【chénsī】 천스 깊이 생각하다, 숙고하다
□ 沉痛	【chéntòng】 천통 심각하다, 쓰라리다
□ 尘土	【chéntǔ】 천투 먼지
□ 称心	【chènxīn】 천씬 마음에 맞다, 만족하다
□ 衬衣	【chènyī】 천이 내의
□ 沉重	【chénzhòng】 천종 심하다, 무겁다
□ 沉着	【chénzhuó】 천쭈어 침착하다
□ 称	【chēng】 청 적합하다, 어울리다
□ 撑	【chēng】 청 버티다, 꽉 채우다

□ 成	【chéng】 청	이루다, 성공하다
□ 城	【chéng】 청	성, 성시
□ 乘	【chéng】 청	타다, 이용하다, 곱하다
□ 惩	【chéng】 청	징벌하다, 처벌하다
□ 盛	【chéng】 청	물건을 담다, 넣다
□ 呈	【chéng】 청	나타나다, 드리다
□ 秤	【chèng】 청	저울
□ 承办	【chéngbàn】 청빤	청부맡다
□ 惩办	【chéngbàn】 청빤	처벌하다
□ 承包	【chéngbāo】 청바오	청부맡다, 도급받다
□ 成本	【chéngběn】 청번	성분, 원가
□ 承担	【chéngdān】 청단	담당하다, 맡다
□ 程度	【chéngdù】 청뚜	정도
□ 惩罚	【chéngfá】 청파	징벌하다
□ 成分	【chéngfèn】 청펀	성분
□ 成份	【chéngfèn】 청펀	성분
□ 成功	【chénggōng】 청궁	성공
□ 称号	【chēnghào】 청하오	칭호

□ 称呼	【chēnghu】 청후	호칭
□ 称呼	【chēnghu】 청후	부르다, 일컫다
□ 成绩	【chéngjì】 청지	성적
□ 乘机	【chéngjī】 청지	기회를 타서
□ 成交	【chéngjiāo】 청지아오	거래가 성립되다
□ 成就	【chéngjiù】 청지우	성취
□ 乘客	【chéngkè】 청커	승객
□ 诚恳	【chéngkěn】 청컨	성실하다
□ 成立	【chénglì】 청리	성립하다
□ 成品	【chéngpǐn】 청핀	제품, 완제품
□ 成千上万	【chéngqiānshàngwàn】 청치엔샹완	많고 많다
□ 澄清	【chéngqīng】 청칭	맑게 하다, 해명하다
□ 成人	【chéngrén】 청런	성인
□ 承认	【chéngrèn】 청런	승인하다
□ 诚实	【chéngshí】 청스	성실하다
□ 城市	【chéngshì】 청스	상시
□ 承受	【chéngshòu】 청셔우	감당하다, 이겨내다
□ 成熟	【chéngshu】 청수	성숙했다

□ 成套	〔chéngtào〕 청타오	한조, 한 세트
□ 成天	〔chéngtiān〕 청티엔	온 하루
□ 成为	〔chéngwéi〕 청웨이	~으로 되다
□ 乘务员	〔chéngwùyuán〕 청우위엔	승무원
□ 呈现	〔chéngxiàn〕 청시엔	나타나다
□ 成效	〔chéngxiào〕 청시아오	성과, 효과
□ 成心	〔chéngxīn〕 청씬	일부러, 고의로
□ 诚心诚意	〔chéngxīnchéngyì〕 청씬청이	성심성의
□ 程序	〔chéngxù〕 청쉬	순서, 프로그램
□ 诚意	〔chéngyì〕 청이	성의
□ 成语	〔chéngyǔ〕 청위	성어
□ 成员	〔chéngyuán〕 청위엔	성원
□ 称赞	〔chēngzàn〕 청짠	칭찬하다
□ 成长	〔chéngzhǎng〕 청장	성장
□ 城镇	〔chéngzhèn〕 청전	도시와 읍
□ 诚挚	〔chéngzhì〕 청즈	성실하고 진지하다
□ 吃	〔chī〕 츠	먹다
□ 迟	〔chí〕 츠	늦다, 느리다

□ 池　　　　【chí】 츠 늪, 못

□ 尺　　　　【chǐ】 츠 자, 자대, ~자

□ 翅膀　　　【chìbǎng】 츠방 날개

□ 尺寸　　　【chǐcùn】 츠춘 치수, 사이즈

□ 赤道　　　【chídào】 츠따오 적도

□ 迟到　　　【chídào】 츠따오 지각하다

□ 迟缓　　　【chíhuǎn】 츠환 느리다, 완만하다

□ 吃惊　　　【chījīng】 츠징 깜짝 놀라다

□ 持久　　　【chíjiǔ】 츠지우 오래 지속되다

□ 吃苦　　　【chīkǔ】 츠쿠 괴로움을 견디다

□ 吃亏　　　【chīkuī】 츠퀘이 손해를 보다

□ 吃力　　　【chīlì】 츠리 힘들다, 힘겹다

□ 齿轮　　　【chǐlún】 츠룬 톱니바퀴, 기어

□ 池塘　　　【chítang】 츠탕 늪, 못

□ 持续　　　【chíxù】 츠쉬 지속하다

□ 赤字　　　【chìzì】 츠쯔 적자

□ 尺子　　　【chǐzi】 츠즈 자

□ 冲　　　　【chōng】 총 물을 부어 씻다, 돌진하다

62

□ 重　　　　　【chóng】 총 재차, 다시,

□ 冲　　　　　【chòng】 총 향해서, 대해서

□ 崇拜　　　　【chóngbài】 총빠이 숭배하다

□ 充当　　　　【chōngdāng】 총당 충당하다

□ 重叠　　　　【chóngdié】 총디에 중첩하다

□ 充分　　　　【chōngfèn】 총펀 충분하다

□ 冲锋　　　　【chōngfēng】 총펑 돌격하다

□ 重复　　　　【chóngfù】 총푸 중복하다

□ 崇高　　　　【chónggāo】 총가오 숭고하다

□ 崇敬　　　　【chóngjìng】 총징 숭배하고 존경하다

□ 充满　　　　【chōngmǎn】 총만 충만하다

□ 充沛　　　　【chōngpèi】 총페이 넘쳐흐르다, 왕성하다

□ 冲破　　　　【chōngpò】 총퍼 돌파하다

□ 重申　　　　【chóngshēn】 총션 거듭 천명하다

□ 充实　　　　【chōngshí】 총스 충실히, 충실히 하다

□ 冲突　　　　【chōngtū】 총투 충돌, 충돌하다

□ 重新　　　　【chóngxīn】 총씬 다시, 새로이

□ 虫子　　　　【chóngzi】 총즈 벌레

A B C D E F G H J K L M N O P Q R S T W X Y Z

□ 充足	【chōngzú】 총주	**충족하다**
□ 抽	【chōu】 처우	**피우다, 뽑다, 수축하다**
□ 仇	【chóu】 처우	**원한, 원수**
□ 愁	【chóu】 처우	**근심하다, 걱정하다**
□ 丑	【chǒu】 처우	**추하다**
□ 臭	【chòu】 처우	**구리다, 더럽다**
□ 丑恶	【chǒu'è】 처우어	**추악하다**
□ 筹备	【chóubèi】 처우뻬이	**사전에 기획 준비하다**
□ 踌躇	【chóuchú】 처우추	**주저하다**
□ 仇恨	【chóuhèn】 처우헌	**원한, 증오**
□ 筹建	【chóujiàn】 처우지엔	**건설(설립)을 계획하다**
□ 抽空	【chōukòng】 처우콩	**틈을 내다**
□ 稠密	【chóumì】 처우미	**조밀하다**
□ 抽屉	【chōutì】 처우티	**서랍**
□ 抽象	【chōuxiàng】 처우시앙	**추상적이다**
□ 抽烟	【chōuyān】 처우이엔	**담배를 피우다**
□ 绸子	【chóuzi】 처우즈	**비단**
□ 初	【chū】 추	**처음, 처음의, 최초의, 원래의**

□ 除	〔chú〕 추	~을 제외하고
□ 锄	〔chú〕 추	호미, 괭이, 김매다, 없애다
□ 处	〔chù〕 추	곳, 장소, 생활하다
□ 触	〔chù〕 추	접촉하다, 느끼다
□ 出版	〔chūbǎn〕 추반	출판하다
□ 储备	〔chǔbèi〕 추뻬이	비축하다
□ 初步	〔chūbù〕 추뿌	초보적이다
□ 出差	〔chūchai〕 추차이	출장가다
□ 出产	〔chūchǎn〕 추찬	산출되다, 출산
□ 储藏	〔chǔchǎng〕 추창	저장하다
□ 处处	〔chùchù〕 추추	도처에, 어디든지
□ 除此之外	〔chúcǐzhīwài〕 추츠즈와이	이것 이외에, 이밖에
□ 储存	〔chǔcún〕 추춘	저축하다
□ 出动	〔chūdòng〕 추똥	출동하다
□ 处罚	〔chǔfá〕 추파	처벌하다
□ 出发	〔chūfa〕 추파	출발하다
□ 出发点	〔chūfādiǎn〕 추파디엔	출발점
□ 触犯	〔chùfàn〕 추판	범하다

□ 出访	【chūfǎng】	추팡	방문하다
□ 处方	【chǔfāng】	추팡	처방(약)
□ 厨房	【chúfáng】	추팡	부엌
□ 除非	【chúfēi】	추페이	오로지, ~해야만
□ 处分	【chǔfèn】	추펀	처분하다
□ 初级	【chūjí】	추지	초급
□ 出境	【chūjìng】	추징	국경을 나가다
□ 处境	【chǔjìng】	추징	처지, 상황, 상태
□ 处决	【chǔjué】	추쥐에	사형하다
□ 出口	【chūkǒu】	추커우	수출하다, 출구
□ 出来	【chūlái】	추라이	나오다
□ 除了以外	【chúleyǐwài】	추러이와이	~할 뿐만 아니라 또한
□ 处理	【chùlǐ】	추리	처리하다
□ 出路	【chūlu】	추루	출구, 활로, 판로
□ 出卖	【chūmài】	추마이	팔다, 배반하다
□ 出门	【chūmén】	추먼	밖으로 나가다, 외출하다
□ 出面	【chūmiàn】	추미엔	친히 나서다
□ 出名	【chūmíng】	추밍	유명해지다

66

- 出难题　【chūnántí】추난티　거북하게 만들다

- 出品　【chūpǐn】추핀　출품

- 初期　【chūqī】추치　초기

- 出去　【chūqù】추취　나가다

- 出入　【chūrù】추루　출입하다

- 出色　【chūsè】추써　특별히, 훌륭하다

- 出身　【chūshēn】추선　출신

- 出神　【chūshén】추선　멍청해지다

- 出生　【chūshēng】추성　출생

- 出世　【chūshì】추스　출세하다

- 厨师　【chúshī】추스　요리사

- 出事　【chūshì】추스　사고가 발생하다

- 出售　【chūshòu】추셔우　팔다

- 除外　【chúwài】추와이　제외하다

- 出息　【chūxi】추시　발전성, 장래성

- 出席　【chūxí】추시　출석하다

- 除夕　【chúxī】추시　섣달 그믐밤

- 出现　【chūxiàn】추시엔　나타나다

- 储蓄 　【chǔxù】 추쉬 저축하다
- 出洋相 　【chūyángxiàng】 추양시앙 추태, 웃음꺼리
- 处于 　【chǔyú】 추위 어떤 지위나 상태에 처하다
- 出院 　【chūyuàn】 추위엔 출원을 하다
- 处置 　【chǔzhì】 추즈 처치하다
- 初中 　【chūzhōng】 추종 초중(중학교)
- 出租 　【chūzu】 추주 세주다, 세를 놓다
- 出租汽车 　【chūzūqìchē】 추주치처 택시
- 穿 　【chuān】 추안 입다, 신다
- 船 　【chuán】 추안 배, 선박
- 传 　【chuán】 추안 전파하다, 전염되다
- 喘 　【chuǎn】 추안 헐떡거리다, 숨차다
- 串 　【chuàn】 추안 ~꿰미, ~줄, 꿰다, 어긋나다
- 传播 　【chuánbō】 추안보 전파하다
- 船舶 　【chuánbó】 추안보 선박
- 传达 　【chuándá】 추안다 전달하다
- 传单 　【chuándān】 추안단 전단지
- 传递 　【chuándì】 추안띠 건네다

□ 传染	【chuánrǎn】 추안란	**전염되다**
□ 传授	【chuánshòu】 추안셔우	**전수하다**
□ 传送	【chuánsòng】 추안쑹	**전송하다**
□ 传统	【chuántǒng】 추안퉁	**전통**
□ 创业	【chuàngyè】 추앙예	**창업하다**
□ 传真	【chuánzhēn】 추안전	**팩스**
□ 船只	【chuánzhī】 추안즈	**배, 선박**
□ 窗	【chuāng】 추앙	**창, 창문**
□ 疮	【chuāng】 추앙	**종기, 부스럼**
□ 床	【chuáng】 추앙	**침대**
□ 闯	【chuàng】 추앙	**찾다, 방문하다**
□ 创	【chuàng】 추앙	**창조하다, 처음으로 만들다**
□ 创办	【chuàngbàn】 추앙빤	**창설하다**
□ 床单	【chuángdān】 추앙단	**침대시트**
□ 窗户	【chuānghu】 추앙후	**창문**
□ 创建	【chuàngjiàn】 추앙지엔	**창건하다**
□ 窗口	【chuāngkǒu】 추앙커우	**창문 옆, 창가**
□ 创立	【chuànglì】 추앙리	**창립하다**

□ 窗帘　　　【chuānglián】추앙리엔 커튼

□ 床铺　　　【chuángpù】추앙푸 침상, 침대

□ 窗台　　　【chuāngtái】추앙타이 창문턱

□ 床位　　　【chuángwèi】추앙웨이 침대자리

□ 创新　　　【chuàngxīn】추앙씬 옛 것을 버리고 새 것을 창조
　　　　　　　하다, 창의성, 창조성, 창의

□ 创造　　　【chuàngzào】추앙자오 창조

□ 创作　　　【chuàngzuò】추앙쭈어 창작

□ 吹　　　　【chuī】췌이 불다

□ 垂　　　　【chuí】췌이 드리우다, 접근하다

□ 捶　　　　【chuí】췌이 두드리다, 다듬질을 하다

□ 锤　　　　【chuí】췌이 망치

□ 吹捧　　　【chuīpěng】췌이펑 치켜세우다

□ 吹牛　　　【chuīniú】췌이니우 허풍을 떨다

□ 垂直　　　【chuízhí】췌이즈 수직

□ 春　　　　【chūn】춘 봄

□ 纯　　　　【chún】춘 순수하다, 숙련되다

□ 蠢　　　　【chǔn】춘 어리석다, 우둔하다

□ 春季　　　【chūnjì】춘지 봄철(춘계)

□ 纯粹	〖chúncuì〗 춘췌이	순수하다, 오로지
□ 春耕	〖chūngēng〗 춘겅	봄갈이
□ 纯洁	〖chúnjié〗 춘지에	순결하다
□ 春节	〖chūnjié〗 춘지에	설, 춘절
□ 春天	〖chūntiān〗 춘티엔	봄
□ 词	〖cí〗 츠	단어, 사
□ 辞	〖cí〗 츠	말, 언사
□ 雌	〖cí〗 츠	암컷
□ 瓷	〖cí〗 츠	자기, 도자기
□ 此	〖cǐ〗 츠	이것, 이
□ 刺	〖cì〗 츠	가시, 바늘, 찌르다, 헐뜯다
□ 次	〖cì〗 츠	품질이 떨어지다, 다음의, ~차
□ 慈爱	〖cí'ài〗 츠아이	자애롭다
□ 磁带	〖cídài〗 츠따이	테이프
□ 词典	〖cídiǎn〗 츠디엔	사전
□ 此后	〖cǐhòu〗 츠허우	이후, 이다음
□ 伺候	〖cìhou〗 츠허우	시중들다, 돌보다
□ 词汇	〖cíhuì〗 츠훼이	어휘

□ 刺激　　【cìjī】 츠지 자극, 자극하다

□ 词句　　【cíjù】 츠쥐 어구

□ 此刻　　【cǐkè】 츠커 이 시각

□ 次品　　【cìpǐn】 츠핀 불량품

□ 此时　　【cǐshí】 츠스 지금, 이때

□ 次数　　【cìshù】 츠수 차수, 횟수

□ 磁铁　　【cítiě】 츠티에 자철

□ 此外　　【cǐwài】 츠와이 이밖에

□ 慈祥　　【cíxiáng】 츠시앙 자상하다

□ 辞谢　　【cíxiè】 츠시에 사절하다, 사퇴하다

□ 次序　　【cìxù】 츠쉬 순서, 차례

□ 次要　　【cìyào】 츠야오 부차적인, 다음으로 중요한

□ 辞职　　【cízhí】 츠즈 사직을 하다

□ 葱　　　【cōng】 총 파

□ 丛　　　【cóng】 총 숲, 무리, 떼

□ 从而　　【cóng'ér】 총얼 따라서

□ 从不　　【cóngbù】 총뿌 지금까지 ~아니하다

□ 从此　　【cóngcǐ】 총츠 이로부터

72

□ **匆匆**　　【cōngcōng】 총총 **총총하다, 급하다**

□ **从来**　　【cónglái】 총라이 **지금까지**

□ **匆忙**　　【cōngmáng】 총망 **총망하다, 매우 바쁘다**

□ **从没**　　【cóngméi】 총메이 **지금까지 ~아니하다**

□ **聪明**　　【cōngming】 총밍 **총명하다**

□ **从前**　　【cóngqián】 총치엔 **종전**

□ **从容**　　【cóngróng】 총롱 **조용하다, 여유가 있다**

□ **从容不迫**　【cóngróngbùpò】 총롱뿌퍼 **태연자약하다**

□ **从事**　　【cóngshì】 총스 **종사하다**

□ **从头**　　【cóngtóu】 총터우 **처음부터**

□ **从未**　　【cóngwèi】 총웨이 **지금까지 ~하지 않았다**

□ **从小**　　【cóngxiǎo】 총시아오 **어릴 때부터**

□ **从中**　　【cóngzhōng】 총종 **중간에서, 가운데에서**

□ **从**　　　【cóng】 총 **~부터**

□ **从出发**　　【cóngchūfā】 총추파 **~에서 출발하다**

□ **从~起**　　【cóng~qǐ】 총 ~ 치 **~에서부터~**

□ **从~看~**　　【cóng~kànlái】 총 ~ 칸라이 **~부터 보아서**

□ **凑**　　　【còu】 처우 **모으다, 틈타다**

□ 凑合 【còuhé】 처우허 한곳에 모으다

□ 凑巧 【còuqiǎo】 처우치아오 공교롭게, 때마침

□ 粗 【cū】 추 굵다, 조잡하다, 상스럽다

□ 促 【cù】 추 진하다

□ 醋 【cù】 추 식초

□ 粗心 【cūxīn】 추씬 세심하지 못하다, 부주의하다

□ 粗暴 【cūbào】 추빠오 거칠다, 난폭하다

□ 促进 【cùjìn】 추진 촉진하다

□ 粗粮 【cūliáng】 추리앙 잡곡

□ 粗鲁 【cūlǔ】 추루 우악스럽다, 거칠다

□ 促使 【cùshǐ】 추스 ~하게 하다, 하도록 재촉하다

□ 粗细 【cūxì】 추시 굵고 가는 것

□ 粗心 【cūxīn】 추씬 세심하지 못하다

□ 窜 【cuàn】 추안 싸다, 싸매다, 휘감다

□ 摧 【cuī】 췌이 때려 부수다, 좌절시키다

□ 脆 【cuì】 췌이 부서지기 쉽다, 바삭바삭하다

□ 摧残 【cuīcán】 췌이찬 심한 손상을 주다

□ 摧毁 【cuīhuǐ】 췌이훼이 타파하다, 때려 부수다

□ **翠绿**　　【cuìlǜ】 췌이뤼 **새파랗다** (비취색)

□ **脆弱**　　【cuìruò】 췌이루어 **취약하다, 연약하다**

□ **炊事员**　【cuīshìyuán】 췌이스위엔 **취사원**

□ **存**　　　【cún】 춘　**존재하다, 모으다, 저축하다**

□ **寸**　　　【cùn】 춘　**~촌**

□ **存车处**　【cúnchēchù】 춘처추 **자전거 보관소**

□ **存单**　　【cúndān】 춘딴 **예금증, 보관증, 저금통장**

□ **存放**　　【cúnfàng】 춘팡 **맡겨두다**

□ **存活**　　【cúnhuó】 춘후어 **생존하다, 살려두다**

□ **存货**　　【cúnhuò】 춘후어 **재고품, 물건을 저장하다**

□ **存款**　　【cúnkuǎn】 춘콴 **저금하다**

□ **存心**　　【cúnxīn】 춘씬 **마음씨, 근성, 일부러**

□ **寸心**　　【cùnxīn】 춘씬 **마음, 촌지, 조그만 성의**

□ **存在**　　【cúnzài】 춘자이 **존재하다**

□ **村庄**　　【cūnzhuāng】 춘주앙 **마을, 촌락**

□ **村子**　　【cūnzi】 춘즈 **분해하다**

□ **搓**　　　【cuō】 추어 **비비다**

□ **错**　　　【cuò】 추어 **틀림, 착오, 틀리다, 엇갈리다**

① 花坛
huātán 후아탄

② 兔子
tùzi 투즈

③ 猫
māo 마오

④ 狗
gǒu 꺼우

⑤ 篱笆
líba 리바

① 화단 ② 토끼 ③ 고양이 ④ 개 ⑤ 울타리

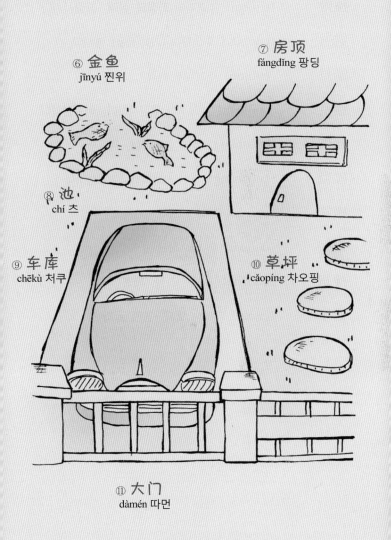

⑥ 金鱼
jīnyú 찐위

⑦ 房顶
fángdǐng 팡딩

⑧ 池
chí 츠

⑨ 车库
chēkù 처쿠

⑩ 草坪
cǎopíng 차오핑

⑪ 大门
dàmén 따먼

⑥ 금붕어　⑦ 지붕　⑧ 연못　⑨ 차고　⑩ 잔디　⑪ 대문

□ 挫败	【cuòbài】 추어빠이	**좌절과 실패, 좌절시키다**
□ 错过	【cuòguò】 추어꾸어	**(기회 등을) 놓치다**
□ 错觉	【cuòjué】 추어쥐에	**착각**
□ 错乱	【cuòluàn】 추어루안	**무질서하다, 어수선하다**
□ 挫伤	【cuòshāng】 추어샹	**타박상, 멍**
□ 磋商	【cuōshāng】 추어샹	**협의하다, 교섭하다**
□ 措施	【cuòshī】 추어스	**조치**
□ 错误	【cuòwù】 추어우	**착오**
□ 挫折	【cuòzhé】 추어저	**좌절, 패배**
□ 错字	【cuòzì】 추어쯔	**오자, 틀린 글자**

□ 搭	【dā】 다 세우다, 걸치다, 보태다
□ 达	【dá】 다 도달하다, 전달하다, 통하다
□ 答	【dá】 다 대답하다
□ 打	【dǎ】 다아 때리다, 치다, 만들다
□ 大	【dà】 따 크다
□ 答案	【dá'àn】 다안 답안
□ 打败	【dǎbài】 다빠이 쳐서 물리다, 싸워서 이기다
□ 大半	【dàbàn】 따빤 대개, 대체로, 태반, 대부분
□ 打扮	【dǎbàn】 다빤 분장하다
□ 大包小揽	【dàbāoxiǎolǎn】 따바오시아오란 뿌듯이 끌어 안다
□ 大便	【dàbiàn】 따삐엔 대변
□ 答辩	【dábiàn】 다삐엔 답변하다
□ 大臣	【dàchén】 따천 대신
□ 达成	【dáchéng】 다청 달성하다
□ 大大	【dàdà】 따따 대단히, 엄청나게

□ **大胆** 〔dàdǎn〕 따단 대담하다

□ **达到** 〔dádào〕 다따오 달성하다

□ **大道** 〔dàdào〕 따따오 큰길

□ **打倒** 〔dǎdǎo〕 다다오 타도하다

□ **大地** 〔dàdì〕 따띠 대지

□ **大都** 〔dàdōu〕 따더우 대개, 대체로

□ **大队** 〔dàduì〕 따뚜에이 (군사) 대대, 큰 대열

□ **答对** 〔dáduì〕 따뚜에이 옳게 답하다, 응답하다

□ **大多** 〔dàduō〕 따뚜어 대부분, 거의 다

□ **大多数** 〔dàduōshù〕 따뚜어수 대다수

□ **打发** 〔dǎfā〕 다파 보내다, 가게하다

□ **大方** 〔dàfang〕 따팡 시원스럽다, 의젓하다

□ **答复** 〔dáfù〕 다푸 회답(하다)

□ **大概** 〔dàgài〕 따까이 대강의

□ **大哥** 〔dàgē〕 따거 큰형, 맏형

□ **大公无私** 〔dàgōngwúsī〕 따궁우스 공평무사하다

□ **大锅饭** 〔dàguōfàn〕 따구어판 한솥밥

□ **大会** 〔dàhuì〕 따훼이 대회

80

□ **大伙儿** 〔dàhuǒr〕 따후얼 여럿이

□ **打击** 〔dǎjī〕 다지 타격하다

□ **打架** 〔dǎjià〕 다지아 싸움하다, 싸우다

□ **大家** 〔dàjiā〕 따지아 여러분

□ **打交道** 〔dǎjiāodao〕 다지아오다오 왕래하다, 교제하다, 사귀다

□ **大街** 〔dàjie〕 따지에 큰거리, 대로

□ **大局** 〔dàjú〕 따쥐 대세

□ **答卷** 〔dájuàn〕 다쥐엔 답안지

□ **大力** 〔dàlì〕 따리 강력하게, 크게

□ **大理石** 〔dàlǐshí〕 따리스 대리석

□ **大量** 〔dàliàng〕 따리앙 대량적

□ **打量** 〔dǎliang〕 다리앙 훑어보다, 관찰하다

□ **打猎** 〔dǎliè〕 다리에 사냥하다

□ **大陆** 〔dàlù〕 따루 대륙

□ **大妈** 〔dàmā〕 따마 큰어머님

□ **大米** 〔dàmǐ〕 따미 입쌀

□ **大拇指** 〔dàmuzhǐ〕 따무즈 엄지손가락

□ **大脑** 〔dànǎo〕 따나오 대뇌

□ 大娘	【dàniáng】 따니앙	어머님 (존칭)
□ 大炮	【dàpào】 따파오	대포
□ 搭配	【dāpèi】 다페이	배합하다, 결합하다
□ 大批	【dàpī】 따피	대량의
□ 打破	【dǎpò】 다포	타파하다
□ 大气压	【dàqìyā】 따치야	대기압
□ 打趣	【dǎqù】 다취	놀리다, 야유하다, 골려 주다
□ 大雀	【dàquè】 따취에	타조
□ 打饶	【dǎrǎo】 다라오	폐를 끼치다, 방해하다
□ 大人	【dàrén】 따런	대인, 성인
□ 大嫂	【dàsǎo】 따샤오	아주머님
□ 打扫	【dǎsǎo】 다샤오	청소하다
□ 大厦	【dàshà】 따싸	빌딩
□ 搭讪	【dāshàn】 따샨	거북해하다. 멋적어하다
□ 大声	【dàshēng】 따셩	큰소리
□ 大使	【dàshǐ】 따스	대사
□ 大使馆	【dàshǐguǎn】 따스관	대사관
□ 打手	【dǎshou】 따셔우	보디가드, 경호원

□ **搭手** 〔dāshǒu〕 따셔우 돕다. 거들다

□ **大手** 〔dàshǒu〕 따셔우 큰 손, 큰일을 하는 유능한 사람

□ **大肆** 〔dàsì〕 따스 마구, 제멋대로

□ **打算** 〔dǎsuàn〕 다쑤안 타산하다

□ **大体** 〔dàtǐ〕 따티 대체로

□ **打听** 〔dǎtīng〕 다팅 알아보다

□ **大同小异** 〔dàtóngxiǎoyì〕 따통시아오이 대동소이

□ **大无畏** 〔dàwúwèi〕 따우웨이 조금도 두려워하지 않는

□ **大小** 〔dàxiǎo〕 따시아오 대소

□ **大型** 〔dàxíng〕 따씽 대형의

□ **大学** 〔dàxue〕 따쉬에 대학

□ **大雁** 〔dàyàn〕 따이엔 기러기

□ **大爷** 〔dàye〕 따예 아버님

□ **大衣** 〔dàyī〕 따이 외투

□ **大意** 〔dàyì〕 따이 대의, 큰 뜻

□ **答应** 〔dāyìng〕 다잉 대답하다

□ **大于** 〔dàyú〕 따위 ~보다 크다

□ **大约** 〔dàyuē〕 따위에 대략

□ **打仗** 〔dǎzhàng〕 다장 싸우다, 전쟁하다

□ **打招呼** 〔dǎzhāohu〕 다자오후 인사하다, 주의를 주다, 알리다

□ **打针** 〔dǎzhēn〕 다전 주사를 놓다

□ **大致** 〔dàzhì〕 따즈 대체로, 대강

□ **大众** 〔dàzhòng〕 따종 대중

□ **大自然** 〔dàzìrán〕 따즈란 대자연

□ **呆** 〔dāi〕 다이 머무르다

□ **袋** 〔dài〕 따이 자루

□ **代** 〔dài〕 따이 대신하다, 대리하다

□ **戴** 〔dài〕 따이 쓰다

□ **待** 〔dài〕 따이 기다리다

□ **带** 〔dài〕 따이 지니다, 붙어있다, 이끌다

□ **贷** 〔dài〕 따이 책임을 전가하다

□ **代** 〔dài〕 따이 대, 시대, 세대

□ **代办** 〔dàibàn〕 따이빤 대리, 대신 처리하다

□ **代表** 〔dàibiǎo〕 따이비아오 대표

□ **逮捕** 〔dàibǔ〕 따이부 체포하다

□ **带动** 〔dàidòng〕 따이똥 이끌다, 대동하다

□ 大夫	〔dàifu〕따이푸	의사
□ 怠工	〔dàigōng〕따이궁	태업하다
□ 代号	〔dàihào〕따이하오	부호, 약산
□ 代价	〔dàijià〕따이지아	대가
□ 带劲	〔dàijìn〕따이진	멋있다, 신나다
□ 贷款	〔dàikuǎn〕따이콴	대부금
□ 代理	〔dàilǐ〕따이리	대리하다
□ 带领	〔dàilǐng〕따이링	이끌다, 인솔하다
□ 怠慢	〔dàimàn〕따이만	태만하다
□ 代数	〔dàishù〕따이수	대수
□ 代替	〔dàitì〕따이티	대체하다
□ 带头	〔dàitóu〕따이터우	앞장서다, 솔선수범하다
□ 歹徒	〔dǎitú〕다이투	악당, 깡패
□ 待业	〔dàiyè〕따이예	취업을 기다리다
□ 待遇	〔dàiyù〕따이위	대우, 급료
□ 带儿	〔dàir〕따이얼	띠, 벨트, 타이어
□ 丹	〔dān〕단	단, 붉은
□ 单	〔dān〕단	하나의, 홀수의, 홀로, 오직

□ 担	【dān】 단	맡다, 메다
□ 担	【dàn】 딴	짐
□ 胆	【dǎn】 단	쓸개, 담력, 용기
□ 但	【dàn】 딴	하지만, 그러나
□ 蛋	【dàn】 딴	알, 알 모양의 것
□ 氮	【dàn】 딴	질소
□ 弹	【dàn】 딴	작은 덩어리, 탄알
□ 淡	【dàn】 딴	싱겁다, 부진하다, 의미없다
□ 担保	【dānbǎo】 단바오	담보하다
□ 蛋白质	【dànbáizhì】 딴바이즈	단백질
□ 诞辰	【dànchén】 딴천	탄신, 생일
□ 单纯	【dānchún】 단춘	단순하다
□ 单词	【dāncí】 단츠	단어
□ 单调	【dāndiào】 단띠아오	단조롭다
□ 单独	【dāndú】 단두	단독으로, 혼자서
□ 担负	【dānfù】 단푸	부담하다, 맡다
□ 蛋糕	【dàngāo】 딴가오	케이크
□ 淡季	【dànjì】 딴지	불경기계절

□ 胆量　　【dǎnliàng】 단리양　담보, 용기

□ 胆怯　　【dǎnqiè】 단치에　비겁하다, 겁에 질리다

□ 担任　　【dānrèn】 단런　담임하다

□ 诞生　　【dànshēng】 딴성　태어나다

□ 但是　　【dànshì】 딴스　그러나

□ 淡水　　【dànshuǐ】 딴쉐이　담수

□ 单位　　【dānwèi】 단웨이　단위

□ 耽误　　【dānwu】 단우　지체하다

□ 弹药　　【dànyào】 딴야오　탄약

□ 担心　　【dānxīn】 단씬　근심하다

□ 担忧　　【dānyōu】 단여우　염려하다

□ 弹雨　　【dànyǔ】 딴위　빗발치듯 쏟아지는 총알

□ 单元　　【dānyuán】 단위엔　(교재 등의) 단원,
　　　　　　　　　　　　　　(아파트·빌딩 등의) 현관

□ 担子　　【dànzi】 단즈　짐, 책임, 부담

□ 胆子　　【dǎnzi】 단즈　담력, 쓸개

□ 党　　　【dǎng】 당　당, 당파

□ 当　　　【dāng】 당　담당하다, ~이 되다, 삼다

□ 挡　　　【dǎng】 당　막다, 가리다

A
B
C
D
E
F
G
H
J
K
L
M
N
O
P
Q
R
S
T
W
X
Y
Z

□ 荡　　　　【dàng】당 흔들리다, 어슬렁거리다

□ 档案　　　【dàngàn】당안 분류하여 보관하는 공문서, 파일

□ 当场　　　【dāngchǎng】당창 당장, 즉석에서

□ 当初　　　【dāngchū】당추 맨 처음, 당초

□ 档次　　　【dàngcì】당츠 등급

□ 当代　　　【dāngdài】당따이 당대

□ 当地　　　【dāngdì】당띠 당지

□ 当家　　　【dāngjiā】당지아 집주인

□ 当局　　　【dāngjú】당쥐 당국

□ 当面　　　【dāngmiàn】당미엔 직접 맞대다

□ 当年　　　【dāngnián】당니엔 그 때, 그 당시, 그 해

□ 党派　　　【dǎngpài】당파이 당파

□ 当前　　　【dāngqián】당치엔 눈앞, 직면하다

□ 当然　　　【dāngrán】당란 당연하다

□ 当时　　　【dāngshí】당스 당시

□ 当事人　　【dāngshìrén】당스런 당사자

□ 当天　　　【dāngtiān】당티엔 당일

□ 党委　　　【dǎngwěi】당웨이 당의 위원회

□ 当心　　[dāngxīn] 당씬 주의하다, 조심하다

□ 党性　　[dǎngxìng] 당씽 당에 대한 충실성

□ 当选　　[dāngxuǎn] 당쉬엔 당선되다

□ 党员　　[dǎngyuán] 당위엔 당원

□ 党章　　[dǎngzhāng] 당장 당의 규약

□ 当中　　[dāngzhōng] 당종 중간, 가운데

□ 当作　　[dāngzuò] 당쭈어 ~으로 여기다

□ 当的时候 [dāngdeshíhou] 당더스허우 그때에, ~때에

□ 刀　　　[dāo] 다오 칼

□ 岛　　　[dǎo] 다오 섬, 도

□ 倒　　　[dǎo] 다오 넘어지다, 무너지다, 거꾸로 되다

□ 捣　　　[dǎo] 다오 절구, 찧다, 빻다

□ 到　　　[dào] 따오 도착하다, 향하다

□ 道　　　[dào] 따오 길, 도로, 약간, 조금

□ 盗　　　[dào] 따오 훔치다

□ 倒闭　　[dǎobì] 다오삐 도산하다, 닫다

□ 到处　　[dàochù] 따오추 도처에

□ 到达　　[dàodá] 따오다 도달하다

□ 导弹	【dǎodàn】 다오딴	유도탄, 미사일
□ 捣蛋	【dǎodàn】 다오딴	말썽부리다
□ 道德	【dàodé】 따오더	도덕
□ 到底	【dàodǐ】 따오디	도대체
□ 搞鬼	【dǎoguǐ】 다오궤이	음모를 꾀하다
□ 导航	【dǎoháng】 다오항	항해를 유도하다
□ 到来	【dàolái】 따오라이	도래하다
□ 叨唠	【dāolao】 다오라오	중얼거리다
□ 道理	【dàoli】 따오리	도리
□ 道路	【dàolù】 따오루	도로, 길
□ 捣乱	【dǎoluàn】 다오루안	성가시게하다
□ 倒霉	【dǎoméi】 다오메이	재수가 없다
□ 到期	【dàoqī】 따오치	기한이 되다
□ 道歉	【dàoqiàn】 따오치엔	사과하다
□ 盗窃	【dàoqiè】 따오치에	절도하다, 훔치다
□ 刀刃	【dāorèn】 다오런	칼날
□ 导师	【dǎoshī】 다오스	도사, 스승
□ 倒是	【dàoshì】 따오스	오히려, 도대체

□ **倒腾** 〔dǎoteng〕 다오텅 옮기다

□ **导体** 〔dǎotǐ〕 다오티 도체

□ **倒退** 〔dàotuì〕 따오투에이 **퇴보하다**

□ **导演** 〔dǎoyǎn〕 다오이엔 **연출**

□ **倒爷** 〔dǎoyé〕 다오예 **투기꾼**

□ **导游** 〔dǎoyóu〕 다오여우 **가이드**

□ **岛屿** 〔dǎoyǔ〕 다오위 **도서**

□ **稻子** 〔dàozi〕 따오즈 벼

□ **刀子** 〔dāozi〕 다오즈 칼

□ **到~为止** 〔dào~wéizhǐ〕 따오~웨이즈 ~에까지

□ **的** 〔de〕 더 (~의, ~은) 등의 역할을 하는 조사

□ **得** 〔de〕 더 결과나 가능, 정도를 나타냄

□ **地** 〔de〕 더 부사적 역할을 하는 조사

□ **得病** 〔débìng〕 더삥 병을 얻다, 병에 걸리다

□ **得不偿失** 〔débùchángshī〕 더뿌창스 얻는 것보다 잃는 것이 많다

□ **得到** 〔dédào〕 더따오 얻다

□ **~得很~** 〔dehěn〕 더헌 매우 ~하다

□ **的话** 〔dehuà〕 더화 그렇다면

□ 得了	【déle】 더러	됐다, 충분하다, 마치다, 되다
□ 得力	【délì】 더리	유능하다
□ 德文	【déwén】 더원	독일어
□ 得以	【déyǐ】 더이	할 수 있다
□ 得意	【déyì】 더이	의기양양하다
□ 德语	【déyu】 더위	독일어
□ 得罪	【dézuì】 더주이	남의 미움을 사다, 실례가 되다
□ 得	【děi】 데이	필요로 하다
□ 灯	【dēng】 덩	등
□ 登	【dēng】 덩	오르다, 기록하다
□ 蹬	【dēng】 덩	발로 디디다
□ 等	【děng】 덩	등급, 기다리다
□ 瞪	【dèng】 떵	노려보다, 눈을 크게 뜨다
□ 等待	【děngdài】 덩따이	기다리다
□ 等到	【děngdào】 덩따오	~때, ~때에 이르러
□ 等候	【děnghòu】 덩허우	기다리다, 대기하다
□ 灯火	【dēnghuǒ】 덩후어	등불
□ 登记	【dēngjì】 덩지	등기하다

□ 等级	【děngjí】	덩지	등급
□ 灯笼	【dēnglong】	덩롱	등불, 초롱, 랜턴
□ 登陆	【dēnglù】	덩루	상륙하다
□ 灯泡	【dēngpào】	덩파오	전구
□ 等于	【děngyú】	덩위	~와 같다
□ 凳子	【dèngzi】	떵즈	걸상, 의자
□ 低	【dī】	디	낮다, 낮추다, 숙이다
□ 滴	【dī】	디	(비, 물이) 떨어지다
□ 堤	【dī】	디	뚝, 제방, 땜
□ 敌	【dí】	디	싸우다, 대항하다, 적
□ 抵	【dǐ】	디	떠받치다, 막다, 맞먹다, 도착하다
□ 底	【dǐ】	디	밑, 아래
□ 地	【dì】	띠	땅
□ 递	【dì】	띠	넘겨주다, 전해주다
□ 地板	【dìbǎn】	띠반	마루
□ 地步	【dìbù】	띠뿌	형편, 정도
□ 抵达	【dǐdá】	디다	도착하다
□ 地带	【dìdài】	띠따이	지대

□ 地道	【dìdào】 띠따오	진짜의, 본고장의, 알차다
□ 弟弟	【dìdi】 띠디	남동생
□ 地点	【dìdiǎn】 띠디엔	지점
□ 敌对	【díduì】 디뚜에이	적대하다
□ 地方	【dìfāng】 띠팡	지방
□ 帝国	【dìguó】 띠구어	제국
□ 帝国主义	【dìguózhǔyì】 띠구어주이	제국주의
□ 低级	【dījí】 디지	저급하다
□ 递交	【dìjiāo】 띠지아오	제출하다
□ 缔结	【dìjié】 띠지에	체결하다
□ 抵抗	【dǐkàng】 디캉	저항하다
□ 地理	【dìlǐ】 띠리	지리
□ 低劣	【dīliè】 디리에	저열하다, 낮다, 비열하다
□ 涤纶	【dílún】 디룬	테릴렌, 폴리에스테르
□ 地面	【dìmiàn】 띠미엔	지면
□ 底片	【dǐpiàn】 디피엔	사진, 원판
□ 地球	【dìqiú】 띠치우	지구
□ 地区	【dìqū】 띠취	지구

94

□ 的确	【díquè】 디취에	확실히
□ 的确良	【díquèliáng】 디취에리앙	데이크론
□ 敌人	【dírén】 디런	적
□ 敌视	【díshì】 디스	적대시하다
□ 地势	【dìshì】 띠스	지세
□ 地毯	【dìtǎn】 띠탄	카펫, 융단
□ 地铁	【dìtiě】 띠티에	지하철
□ 地图	【dìtú】 띠투	지도
□ 地位	【dìwèi】 띠웨이	지위
□ 低温	【dīwēn】 디원	저온
□ 底下	【dǐxià】 디시아	밑
□ 低下	【dīxià】 디시아	낮다, 비천하다
□ 地下	【dìxià】 띠시아	지하
□ 地形	【dìxíng】 띠씽	지형
□ 弟兄	【dìxiong】 띠시옹	형제
□ 递增	【dìzēng】 띠정	점차 증가하다
□ 地震	【dìzhèn】 띠전	지진
□ 抵制	【dǐzhì】 디즈	막다, 배척하다

□ 地质　　　【dìzhì】 띠즈 지질

□ 地址　　　【dìzhǐ】 띠즈 주소

□ 地主　　　【dìzhǔ】 띠주 지주

□ 笛子　　　【dízi】 디즈 피리

□ 掂　　　　【diān】 띠엔 (무게를) 가늠해보다

□ 点　　　　【diǎn】 디엔 점, 점찍다, 가리키다, 건드리다

□ 电　　　　【diàn】 띠엔 전기

□ 殿　　　　【diàn】 띠엔 전, 큰 건물

□ 店　　　　【diàn】 띠엔 상점, 가게

□ 垫　　　　【diàn】 띠엔 깔다, 받치다, 돈을 대신 치르다

□ 电报　　　【diànbào】 띠엔빠오 전보

□ 电冰箱　　【diànbīngxiāng】 띠엔빙샹 냉장고

□ 颠簸　　　【diānbǒ】 디엔보 흔들리다, 요동치다

□ 电车　　　【diànchē】 띠엔츠 전차

□ 电池　　　【diànchí】 띠엔츠 전지, 배터리

□ 颠倒　　　【diāndǎo】 디엔다오 전도하다

□ 电灯　　　【diàndēng】 띠엔떵 전등

□ 奠定　　　【diàndìng】 띠엔띵 다지다, 안정시키다

□ 电动机	〔diàndòngjī〕	띠엔똥지	전동기
□ 淀粉	〔diànfěn〕	띠엔펀	녹말, 전분
□ 电风扇	〔diànfēngshàn〕	띠엔펑샨	선풍기
□ 颠覆	〔diānfù〕	디엔푸	전복하다
□ 电话	〔diànhuà〕	띠엔화	전화
□ 点火	〔diǎnhuǒ〕	디엔후어	불을 붙이다
□ 惦记	〔diànjì〕	띠엔지	늘 생각하다, 염려하다
□ 典礼	〔diǎnlǐ〕	디엔리	의식, 전례
□ 电力	〔diànlì〕	띠엔리	전력
□ 电铃	〔diànlíng〕	띠엔링	전령
□ 电流	〔diànliú〕	띠엔리우	전류
□ 电炉	〔diànlú〕	띠엔루	전기난로
□ 电路	〔diànlù〕	띠엔루	전기회로
□ 点名	〔diǎnmíng〕	디엔밍	출석을 부르다, 지명하다
□ 电脑	〔diànnǎo〕	띠엔나오	컴퓨터
□ 电钮	〔diànniǔ〕	띠엔니우	전기스위치
□ 电气	〔diànqì〕	띠엔치	전기
□ 电器	〔diànqì〕	띠엔치	전기기구, 전기제품

A
B
C
D
E
F
G
H
J
K
L
M
N
O
P
Q
R
S
T
W
X
Y
Z

□ 点燃	【diǎnrán】 디엔란	불을 붙이다, 점화하다
□ 电扇	【diànshàn】 띠엔샨	선풍기
□ 电视	【diànshì】 띠엔스	텔레비전
□ 电视台	【diànshìtái】 띠엔스타이	텔레비전 방송국
□ 电台	【diàntái】 띠엔타이	방송국
□ 电梯	【diàntī】 띠엔티	엘리베이터, 승강기
□ 电线	【diànxiàn】 띠엔시엔	전선
□ 点心	【diǎnxīn】 디엔씬	과자
□ 典型	【diǎnxíng】 디엔씽	전형, 전형적이다
□ 电压	【diànyā】 띠엔야	전압
□ 电影	【diànyǐng】 띠엔잉	영화
□ 电影院	【diànyǐngyuàn】 띠엔잉위엔	영화관
□ 电源	【diànyuán】 띠엔위엔	전원
□ 店员	【diànyuán】 띠엔위엔	점원
□ 点钟	【diǎnzhōng】 디엔종	시, 시간
□ 电子	【diànzǐ】 띠엔즈	전자
□ 点子	【diǎnzi】 디엔즈	요점, 방책, 점
□ 点缀	【diǎnzuì】 디엔주이	점철하다

98

□ 刁	【diāo】 디아오 교활하다, 간교하다
□ 叼	【diāo】 디아오 입에 물다
□ 吊	【diào】 띠아오 매달다, 들어올리다, 애도하다
□ 掉	【diào】 띠아오 떨어지다
□ 钓	【diào】 띠아오 낚다, 낚시하다
□ 调	【diào】 띠아오 이동하다, 바꾸다
□ 调查	【diàochá】 띠아오차 조사하다
□ 调动	【diàodòng】 띠아오똥 이동하다, 동원하다
□ 调度	【diàodù】 띠아오뚜 배치하다, 통제하다
□ 调换	【diàohuàn】 띠아오환 교환하다
□ 雕刻	【diāokè】 디아오커 조각, 조각하다, 새기다
□ 悼念	【diàoniàn】 따오니엔 추모하다
□ 雕塑	【diāosù】 디아오수 조각, 조각하다
□ 爹	【diē】 디에 아버지, 아빠
□ 跌	【diē】 디에 넘어지다, 떨어지다
□ 叠	【dié】 디에 (여러 겹으로) 접다
□ 碟子	【diézi】 디에즈 접시
□ 丁	【dīng】 딩 성인남자, 식구 수, 네 번째

A B C D E F G H J K L M N O P Q R S T W X Y Z

□ 盯 　　【dīng】 딩 응시하다, 주시하다

□ 钉 　　【dīng】 딩 뒤쫓다, 독촉하다

□ 顶 　　【dǐng】 딩 매우, 꼭대기, 정상, (머리에) 이다

□ 定 　　【dìng】 띵 정하다, 결정하다

□ 订 　　【dìng】 띵 정하다, 예약하다

□ 顶点 　　【dǐngdiǎn】 딩디엔 정점

□ 定点 　　【dìngdiǎn】 띵디엔 시간을 정하다

□ 顶端 　　【dǐngduān】 딩뚜안 꼭대기, 끝

□ 定额 　　【dìng'é】 띵어 정액

□ 订购 　　【dìnggòu】 띵꺼우 주문하여 구입하다

□ 订婚 　　【dìnghūn】 띵훈 약혼을 하다

□ 订货 　　【dìnghuò】 띵후어 물품을 주문하다

□ 定价 　　【dìngjià】 띵지아 정가

□ 定居 　　【dìngjū】 띵쥐 정착하다

□ 定理 　　【dìnglǐ】 띵리 정리, 법칙

□ 定量 　　【dìngliàng】 띵리앙 정량

□ 定律 　　【dìnglǜ】 띵뤼 법칙

□ 定期 　　【dìngqī】 띵치 정기

□ 定性	〔dìngxìng〕 띵씽	성분을 결정하다
□ 定义	〔dìngyì〕 띵이	정의
□ 订阅	〔dìngyuè〕 띵위에	정기구독하다
□ 叮嘱	〔dīngzhǔ〕 딩주	신신당부하다
□ 钉子	〔dīngzi〕 딩즈	못
□ 丢	〔diū〕 디우	잃다
□ 丢人	〔diūrén〕 디우런	망신당하다, 체면을 깎이다
□ 丢失	〔diūshī〕 디우스	잃다
□ 冬	〔dōng〕 동	겨울
□ 东	〔dōng〕 동	동(쪽)
□ 懂	〔dǒng〕 동	알다
□ 栋	〔dòng〕 동	기념배지
□ 冻	〔dòng〕 똥	얼다
□ 洞	〔dòng〕 똥	동굴, 구멍
□ 动	〔dòng〕 똥	움직이다
□ 东北	〔dōngběi〕 동베이	동북
□ 东奔西走	〔dōngbēnxīzǒu〕 동번시저우	동분서주하다
□ 东边	〔dōngbiān〕 동비엔	동쪽

□ **东部** 【dōngbu】 동뿌 **동부**

□ **动荡** 【dòngdàng】 똥땅 **불안하다, 출렁이다**

□ **东道主** 【dōngdàozhǔ】 동다오주 **주인**

□ **懂得** 【dǒngde】 동더 **알다**

□ **东方** 【dōngfāng】 동팡 **동방**

□ **动工** 【dònggōng】 똥궁 **일을 시작하다**

□ **冬瓜** 【dōngguā】 동과 **동과, 호박**

□ **冬季** 【dōngjì】 동지 **겨울철, 동계**

□ **动机** 【dòngjī】 똥지 **동기**

□ **冻结** 【dòngjié】 똥지에 **동결되다**

□ **动静** 【dòngjing】 똥징 **동정**

□ **动力** 【dònglì】 똥리 **동력**

□ **动乱** 【dòngluàn】 똥루안 **동란, 난리, 분쟁**

□ **动脉** 【dòngmài】 똥마이 **동맥**

□ **东面** 【dōngmiàn】 동미엔 **동쪽**

□ **东南** 【dōngnán】 동난 **동남**

□ **动人** 【dòngrén】 똥런 **감동적이다**

□ **动身** 【dòngshēn】 똥션 **떠나다, 일을 시작하다**

□ 董事	【dǒngshì】 동스	이사, 중역
□ 懂事	【dǒngshì】 동스	사리에 밝다, 철이 들다
□ 动手	【dòngshǒu】 똥셔우	손대다, 착수하다
□ 动态	【dòngtài】 똥타이	동태
□ 冬天	【dōngtiān】 동티엔	겨울
□ 动物	【dòngwù】 똥우	동물
□ 动物园	【dòngwùyuán】 똥우위엔	동물원
□ 东西	【dōngxi】 동시	물건
□ 动摇	【dòngyáo】 똥야오	동요하다
□ 动用	【dòngyòng】 똥용	유용하다
□ 动员	【dòngyuán】 똥위엔	동원하다
□ 动作	【dòngzuò】 똥쭈어	동작
□ 都	【dōu】 더우	모두
□ 兜	【dōu】 더우	싸다, 둘러싸다
□ 陡	【dǒu】 더우	가파르다, 험하다
□ 抖	【dǒu】 더우	떨다, 털다, 우쭐대다
□ 斗	【dòu】 떠우	싸우다
□ 逗	【dòu】 떠우	희롱하다

103

□ 豆腐　　　【dòufu】떠우푸 **두부**

□ 逗号　　　【dòuhào】떠우하오 **쉼표, 콤마**

□ 豆浆　　　【dòujiāng】떠우지앙 **콩물, 콩즙**

□ 斗争　　　【dòuzhēng】떠우정 **투쟁하다**

□ 斗志　　　【dòuzhì】떠우즈 **투지**

□ 豆子　　　【dòuzi】떠우즈 **콩**

□ 兜儿　　　【dōur】더우얼 **주머니**

□ 独　　　　【dú】두 **혼자, 단독, 한 사람, 홀로**

□ 毒　　　　【dú】두 **독, 지독하다, 악독하다**

□ 堵　　　　【dǔ】두 **막다**

□ 赌　　　　【dǔ】두 **도박하다, 내기하다**

□ 度　　　　【dù】뚜 **~회, ~차, ~도**

□ 镀　　　　【dù】뚜 **도금하다**

□ 度　　　　【dù】뚜 **도, (세월을) 보내다**

□ 渡　　　　【dù】뚜 **건너다, 겪다**

□ 读　　　　【dú】두 **읽다, 공부하다**

□ 赌博　　　【dǔbó】두보 **도박하다**

□ 独裁　　　【dúcái】두차이 **독재하다**

□ 毒草　　　〔dúcǎo〕두차오 독초, 독풀

□ 督查　　　〔dūchá〕두차 감독·검사하다

□ 独唱　　　〔dúchàng〕두창 독창, 독창하다

□ 赌(博)场　〔dǔ(bó)chǎng〕두(보)창 도박장, 카지노

□ 渡船　　　〔dùchuán〕뚜추안 나룻배

□ 督促　　　〔dūcù〕두추 독촉하다, 재촉하다

□ 度过　　　〔dùguò〕뚜꾸어 과도하다

□ 毒害　　　〔dúhài〕두하이 해독, 독살하다, 해독을 끼치다

□ 杜绝　　　〔dùjué〕뚜쥐에 두절하다, 끊다

□ 渡口　　　〔dùkǒu〕뚜커우 나루터

□ 独立　　　〔dúlì〕두리 독립하다

□ 独立自主　〔dúlìzìzhǔ〕두리쯔주 독립자주

□ 毒品　　　〔dúpǐn〕두핀 독극물

□ 堵塞　　　〔dǔsè〕두셔 틀어막다

□ 都市　　　〔dūshì〕두스 도시

□ 读书　　　〔dúshū〕두수 공부하다, 책을 읽다

□ 独特　　　〔dútè〕두터 독특하다

□ 读物　　　〔dúwù〕두우 서적

A
B
C
D
E
F
G
H
J
K
L
M
N
O
P
Q
R
S
T
W
X
Y
Z

□ 毒性	【dúxìng】 두씽	독성
□ 读者	【dúzhě】 두저	독자
□ 独自	【dúzì】 두쯔	홀로, 혼자
□ 肚子	【dùzi】 뚜쯔	배
□ 短	【duǎn】 뚜안	짧다
□ 端	【duān】 뚜안	나르다, 받쳐들다, 끝, 시작
□ 断	【duàn】 뚜안	끊다
□ 段	【duàn】 뚜안	부분, 토막
□ 短波	【duǎnbō】 뚜안보	단파
□ 短处	【duǎnchù】 뚜안추	단점
□ 短促	【duǎncù】 뚜안추	촉박하다, 짧다
□ 断定	【duàndìng】 뚜안띵	단정하다, 판정하다
□ 断断续续	【duànduànxùxù】 뚜안뚜안쉬쉬	끊어졌다 이어졌다 하며(하는)
□ 断绝	【duànjué】 뚜안쥐에	단절하다
□ 短裤	【duǎnkù】 뚜안쿠	짧은 바지, 반바지
□ 锻炼	【duànliàn】 뚜안리엔	단련하다
□ 短命	【duǎnmìng】 뚜안밍	단명하다
□ 断命	【duànmìng】 뚜안밍	목숨을 잃다, 목숨을 빼앗다

□ **短期** 【duǎnqī】 뚜안치 단기

□ **端头** 【duāntóu】 뚜안터우 원인, 이유

□ **短小** 【duǎnxiǎo】 뚜안시아오 (몸집이) 작다,
　　　　　　　　　　　　　　　　 짧고 간단하다

□ **短暂** 【duǎnzàn】 뚜안짠 시간이 짧다

□ **端整** 【duānzhěng】 뚜안정 잘 정리하다, 마련하다

□ **端正** 【duānzhèng】 뚜안정 단정하다, (물체가) 똑바르다

□ **缎子** 【duànzi】 뚜안즈 단자, 공단(비단)

□ **堆** 【duī】 뚜에이 무더기, 더미, 쌓다

□ **对** 【duì】 뚜에이 쌍, 짝, 옳다, 대하다, ~에 대한

□ **队** 【duì】 뚜에이 팀, 그룹, 대열

□ **对岸** 【duì'àn】 뚜에이안 대안

□ **对比** 【duìbǐ】 뚜에이비 대비

□ **对不起** 【duìbuqǐ】 뚜에이부치 미안하다

□ **对策** 【duìcè】 뚜에이처 대책

□ **对称** 【duìchèn】 뚜에이천 대칭되다

□ **对待** 【duìdài】 뚜에이따이 대하다

□ **对得起** 【duìdeqǐ】 뚜에이더치 떳떳하다, 면목이서다

□ **堆房** 【duīfang】 뚜에이팡 헛간, 광, 창고

□ 堆放	【duīfàng】	뚜에이팡	쌓아 두다(놓다)
□ 对方	【duìfāng】	뚜에이팡	대방
□ 对付	【duìfu】	뚜에이푸	대처하다
□ 对话	【duìhuà】	뚜에이화	대화하다
□ 兑换	【duìhuàn】	뚜에이환	현금과 바꾸다
□ 堆积	【duījī】	두이지	쌓아올리다
□ 对抗	【duìkàng】	뚜에이캉	대항하다
□ 对了	【duìle】	뚜에이러	옳다, 맞다
□ 对立	【duìlì】	뚜에이리	대립시키다
□ 对联	【duìlián】	뚜에이리엔	주련, 대련
□ 对门	【duìmén】	뚜에이먼	맞은편
□ 对面	【duìmiàn】	뚜에이미엔	맞은편
□ 对头	【duìtóu】	뚜에이터우	옳다, 정상적이다
□ 队伍	【duìwu】	뚜에이우	대오
□ 兑现	【duìxiàn】	뚜에이시엔	현금화하다, 이행하다
□ 对象	【duìxiàng】	뚜에이시앙	대상
□ 对应	【duìyìng】	뚜에이잉	대응하다
□ 对于	【duìyú】	뚜에이위	대하여, 대한

□ 队员	【duìyuán】 뚜에이위엔 대원
□ 队长	【duìzhǎng】 뚜에이장 대장
□ 对照	【duìzhào】 뚜에이자오 대조하다
□ 对~来说	【duì~láishuō】 뚜에이라이슈어 ~대해 말한다면, ~에 말하면
□ 蹲	【dūn】 둔 주저앉다
□ 吨	【dūn】 둔 ~톤
□ 顿	【dùn】 뚠 ~끼(식사), 갑자기
□ 吨位	【dūnwèi】 뚠웨이 제한 중량, 적재량
□ 多	【duō】 뚜어 얼마나
□ 夺	【duó】 뚜어 강제로 빼앗다, 쟁취하다
□ 朵	【duǒ】 뚜어 송이
□ 舵	【duò】 뚜어 키, 방향타
□ 躲	【duǒ】 뚜어 피하다, 숨다
□ 跺	【duò】 뚜어 발을 구르다
□ 多半	【duōbàn】 뚜어빤 대개, 아마, 대다수
□ 躲避	【duǒbì】 뚜어삐 피하다
□ 多边	【duōbiān】 뚜어삐엔 다각적, 다방면의
□ 多变	【duōbiàn】 뚜어비엔 변하기 쉬운, 변덕스러운

□ 躲藏	【duǒcáng】 뚸어창	도망쳐 숨다, 피하다
□ 夺得	【duódé】 뚸어더	빼앗다, 쟁취하다
□ 多多益善	【duōduōyìshàn】 뚸어뚸어이샨	다다익선, 많으면 많을수록 좋다
□ 多亏	【duōkuī】 뚸어퀘이	덕분에, 다행히
□ 多劳多得	【duōláoduōdé】 뚸어라오뚸어더	많이 일하면 많이 얻는다
□ 堕落	【duòluò】 뚸어루어	타락하다
□ 多么	【duōme】 뚸어머	얼마나
□ 多面手	【duōmiànshǒu】 뚸어미엔셔우	만능인 사람
□ 多情	【duōqíng】 뚸어칭	다정하다, 정이 많다
□ 夺取	【duóqǔ】 뚸어취	탈취하다, 빼앗다
□ 躲闪	【duǒshǎn】 뚸어샨	몸을 살짝 비키다(피하다)
□ 多少	【duōshao】 뚸어샤오	얼마
□ 舵手	【duòshǒu】 뚸어셔우	키잡이, 조타수
□ 夺手	【duóshǒu】 뚸어셔우	손을 놓다, 손을 뿌리치다
□ 多数	【duōshù】 뚸어수	다수
□ 哆嗦	【duōsuo】 뚸어쑤어	부들부들(덜덜) 떨다
□ 多余	【duōyú】 뚸어위	여분의, 군더더기의
□ 多谢	【duōxiè】 뚸어시에	대단히 감사합니다

□ **多心**　　　〔duōxīn〕뚜어씬 **몹시 의심하다,**
　　　　　　　　　　　　　공연한 걱정을 하다

□ **惰性**　　　〔duòxìng〕뚜어씽 **타성, 오래되어 굳어진 버릇**

□ **多嘴(儿)**　〔duōzuǐ(r)〕뚜어쮀이(얼) **쓸데없는 말을 하다,**
　　　　　　　　　　　　　쓸데없는 말참견하다

□ 阿　　　　【ē】 어 아첨하다

□ 饿　　　　【è】 어 배고프다, 굶다

□ 恶　　　　【è】 어 사악한, 흉악하다

□ 讹　　　　【é】 어 잘못, 실수, 강요하다

□ 额　　　　【é】 어 이마, 일정한 수량, 액수

□ 鹅　　　　【é】 어 거위

□ 额定　　　【édìng】 어딩 규정된, 정액의

□ 恶毒　　　【èdú】 어두 악독하다

□ 恶棍　　　【ègùn】 어꾼 불량배, 무뢰한

□ 恶化　　　【èhuà】 어화 악화하다

□ 恶劣　　　【èliè】 어리에 악렬하다

□ 俄罗斯　　【Éluósī】 어루어쓰 러시아

□ 恶魔　　　【èmó】 어모 악마

□ 额头　　　【étóu】 어터우 이마

□ 额外　　　【éwài】 어와이 정액(정원) 외의, 지나친

□ 俄文	【é'wén】 어원	러시아문
□ 鳄蜥	【èxī】 어시	큰 도마뱀
□ 恶习	【èxí】 어시	악습, 나쁜 습관
□ 恶心	【ěxin】 어씬	속이 메스껍다, 구역질(이 나다)
□ 恶行	【èxíng】 어씽	나쁜 행위, 악행
□ 恶性	【èxìng】 어씽	악성의, 악질적인
□ 厄运	【èyùn】 어윈	액운
□ 讹诈	【ézhà】 어자	사취하다, 편취하다
□ 蛾子	【ézi】 어즈	나방
□ 恩	【ēn】 언	은혜, 호의
□ 恩爱	【ēn'ài】 언아이	부부간의 애정
□ 恩惠	【ēnhuì】 얼훼이	은혜
□ 而	【ér】 얼	그러나, ~하지만
□ 贰(二)	【èr】 얼	2, 이, 둘
□ 耳背	【ěrbèi】 얼뻬이	귀가 어둡다(멀다)
□ 耳朵	【ěrduo】 얼뚜어	귀
□ 而后	【érhòu】 얼허우	다음, 나중에
□ 耳环	【ěrhuán】 얼후안	귀고리

A
B
C
D
E
F
G
H
J
K
L
M
N
O
P
Q
R
S
T
W
X
Y
Z

- 而今　　　【érjīn】 얼진 현재, 지금

- 耳力　　　【ěrlì】 얼리 청력

- 耳力　　　【ěrlì】 얼리 30세

- 耳目　　　【ěrmù】 얼무 귀와 눈, 남의 이목

- 儿女　　　【érnǚ】 얼뉘 아들, 딸

- 而且　　　【érqiě】 얼치에 뿐만 아니라

- 恩人　　　【ēnrén】 언런 은인

- 儿童　　　【értóng】 얼통 아동

- 耳闻　　　【ěrwén】 얼원 귀로 듣다

- 二氧化碳　【èryǎnghuàtàn】 얼양화탄 이산화탄소

- 而已　　　【éryǐ】 얼이 ~일 뿐이다

- 儿子　　　【érzi】 얼즈 아들

□ 发	〔fā〕 파	보내다, 발생하다, 느끼다
□ 伐	〔fá〕 파	베다, 벌하다
□ 罚	〔fá〕 파	처벌하다, 벌하다
□ 法	〔fǎ〕 파	법
□ 发表	〔fābiǎo〕 파비아오	발표하다
□ 发病	〔fābìng〕 파삥	병이 나다, 발병하다
□ 发布	〔fābù〕 파뿌	선포하다
□ 发财	〔fācái〕 파차이	많은 돈을 벌다
□ 发愁	〔fāchóu〕 파처우	걱정하다, 근심하다
□ 发出	〔fāchū〕 파추	보내다
□ 发达	〔fādá〕 파다	발달하다
□ 发电	〔fādiàn〕 파띠엔	발전하다
□ 法定	〔fǎdìng〕 파띵	법적인, 법정의
□ 发动	〔fādòng〕 파똥	발동하다
□ 发抖	〔fādǒu〕 파더우	떨다

□ 发奋图强　〔fāfèntúqiáng〕 파펀투치앙 **분발하여 부강을 도모하다**

□ 法官　〔fǎguān〕 파관 **법관**

□ 法规　〔fǎguī〕 파궤이 **법규, 규율**

□ 发挥　〔fāhuī〕 파훼이 **발휘하다**

□ 发火　〔fāhuǒ〕 파후어 **화를 내다**

□ 发觉　〔fājué〕 파쥐에 **발견하다, 알아차리다, 깨닫다**

□ 罚款　〔fákuǎn〕 파콴 **벌금을 물다, 벌금을 내다**

□ 法郎　〔fǎláng〕 파랑 **프랑(프랑스 화폐단위)**

□ 法令　〔fǎlìng〕 파링 **법령**

□ 法律　〔fǎlǜ〕 파뤼 **법률**

□ 发明　〔fāmíng〕 파밍 **발명**

□ 发脾气　〔fāpíqi〕 파피치 **화를 내다, 성질을 내다**

□ 发票　〔fāpiào〕 파피아오 **전표, 송장**

□ 发起　〔fāqǐ〕 파치 **발기하다**

□ 发热　〔fārè〕 파러 **열이 나다**

□ 法人　〔fǎrén〕 파런 **법인**

□ 发烧　〔fāshāo〕 파샤오 **열이 나다**

□ 发射　〔fāshè〕 파셔 **발사하다**

□ 发生　　【fāshēng】 파셩 발생하다

□ 发誓　　【fāshì】 파스 서약하다, 맹세하다

□ 法庭　　【fǎtíng】 파팅 법정

□ 法文　　【fǎwén】 파원 프랑스어

□ 发现　　【fāxiàn】 파시엔 발견

□ 发行　　【fāxíng】 파씽 발행하다

□ 发炎　　【fāyán】 파이엔 염증을 일으키다

□ 发言　　【fāyán】 파이엔 발언을 하다

□ 发扬　　【fāyáng】 파양 발양하다

□ 发育　　【fāyù】 파위 발육하다

□ 法语　　【fǎyǔ】 파위 프랑스어

□ 法院　　【fǎyuàn】 파위엔 법원

□ 法则　　【fǎzé】 파저 법칙

□ 发展　　【fāzhǎn】 파잔 발전

□ 法制　　【fǎzhì】 파즈 법제

□ 法子　　【fǎzi】 파즈 방법, 방식

□ 番　　　【fān】 판 종류, ~번

□ 帆　　　【fān】 판 돛

□ 翻　　　　　〔fān〕 판 뒤집다, 넘다, 번역하다

□ 繁　　　　　〔fán〕 판 많다, 번잡하다

□ 烦　　　　　〔fán〕 판 번거롭게 하다, 괴롭다, 성가시다

□ 凡　　　　　〔fán〕 판 무릇, 속세, 인간세상, 평범하다

□ 反　　　　　〔fǎn〕 판 반대로, 도리어

□ 返　　　　　〔fǎn〕 판 되돌아가다

□ 泛　　　　　〔fàn〕 판 뜨다, 물이지다

□ 饭　　　　　〔fàn〕 판 밥, 식사

□ 犯　　　　　〔fàn〕 판 어기다, 발명하다

□ 反驳　　　　〔fǎnbó〕 판보 반박하다

□ 反常　　　　〔fǎncháng〕 판창 비정상적이다, 정상이 아니다

□ 范畴　　　　〔fànchóu〕 판처우 범주

□ 帆船　　　　〔fānchuan〕 판추안 범선

□ 反倒　　　　〔fǎndào〕 판따오 반대로

□ 饭店　　　　〔fàndiàn〕 판띠엔 식당

□ 反动　　　　〔fǎndòng〕 판똥 반동적

□ 反对　　　　〔fǎnduì〕 판뚜에이 반대하다

□ 繁多　　　　〔fǎnduō〕 판뚜어 번잡하다

□ 反而　　[fǎn'ér] 판얼 오히려, 반대로

□ 犯法　　[fànfǎ] 판파 법을 위반하다(어기다), 범법하다

□ 反复　　[fǎnfù] 판푸 반복하여

□ 反感　　[fǎngǎn] 판간 정나미가 떨어지다

□ 反革命　[fǎngémìng] 판거밍 반혁명

□ 反攻　　[fǎngōng] 판궁 역습하다, 반격하다

□ 饭馆　　[fànguǎn] 판관 음식점, 식당

□ 繁华　　[fánhuá] 판화 번화하다

□ 返回　　[fǎnhuí] 판훼이 되돌아오다

□ 犯浑　　[fànhún] 판훈 어리석게 범하다, 온통 저지르다

□ 反击　　[fǎnjī] 판지 반격, 반격하다

□ 反抗　　[fǎnkàng] 판캉 반항하다

□ 反馈　　[fǎnkuì] 판퀘이 귀환하다, 피드백

□ 泛滥　　[fànlàn] 판란 범람하다

□ 贩卖　　[fànmài] 판마이 거래하다

□ 繁忙　　[fánmáng] 판망 분망하다, 바쁘다

□ 烦闷　　[fánmèn] 판먼 번민하다

□ 反面　　[fǎnmiàn] 판미엔 반면

□ 烦恼　　【fánnǎo】판나오　번뇌, 걱정

□ 番茄　　【fānqié】판치에　토마토

□ 犯人　　【fànrén】판런　죄인, 범인

□ 繁荣　　【fánróng】판롱　번영하다

□ 反射　　【fǎnshè】판셔　반사하다

□ 翻身　　【fānshēn】판션　몸을 돌리다, 해방시키다

□ 凡是　　【fánshì】판스　무릇, 모두

□ 反思　　【fǎnsī】판쓰　돌이켜 생각하다

□ 繁体字　【fántǐzì】판티쯔　번체자

□ 饭碗　　【fànwǎn】판완　밥사발

□ 范围　　【fànwéi】판웨이　범위

□ 反问　　【fǎnwèn】판원　반문하다

□ 翻译　　【fānyì】판이　번역

□ 反映　　【fǎnyìng】판잉　반영하다

□ 反应　　【fǎnyìng】판잉　반응

□ 烦躁　　【fánzào】판자오　초조하다

□ 反正　　【fǎnzhèng】판정　어쨌든

□ 反之　　【fǎnzhī】판즈　반면에, 이와 반대로

□ 繁殖	【fánzhí】 판즈	번식하다
□ 繁重	【fánzhòng】 판종	(일, 임무 등이) 많고 무겁다
□ 犯罪	【fànzuì】 판주이	죄를 지르다
□ 方	【fāng】 팡	방향, 측, 편, 네모지다
□ 防	【fáng】 팡	막다, 방어하다, 방지하다
□ 纺	【fǎng】 팡	실을 뽑다, 잣다
□ 放	【fàng】 팡	놓다, 풀어주다, 쏘다
□ 妨碍	【fáng'ài】 팡아이	방애하다
□ 方案	【fāng'àn】 팡안	방안
□ 方便	【fāngbiàn】 팡삐엔	편리하다
□ 方程	【fāngchéng】 팡청	방정식
□ 放大	【fàngdà】 팡따	확대하다
□ 房东	【fángdōng】 팡동	집주인
□ 方法	【fāngfǎ】 팡파	방법
□ 仿佛	【fǎngfú】 팡푸	방불케 하다
□ 防护	【fánghù】 파후	방어하고 지키다
□ 放假	【fàngjià】 팡지아	방학하다, 휴가로 쉬다
□ 房间	【fángjiān】 팡지엔	방

□ **方面**	〔fāngmiàn〕 팡미엔	방면, 분야
□ **放弃**	〔fàngqì〕 팡치	포기하다
□ **放射**	〔fàngshè〕 팡셔	방사하다, 방출하다
□ **方式**	〔fāngshì〕 팡스	방식
□ **防湿**	〔fángshī〕 팡스	방습
□ **防守**	〔fángshǒu〕 팡셔우	수비하다, 막아 지키다
□ **放手**	〔fàngshǒu〕 팡셔우	손을 때다, 마음 놓고 하다
□ **放松**	〔fàngsōng〕 팡쏭	늦추다, 느슨하게 하다
□ **访问**	〔fǎngwèn〕 팡원	방문하다
□ **房屋**	〔fángwū〕 팡우	집안, 집
□ **防线**	〔fángxiàn〕 팡시엔	방어선
□ **方向**	〔fāngxiàng〕 팡시앙	방향
□ **放心**	〔fàngxīn〕 팡씬	마음을 놓다
□ **放学**	〔fàngxué〕 팡쉬에	수업을 다 마치다, 방과하다
□ **防汛**	〔fángxùn〕 팡쉰	홍수를 예방하다
□ **防疫**	〔fángyì〕 팡이	방역하다
□ **放映**	〔fàngyìng〕 팡잉	상영하다
□ **防御**	〔fángyù〕 팡위	방어, 방어하다

□ 方针	〖fāngzhēn〗 팡전	방침
□ 防止	〖fángzhǐ〗 팡즈	방지하다
□ 纺织	〖fǎngzhī〗 팡즈	방직
□ 防治	〖fángzhì〗 팡즈	예방치료, 퇴치
□ 房子	〖fángzi〗 팡즈	집
□ 房租	〖fángzū〗 팡주	집세
□ 非	〖fēi〗 페이	아니다, 없다, 반대이다
□ 飞	〖fēi〗 페이	날다
□ 肥	〖féi〗 페이	살찌다, 비옥하다, 크다
□ 废	〖fèi〗 페이	쓸데없다, 쓰이지 않다
□ 肺	〖fèi〗 페이	폐
□ 费	〖fèi〗 페이	쓰다, 지불하다, 요금, 낭비하다
□ 诽谤	〖fěibàng〗 페이빵	비방하다
□ 非常	〖fēicháng〗 페이창	매우
□ 废除	〖fèichú〗 페이추	폐기하다, 파기하다
□ 飞船	〖fēichuán〗 페이추안	비행선
□ 非法	〖fēifǎ〗 페이파	불법적인, 비합법적인
□ 废话	〖fèihuà〗 페이화	허튼소리

A B C D E **F** G H J K L M N O P Q R S T W X Y Z

□ 飞机	【fēijī】 페이지	비행기
□ 飞快	【fēikuài】 페이콰이	매우 빠르게, 쏜살같이
□ 飞快	【fēikuài】 페이콰이	지극히 빠르다
□ 费力	【fèilì】 페이리	힘을 들이다, 애를 쓰다
□ 肥料	【féiliào】 페이리아오	비료
□ 废品	【fèipǐn】 페이핀	폐품
□ 废气	【fèiqì】 페이치	폐기
□ 沸腾	【fèiténg】 페이텅	부글부글 끓다, 떠들썩하다
□ 匪徒	【fěitú】 페이투	강도, 악당, 무뢰한
□ 肥沃	【féiwò】 페이워	비옥하다
□ 废物	【fèiwù】 페이우	폐물, 무용지물
□ 飞舞	【fēiwǔ】 페이우	춤추듯 날리다
□ 飞翔	【fēixiáng】 페이샹	날다
□ 飞行	【fēixíng】 페이씽	비행하다
□ 废墟	【fèixū】 페이쉬	폐허
□ 费用	【fèiyòng】 페이용	비용
□ 飞跃	【fēiyuè】 페이위에	비약하다
□ 肥皂	【féizào】 페이자오	비누

126

□ 非不可	〖fēibùkě〗 페이뿌커	반드시 ~하지 않으면 안 된다
□ 非~才~	〖fēi~cái〗 페이차이	반드시 ~해야 한다
□ 分	〖fēn〗 펀	분, 분수, 점수, 득점, 나누다
□ 坟	〖fén〗 펀	무덤, 묘지
□ 粉	〖fěn〗 펀	가루, 분
□ 粪	〖fèn〗 펀	배설물, 똥
□ 份	〖fèn〗 펀	~세트, ~부
□ 粉笔	〖fěnbǐ〗 펀비	분필
□ 分辨	〖fēnbiàn〗 펀삐엔	구별하다
□ 分别	〖fēnbié〗 펀비에	분별하다
□ 分布	〖fēnbù〗 펀뿌	분포하다, 널려있다
□ 分寸	〖fēncùn〗 펀춘	분수, 분별
□ 奋斗	〖fèndòu〗 펀떠우	분투하다
□ 分队	〖fēnduì〗 펀뚜에이	분대
□ 芬芳	〖fēnfāng〗 펀팡	향기롭다
□ 纷纷	〖fēnfēn〗 펀펀	분분히
□ 吩咐	〖fēnfù〗 펀푸	분부하다
□ 分工	〖fēngōng〗 펀	분업, 분업하다

- □ 愤恨　　　〔fènhèn〕 펀헌 분노하고 원망하다

- □ 分红　　　〔fēnhóng〕 펀훙 이익금을 배당하다

- □ 分化　　　〔fēnhuà〕 펀화 갈라지다

- □ 分解　　　〔fēnjiě〕 펀지에 분해하다

- □ 分类　　　〔fēnlèi〕 펀레이 분류하다

- □ 分离　　　〔fēnlí〕 펀리 분리하다

- □ 分量　　　〔fènliàng〕 펀리양 분량

- □ 分裂　　　〔fēnliè〕 펀리에 분열하다

- □ 分泌　　　〔fēnmì〕 펀미 분비하다

- □ 分明　　　〔fēnmíng〕 펀밍 분명하다

- □ 粉末　　　〔fěnmò〕 펀모 분말

- □ 分母　　　〔fēnmǔ〕 펀무 분모

- □ 坟墓　　　〔fénmù〕 펀무 묘, 무덤

- □ 愤怒　　　〔fènnù〕 펀누 분노하다

- □ 分配　　　〔fēnpèi〕 펀페이 분배하다

- □ 分批　　　〔fēnpī〕 펀피 여럿으로 나누다

- □ 分歧　　　〔fēnqí〕 펀치 분기

- □ 分期　　　〔fēnqī〕 펀치 단계별로, 할부로 하다

128

□ **分清**　〖fēnqīng〗 펀칭 **뚜렷이 구분하다**

□ **分散**　〖fēnsàn〗 펀싼 **흩어지게 하다, 분산시키다**

□ **分数**　〖fēnshù〗 펀수 **점수, 분수**

□ **粉碎**　〖fěnsuì〗 펀쉐이 **분쇄하다, 감히**

□ **分外**　〖fènwài〗 펀와이 **본분 밖의 일, 유달리, 특별히**

□ **分析**　〖fēnxī〗 펀시 **분석하다**

□ **奋勇**　〖fènyǒng〗 펀용 **용기를 내다**

□ **奋战**　〖fènzhàn〗 펀잔 **분전하다, 분투하다**

□ **分之~**　〖fēnzhī~〗 펀즈~ **~ 분의 ~**

□ **分钟**　〖fēnzhōng〗 펀종 **분(시간)**

□ **分子**　〖fēnzǐ〗 펀즈 **분자**

□ **封**　〖fēng〗 펑 **봉인하다, 봉하다, ~통, ~봉지**

□ **疯**　〖fēng〗 펑 **미치다, 실성하다**

□ **蜂**　〖fēng〗 펑 **벌, 꿀벌**

□ **逢**　〖féng〗 펑 **상봉하다, 만나다**

□ **缝**　〖féng〗 펑 **꿰매다, 수놓다, 이음새**

□ **风暴**　〖fēngbào〗 펑빠오 **폭풍**

□ **封闭**　〖fēngbì〗 펑삐 **봉쇄하다**

□ 丰产　　【fēngchǎn】 펑찬 **풍작**

□ 讽刺　　【fěngcì】 펑츠 **풍자, 풍자하다**

□ 风度　　【fēngdù】 펑뚜 **풍격, 훌륭한 태도, 풍모**

□ 丰富　　【fēngfù】 펑푸 **풍부하다**

□ 风格　　【fēnggé】 펑거 **풍격, 품격, 태도나 방법**

□ 风光　　【fēngguāng】 펑광 **풍경, 경치**

□ 凤凰　　【fènghuáng】 펑후앙 **봉황**

□ 封建　　【fēngjiàn】 펑지엔 **봉건**

□ 风景　　【fēngjǐng】 펑징 **풍경**

□ 疯狂　　【fēngkuáng】 펑쾅 **미치다, 실성하다**

□ 风浪　　【fēnglàng】 펑랑 **풍랑**

□ 锋利　　【fēnglì】 펑리 **예리하다**

□ 风力　　【fēnglì】 펑리 **풍력**

□ 丰满　　【fēngmǎn】 펑만 **풍만하다**

□ 蜂蜜　　【fēngmì】 펑미 **꿀**

□ 风气　　【fēngqì】 펑치 **풍조, 기풍**

□ 风趣　　【fēngqù】 펑취 **풍취, 재미**

□ 风沙　　【fēngshā】 펑사 **모래바람**

□ 风尚　　【fēngshàng】 펑샹 풍격, 기풍, 풍습, 풍조

□ 丰收　　【fēngshōu】 펑셔우 풍작

□ 风俗　　【fēngsú】 펑수 풍속

□ 封锁　　【fēngsuǒ】 펑슈어 봉쇄하다

□ 风味　　【fēngwèi】 펑웨이 특색, 기분, 맛

□ 风险　　【fēngxiǎn】 펑시엔 위험

□ 奉献　　【fèngxiàn】 펑시엔 삼가 바치다

□ 奉行　　【fèngxíng】 펑씽 신봉하다

□ 风筝　　【fēngzheng】 펑정 연

□ 疯子　　【fēngzi】 펑즈 미치광이

□ 佛　　　【fó】 포 부처, 불타

□ 佛教　　【Fójiào】 포지아오 불교

□ 佛经　　【fójīng】 포징 불경, 불교 경전

□ 佛门　　【fómén】 포먼 불문

□ 佛陀　　【Fótuó】 포투어 불타, 부처

□ 佛像　　【fóxiàng】 포시앙 불상

□ 否　　　【fǒu】 퍼우 부정하다, 아니다

□ 否定　　【fǒudìng】 퍼우띵 부정하다

□ 否决	〔fǒujué〕 퍼우쥐에 **부결하다**
□ 否认	〔fǒurèn〕 퍼우런 **부인하다**
□ 否则	〔fǒuzé〕 퍼우저 **그렇지 않으면**
□ 扶	〔fú〕 푸 **부축하다, 돕다**
□ 服	〔fú〕 푸 **복용하다, 복종하다**
□ 浮	〔fú〕 푸 **뜨다, 헤엄치다**
□ 伏	〔fú〕 푸 **엎드리다, 잠복하다**
□ 福	〔fú〕 푸 **복, 행복**
□ 幅	〔fú〕 푸 **(옷감, 그림에 쓰임) ~폭**
□ 俯	〔fǔ〕 푸 **숙이다, 굽히다**
□ 付	〔fù〕 푸 **지불하다, 교부하다**
□ 复	〔fù〕 푸 **반복하다, 회복되다**
□ 负	〔fù〕 푸 **책임지다, 빚지다, 받다**
□ 富	〔fù〕 푸 **부유하다**
□ 赴	〔fù〕 푸 **가다, 참석하다**
□ 副	〔fù〕 푸 **대리의, 보조적인, ~벌, ~쌍**
□ 腹	〔fù〕 푸 **배, 복부, 위**
□ 腐败	〔fǔbài〕 푸빠이 **부패하다**

□ 付出　　　〔fùchū〕 푸추 **치르다, 지출하다**

□ 服从　　　〔fúcóng〕 푸총 **복종하다**

□ 附带　　　〔fùdài〕 푸따이 **덧붙이다**

□ 负担　　　〔fùdān〕 푸단 **부담, 부담이다**

□ 辅导　　　〔fǔdǎo〕 푸다오 **보도**

□ 浮雕　　　〔fúdiāo〕 푸띠아오 **돌을 새김, 부조**

□ 浮动　　　〔fúdòng〕 푸똥 **떠다니다**

□ 幅度　　　〔fúdù〕 푸뚜 **폭도**

□ 夫妇　　　〔fūfù〕 푸푸 **부부**

□ 覆盖　　　〔fùgài〕 푸까이 **가리다, 덮다**

□ 符号　　　〔fúhào〕 푸하오 **부호**

□ 符合　　　〔fúhé〕 푸허 **부합하다**

□ 附和　　　〔fùhè〕 푸허 **부화하다**

□ 腐化　　　〔fǔhuà〕 푸화 **부패하다, 타락하다**

□ 复活　　　〔fùhuó〕 푸후어 **부활하다**

□ 附加　　　〔fùjiā〕 푸지아 **덧붙이다, 부가하다**

□ 附近　　　〔fùjìn〕 푸진 **부근**

□ 付款　　　〔fùkuǎn〕 푸콴 **금액을 지불하다**

☐ 腐烂	【fǔlàn】 푸란	썩어 문드러지다, 부식하다
☐ 福利	【fúlì】 푸리	복리, 복지, 후생
☐ 俘虏	【fúlǔ】 푸루	포로
☐ 妇女	【fùnǚ】 푸뉘	부녀
☐ 福气	【fúqi】 푸치	복, 행운
☐ 服气	【fúqì】 푸치	굴복하다
☐ 夫妻	【fūqī】 푸치	부처
☐ 富强	【fùqiáng】 푸치앙	부강하다
☐ 父亲	【fùqīn】 푸친	아버지
☐ 妇人	【fùrén】 푸런	부인
☐ 夫人	【fūrén】 푸런	부인
☐ 负伤	【fùshāng】 푸샹	상처를 입다
☐ 辐射	【fúshè】 푸셔	복사하다, 방사하다
☐ 腐蚀	【fǔshí】 푸스	부식하다
☐ 副食	【fùshí】 푸스	부식
☐ 附属	【fùshǔ】 푸수	부속하다, 예속되다
☐ 复述	【fùshu】 푸수	다시 말하다(진술하다), 복창하다
☐ 服务	【fúwù】 푸우	복무하다

□ **服务员**　　〔fúwùyuán〕 푸우위엔 종업원

□ **复习**　　　〔fùxí〕 푸시 복습하다

□ **复兴**　　　〔fùxīng〕 푸흥 부흥하다

□ **腐朽**　　　〔fǔxiǔ〕 푸시우 썩어 문드러지다, 퇴폐적이다

□ **敷衍**　　　〔fūyǎn〕 푸이엔 부연하다, 부연하다

□ **抚养**　　　〔fǔyǎng〕 푸양 부양하다

□ **副业**　　　〔fùyè〕 푸예 부업

□ **复印**　　　〔fùyìn〕 푸인 복사하다

□ **富有**　　　〔fùyǒu〕 푸여우 부유하다, 풍부하다

□ **富余**　　　〔fùyu〕 푸위 여유가 있다, 넉넉하다, 남아돌다

□ **富裕**　　　〔fùyù〕 푸위 넉넉하다, 풍족하다

□ **赋予**　　　〔fùyù〕 푸위 부여하다, 주다

□ **抚育**　　　〔fǔyù〕 푸위 보살피다, 부육하다

□ **复杂**　　　〔fùza〕 푸자 복잡하다

□ **负责**　　　〔fùzé〕 푸저 책임지다

□ **复制**　　　〔fùzhì〕 푸즈 복제하다

□ **辅助**　　　〔fǔzhù〕 푸주 보조하다

□ **服装**　　　〔fúzhuāng〕 푸주앙 복장

① 炒勺
chǎosháo 차오사오

② 水池
shuǐchí 수에이츠

③ 水壶
shuǐhú 수에이후

④ 烤炉
kǎolú 카오루

⑤ 餐巾
cānjīn 찬진

① 프라이팬 ② 싱크대 ③ 주전자 ④ 오븐 ⑤ 냅킨

⑥ **电冰箱**
diànbīngxiāng
띠엔빙시앙

⑦ **碗柜**
wǎnguì 왕꾸에이

⑧ **玻璃杯**
bōlibēi 뽀리뻬이

⑨ **盘子**
pánzi 판즈

⑩ **饭桌**
fànzhuō 판쭈오

⑥ 냉장고　⑦ 찬장　⑧ 유리잔　⑨ 접시　⑩ 식탁

□ **斧子** 〔fǔzi〕 푸즈 도끼

□ **父子** 〔fùzǐ〕 푸즈 부자, 아버지와 아들

□ **付梓** 〔fùzǐ〕 푸즈 발간하다, 간행하다, 인쇄하다

□ **辅佐** 〔fǔzuǒ〕 푸쭈어 보좌하다, 보필하다, 도와주다

□ **副作用** 〔fùzuòyòng〕 푸쭈어용 부작용

□ 该 〔gāi〕 가이 ~해야 한다, ~의 차례다

□ 改 〔gǎi〕 가이 고치다, 바꾸다

□ 盖 〔gài〕 까이 덮다, 감추다

□ 钙 〔gài〕 까이 칼슘

□ 改变 〔gǎibiàn〕 가이삐엔 변하다, 바꾸다, 바뀌다

□ 改编 〔gǎibiān〕 가이비엔 개편하다, 각색하다

□ 该当 〔gāidāng〕 가이땅 해당하다, 당연하다, 마땅하다

□ 改革 〔gǎigé〕 가이거 개혁

□ 改行 〔gǎiháng〕 가이항 직업을 바꾸다, 전업하다

□ 改悔 〔gǎihuǐ〕 가이훼이 회개하다, 잘못을 고치다

□ 改建 〔gǎijiàn〕 가이지엔 개축하다, 재건하다

□ 改进 〔gǎijìn〕 가이진 개진하다, 개량하다

□ 改口 〔gǎikǒu〕 가이커우 말투를 바꾸다, 어조를 바꾸다

□ 概况 〔gàikuàng〕 까이쾅 개황

□ 概括 〔gàikuò〕 까이쿠어 개괄하다, 간단하게 요약하다

☐ 改良	〔gǎiliáng〕 가이리앙	개량하다, 개선하다
☐ 概念	〔gàiniàn〕 까이니엔	개념
☐ 改善	〔gǎishàn〕 가이샨	개선하다
☐ 改造	〔gǎizào〕 가이자오	개조하다
☐ 改正	〔gǎizhèng〕 가이정	개정하다
☐ 盖子	〔gàizi〕 까이즈	덮개
☐ 改组	〔gǎizǔ〕 가이주	재조직하다, 개편하다
☐ 甘	〔gān〕 간	달콤하다, 기꺼이
☐ 干	〔gān〕 간	마르다, 텅 비다, 헛되이, 공연히
☐ 竿	〔gān〕 간	막대, 장대
☐ 秆	〔gān〕 간	줄기, 대
☐ 杆	〔gān〕 간	막대기
☐ 肝	〔gān〕 간	간, 간장
☐ 敢	〔gǎn〕 간	감히 ~하다
☐ 赶	〔gǎn〕 간	따라잡다, 뒤쫓다
☐ 感	〔gǎn〕 간	(접미사) ~감, 느끼다, 생각하다
☐ 干	〔gàn〕 깐	하다, 일하다
☐ 干杯	〔gānbēi〕 간베이	건배하다

□ 干部	〔gànbù〕 깐뿌	**간부**
□ 干脆	〔gāncuì〕 간추이	**명쾌하다, 차라리**
□ 感到	〔gǎndào〕 간따오	**느끼다**
□ 感动	〔gǎndòng〕 간뚱	**감동하다**
□ 干旱	〔gānhàn〕 간한	**가물다**
□ 感化	〔gǎnhuà〕 간화	**감화하다**
□ 干活儿	〔gànhuór〕 깐훨	**일하다**
□ 感激	〔gǎnjī〕 간지	**감격**
□ 干劲	〔gànjìn〕 깐진	**힘껏, 힘**
□ 赶紧	〔gǎnjǐn〕 간진	**재빨리**
□ 干净	〔gānjìng〕 간징	**깨끗하다**
□ 感觉	〔gǎnjué〕 간쥐에	**감각**
□ 感慨	〔gǎnkǎi〕 간카이	**감개무량하다**
□ 赶快	〔gǎnkuài〕 간콰이	**빨리**
□ 干吗	〔gànma〕 깐마	**왜**
□ 赶忙	〔gǎnmáng〕 간망	**서둘러, 급히, 바삐**
□ 感冒	〔gǎnmào〕 간모	**감기**
□ 感情	〔gǎnqíng〕 간칭	**감정**

□ 感染	【gǎnrǎn】 간란 **감염되다, 감화하다**
□ 干热	【gānrè】 간러 (날씨가) **건조하고 무덥다**
□ 赶上	【gǎnshàng】 간샹 **따라잡다**
□ 干涉	【gānshè】 간셔 **간섭하다**
□ 感受	【gǎnshòu】 간셔우 **감수하다**
□ 干线	【gànxiàn】 깐시엔 **간선** (교통)
□ 感想	【gǎnxiǎng】 간샹 **감상**
□ 感谢	【gǎnxiè】 간시에 **감사하다**
□ 甘心	【gānxīn】 간씬 **기꺼이 하다, 달갑게 하다**
□ 感兴趣	【gǎnxìngqù】 간씽취 **흥취를 느끼다, 흥미를 갖다**
□ 肝炎	【gānyán】 간이엔 **간염**
□ 敢于	【gǎnyú】 간위 **대담하게, 감히**
□ 干预	【gānyù】 간위 **관여하다, 참견하다**
□ 干燥	【gānzào】 간자오 **건조하다**
□ 甘蔗	【gānzhè】 간저 **사탕수수**
□ 刚	【gāng】 강 **방금, 이제**
□ 钢	【gāng】 강 **강철**
□ 纲	【gāng】 강 **벼리, 중요한 부분**

142

□ 缸	〔gāng〕 강	항아리, 단지, 독
□ 港	〔gǎng〕 강	항구, 항만
□ 港币	〔gǎngbì〕 강삐	홍콩화폐
□ 钢笔	〔gāngbǐ〕 강비	만년필
□ 钢材	〔gāngcái〕 강차이	강재
□ 刚才	〔gāngcái〕 강차이	금방
□ 杠杆	〔gànggǎn〕 강간	지레, 지렛대
□ 刚刚	〔gānggāng〕 강강	방금
□ 港口	〔gǎngkǒu〕 강커우	항구
□ 纲领	〔gānglǐng〕 강링	강령, 대강, 지도 원칙
□ 钢琴	〔gāngqín〕 강친	피아노
□ 岗位	〔gǎngwèi〕 강웨이	일터, 직장
□ 纲要	〔gāngyào〕 강야오	중요한 강령, 개요
□ 高	〔gāo〕 가오	높다
□ 搞	〔gǎo〕 가오	하다, 마련하다
□ 稿	〔gǎo〕 가오	초안, 원고
□ 告	〔gào〕 까오	알리다, 고발하다, 선언하다
□ 告别	〔gàobié〕 가오비에	고별하다

□ 高产　【gāochǎn】가오찬 높은 생산량

□ 高潮　【gāocháo】가오차오 고조

□ 高超　【gāochāo】가오차오 출중하다, 우수하다

□ 告辞　【gàocí】까오츠 작별을 고하다

□ 高大　【gāodà】가오따 높고 크다

□ 高档　【gāodǎng】가오당 고급의, 상등의

□ 高等　【gāoděng】가오덩 고등, 고급

□ 高低　【gāodī】가오디 고저, 높고 낮음

□ 高度　【gāodù】가오뚜 고도

□ 高峰　【gāofēng】가오펑 고봉

□ 高贵　【gāoguì】가오꿰이 고귀하다

□ 搞活　【gǎohuó】가오후어 활기를 띠게 하다, 생기 있게 하다

□ 高级　【gāojí】가오지 고급의

□ 稿件　【gǎojiàn】가오지엔 원고

□ 告诫　【gàojiè】까오지에 경고하다, 훈계하다

□ 高考　【gāokǎo】가오카오 대학입시시험

□ 高梁　【gāoliang】가오리앙 수수, 고량

□ 高明　【gāomíng】가오밍 고명하다

144

□ 高尚　　　【gāoshàng】가오샹 **고상하다**

□ 高烧　　　【gāoshāo】가오샤오 **고열**

□ 高速　　　【gāosù】가오수 **고속의**

□ 告诉　　　【gàosù】까오수 **알리다**

□ 高温　　　【gāowēn】가오원 **고온**

□ 高兴　　　【gāoxìng】가오씽 **기쁘다**

□ 高血压　　【gāoxuèyā】가오쉬에야 **고혈압**

□ 高压　　　【gāoyā】가오야 **고압**

□ 高原　　　【gāoyuán】가오위엔 **고원**

□ 高涨　　　【gāozhǎng】가오장 **등귀, 급증**

□ 稿纸　　　【gǎozhǐ】가오즈 **원고지**

□ 高中　　　【gāozhōng】가오종 **고중(고등학교)**

□ 告状　　　【gàozhuàng】가오주앙 **고소하다, 고자질하다**

□ 稿子　　　【gǎozi】가오즈 **원고**

□ 戈　　　　【gē】거 **창**

□ 割　　　　【gē】거 **베다**

□ 搁　　　　【gē】거 **놓다, 내버려두다**

□ 格　　　　【gé】거 **줄, 격자, 기준**

□ 隔　　　　【gé】 거　막다, 분리하다, 사이를 두다

□ 个　　　　【gè】 꺼　~개

□ 各　　　　【gè】 꺼　여럿, 각각

□ 隔壁　　　【gébì】 거비　옆집

□ 各别　　　【gèbié】 꺼비에　개개(의), 각각(의)

□ 个别　　　【gèbié】 꺼비에　개개(의), 개별적(인), 일부의

□ 胳膊　　　【gēbo】 거보　팔뚝

□ 歌唱　　　【gēchàng】 거창　노래를 부르다

□ 疙瘩　　　【gēdā】 거다　종기, 응어리

□ 哥哥　　　【gēge】 꺼거　형님

□ 格格不入　【gégebùrù】 거거뿌루　전혀 어울리지 않다

□ 各行各业　【gèhánggèyè】 꺼항꺼예　여러 가지 직업

□ 隔阂　　　【géhé】 거허　간격, 틈, 장벽

□ 各界　　　【gèjiè】 꺼지에　각계

□ 格局　　　【géjú】 거쥐　짜임새, 구조

□ 歌剧　　　【gējù】 거쥐　가극, 오페라

□ 隔绝　　　【géjué】 거쥐에　차단하다

□ 隔离　　　【gélí】 거리　격리하다

□ 革命	〔gémìng〕 거밍	혁명
□ 歌曲	〔gēqǔ〕 거취	가곡
□ 个儿	〔gèr〕 껄	키, 몸집, 개개
□ 个人	〔gèrén〕 꺼런	개인
□ 格式	〔géshì〕 거스	격식
□ 各式各样	〔gèshìgèyàng〕 꺼스꺼양	각양각색
□ 歌手	〔gēshǒu〕 거셔우	가수
□ 歌颂	〔gēsòng〕 거쏭	노래하다, 찬양하다
□ 个体	〔gètǐ〕 꺼티	개체
□ 个体户	〔gètǐhù〕 꺼티후	개체호
□ 格外	〔géwài〕 거와이	특별히, 각별히
□ 革新	〔géxīn〕 거씬	혁신
□ 歌星	〔gēxīng〕 거씽	가수, 스타
□ 个性	〔gèxìng〕 꺼씽	개성
□ 歌咏	〔gēyǒng〕 거용	가창, 합창
□ 各种	〔gèzhǒng〕 꺼주웅	각종
□ 各自	〔gèzì〕 꺼쯔	각자
□ 个子	〔gèzi〕 거즈	(사람의) 체격, 키, (물건의) 크기

□ 鸽子　　　【gēzi】 거즈 비둘기

□ 给　　　　【gěi】 게이 주다, ~에게 하다

□ 给　　　　【gěi】 게이 ~에게, ~을 향하여

□ 给以　　　【gěiyǐ】 게이이 주다, 데모하다

□ 根　　　　【gēn】 건 ~개 (가늘고 긴), 뿌리, 근원

□ 跟　　　　【gēn】 건 따르다, 좇아가다, 뒤꿈치, ~과

□ 根本　　　【gēnběn】 건번 근본

□ 根据　　　【gēnjù】 건쮜 근거하다

□ 根据地　　【gēnjùdì】 건쮜띠 근거지

□ 跟前　　　【gēnqián】 건치엔 곁

□ 根深蒂固　【gēnshēndìgù】 건선띠꾸 뿌리깊다

□ 跟随　　　【gēnsuí】 건쉐이 뒤따르다

□ 跟头　　　【gēntou】 건터우 공중제비, 재주넘기, 곤두박질

□ 根源　　　【gēnyuán】 건위엔 근원

□ 跟踪　　　【gēnzōng】 건종 추적하다

□ 耕　　　　【gēng】 겅 밭을 갈다

□ 梗　　　　【gěng】 겅 줄기, 가지, 대

□ 更　　　　【gèng】 껑 더욱더, 더욱

148

□ 耕地	【gēngdì】 겅띠	경작하다, 경지
□ 更改	【gēnggǎi】 겅가이	변경하다
□ 更换	【gēnghuàn】 겅환	바꾸다
□ 更加	【gèngjiā】 껑지아	더욱 더
□ 耕马	【gēngmǎ】 껑마	경마
□ 更新	【gēngxīn】 겅씬	갱신하다
□ 更正	【gēngzhèng】 겅정	정정하다
□ 耕种	【gēngzhòng】 겅종	땅을 갈고 파종하다
□ 公	【gōng】 궁	공공의, 공정하다, 공무, 공사
□ 弓	【gōng】 궁	궁, 활
□ 功	【gōng】 궁	공격하다, 연구하다
□ 工	【gōng】 궁	일군, 일, 인력, 공업
□ 宫	【gōng】 궁	궁전
□ 攻	【gōng】 궁	공격하다, 연구하다
□ 供	【gōng】 궁	공급하다
□ 共	【gòng】 꽁	함께, 전부, 같이
□ 汞	【gǒng】 궁	수은
□ 拱	【gǒng】 궁	구부리다, 헤집다, 싹트다

□ 公安　　　【gōng'ān】 궁안 **공안**

□ 公布　　　【gōngbù】 궁뿌 **공포하다**

□ 共产党　　【gòngchǎndǎng】 꽁찬당 **공산당**

□ 共产主义　【gòngchǎnzhǔyì】 꽁찬주이 **공산주의**

□ 工厂　　　【gōngchǎng】 궁창 **공장**

□ 工程　　　【gōngchéng】 궁청 **공정**

□ 工程师　　【gōngchéngshī】 궁청스 **엔지니어**

□ 公尺　　　【gōngchǐ】 궁츠 **미터(m)**

□ 公道　　　【gōngdào】 궁따오 **공정하다**

□ 工地　　　【gōngdì】 궁띠 **현장**

□ 宫殿　　　【gōngdiàn】 궁띠엔 **궁전**

□ 攻读　　　【gōngdú】 궁두 **전공하다, 열심히 공부하다**

□ 公费　　　【gōngfèi】 궁페이 **국비, 관비**

□ 公分　　　【gōngfēn】 궁펀 **센티미터(cm)**

□ 工夫　　　【gōngfu】 궁푸 **(투자한) 시간, 틈, 여가**

□ 公告　　　【gōnggào】 궁까오 **공고**

□ 公报　　　【gōngbào】 궁빠오 **성명, 관보**

□ 公共　　　【gōnggòng】 궁꽁 **공공**

- □ 公共汽车 【gōnggòngqìchē】 궁꽁치처 **버스**

- □ 巩固 【gǒnggù】 궁꾸 **공고하다**

- □ 公关 【gōngguān】 공관 **공공관계**

- □ 攻关 【gōngguān】 궁관 **요소를 공격하다, 연구에 몰두하다**

- □ 共和国 【gònghéguó】 꽁허구어 **공화국**

- □ 工会 【gōnghuì】 궁훼이 **노동조합**

- □ 功绩 【gōngjì】 궁지 **공적**

- □ 共计 【gòngjì】 꽁지 **합계하다**

- □ 攻击 【gōngjī】 궁지 **공격, 공격하다**

- □ 供给 【gōngjǐ】 궁지 **공급하다**

- □ 公斤 【gōngjīn】 궁진 **킬로그램**

- □ 恭敬 【gōngjìng】 궁징 **공경하다**

- □ 工具 【gōngjù】 궁쥐 **공구**

- □ 工具书 【gōngjùshū】 궁쥐수 **조사·연구 등의 참고가 되는 사전**

- □ 公开 【gōngkāi】 궁카이 **공개하다**

- □ 功课 【gōngkè】 궁커 **공부, 과제**

- □ 功克 【gōngkè】 궁커 **패배시키다**

- □ 功劳 【gōngláo】 궁라오 **공로, 공훈**

□ 公里　　　【gōnglǐ】 궁리 **킬로미터**

□ 工龄　　　【gōngling】 궁링 **근무 연한, 재직 연수**

□ 公路　　　【gōnglù】 궁루 **도로**

□ 公民　　　【gōngmín】 궁민 **공민**

□ 共鸣　　　【gòngmíng】 궁밍 **공명**

□ 功能　　　【gōngnéng】 궁넝 **기능, 효능**

□ 公平　　　【gōngpíng】 궁핑 **공평하다**

□ 工钱　　　【gōngqian】 궁치엔 **품삯, 보수**

□ 公顷　　　【gōngqǐng】 궁칭 **~헥타르**

□ 公然　　　【gōngrán】 궁란 **공공연히**

□ 公认　　　【gōngrèn】 궁런 **공인하다**

□ 工人　　　【gōngrén】 궁런 **노동자**

□ 工人阶级　【gōngrénjiējí】 궁런지에지 **노동계급**

□ 公社　　　【gōngshè】 궁셔 **공동 사회, 공동체, 공사** (중국)

□ 工事　　　【gōngshì】 궁스 **진지, 참호**

□ 公式　　　【gōngshì】 궁스 **공식**

□ 公司　　　【gōngsī】 궁스 **회사**

□ 共同　　　【gòngtóng】 꽁통 **공동으로**

□ 公务	〔gōngwù〕 궁우	**공무**
□ 贡献	〔gòngxiàn〕 꽁시엔	**공헌하다**
□ 供销	〔gòngxiāo〕 꽁시아오	**공급하고 판매하다**
□ 功效	〔gōngxiào〕 궁시아오	**효능이 있다**
□ 共性	〔gòngxìng〕 꽁씽	**공성**
□ 工序	〔gōngxù〕 궁쉬	**작업순서**
□ 工业	〔gōngyè〕 궁예	**공업**
□ 工艺品	〔gōngyìpǐn〕 궁이핀	**공예품**
□ 供应	〔gōngyìng〕 궁잉	**공급하다**
□ 公用	〔gōngyòng〕 궁용	**공용, 여럿이 쓰다**
□ 公用电话	〔gōngyòngdiànhuà〕 궁용띠엔화	**공중전화**
□ 公有	〔gōngyǒu〕 궁여우	**공유하다**
□ 公有制	〔gōngyǒuzhì〕 궁여우즈	**공유제**
□ 公园	〔gōngyuán〕 궁위엔	**공원**
□ 公元	〔gōngyuán〕 궁위엔	**서기 (기원)**
□ 公约	〔gōngyuē〕 궁위에	**공약**
□ 公债	〔gōngzài〕 궁자이	**공채**
□ 公正	〔gōngzhèng〕 궁정	**공정하다**

公证	【gōngzhèng】 궁정 **공증**
工资	【gōngzi】 궁즈 **노임, 임금**
工作	【gōngzuò】 궁쭈어 **사업**
勾	【gōu】 거우 **체크하다**
钩	【gōu】 거우 **낚다, 체크하다**
沟	【gōu】 거우 **골, 도랑, 홈**
狗	【gǒu】 거우 **개**
购	【gòu】 꺼우 **구매하다, 사들이다**
够	【gòu】 꺼우 **정말, 어지간히, 이르다, 넉넉하다**
构成	【gòuchéng】 꺼우청 **구성하다**
勾结	【gōujié】 거우지에 **결탁하다, 공모하다**
购买	【gòumǎi】 꺼우마이 **구매하다**
购买力	【gòumǎilì】 꺼우마이리 **구매력**
构思	【gòusī】 꺼우스 **구상하다**
沟通	【gōutōng】 거우통 **소통하다, 통하다**
构想	【gòuxiǎng】 꺼우샹 **구상하다**
构造	【gòuzào】 꺼우자오 **구조**
钩子	【gōuzi】 거우즈 **갈고리**

□ 古	〔gǔ〕 구	옛날의, 고대의
□ 骨	〔gǔ〕 구	뼈
□ 鼓	〔gǔ〕 구	북, 고무하다, 북돋우다
□ 股	〔gǔ〕 구	~줄기, ~무리
□ 故	〔gù〕 꾸	사건, 원인, 고의로, 짐짓
□ 雇	〔gù〕 꾸	고용하다
□ 顾	〔gù〕 꾸	돌보다, 고려하다
□ 顾不得	〔gùbude〕 꾸부더	돌볼 수 없다, 감당해 낼 수 없다
□ 鼓吹	〔gǔchuī〕 구추이	고취하다
□ 古代	〔gǔdài〕 구따이	고대
□ 孤单	〔gūdān〕 구단	외롭다, 고독하다
□ 古典	〔gǔdiǎn〕 구디엔	고전
□ 固定	〔gùdìng〕 꾸띵	고정시키다, 정착시키다
□ 股东	〔gǔdōng〕 구동	주주, 출자자
□ 鼓动	〔gǔdòng〕 구동	고무하다, 선동하다
□ 孤独	〔gūdú〕 구두	고독하다
□ 股份	〔gǔfèn〕 구펀	주식자본
□ 辜负	〔gūfù〕 구푸	저버리다, 헛되게 하다

□ 骨干	【gǔgàn】	구깐	골간
□ 姑姑	【gūgu】	구구	고모
□ 古怪	【gǔguài】	구꽈이	기괴하다, 기이하다
□ 古迹	【gǔjì】	구지	고적
□ 估计	【gūjì】	구지	추측하다
□ 顾客	【gùkè】	꾸커	손님
□ 古老	【gǔlǎo】	구라오	오래되다
□ 鼓励	【gǔlì】	구리	고무하다
□ 孤立	【gūlì】	구리	고립되다
□ 顾虑	【gùlǜ】	꾸뤼	고려하다, 주저하다
□ 姑娘	【gūniang】	구니앙	처녀
□ 股票	【gǔpiào】	구피아오	주권, 주식
□ 姑且	【gūqiě】	구치에	잠시, 잠깐
□ 顾全大局	【gùquándàjú】	꾸취엔따쥐	대국을 고려하다
□ 固然	【gùrán】	꾸란	비록, 물론
□ 古人	【gǔrén】	구런	옛 사람
□ 骨肉	【gǔròu】	구러우	골육, 뼈와 살
□ 故事	【gùshi】	꾸스	이야기

156

□ **固体**	〔gùtǐ〕 꾸티	고체
□ **骨头**	〔gǔtou〕 구터우	뼈
□ **古文**	〔gǔwén〕 구원	고문
□ **顾问**	〔gùwèn〕 꾸원	고문
□ **鼓舞**	〔gǔwǔ〕 구우	고무하다
□ **故乡**	〔gùxiāng〕 꾸시앙	고향
□ **故意**	〔gùyì〕 꾸이	고의로, 일부러
□ **雇佣**	〔gùyōng〕 꾸용	고용하다
□ **固有**	〔gùyǒu〕 꾸여우	간편하다, 편리하다
□ **雇员**	〔gùyuán〕 꾸위엔	고용인
□ **故障**	〔gùzhàng〕 꾸장	고장
□ **鼓掌**	〔gǔzhǎng〕 구장	박수치다
□ **固执**	〔gùzhí〕 꾸즈	고집하다
□ **谷子**	〔gǔzi〕 구즈	조, 낟알
□ **瓜**	〔guā〕 과	과실 (수박, 참외 등)
□ **刮**	〔guā〕 과	깎다, 벗기다
□ **挂**	〔guà〕 꽈	매달리다, 걸다
□ **瓜分**	〔guāfēn〕 과펀	분할하다

A
B
C
D
E
F
G
H
J
K
L
M
N
O
P
Q
R
S
T
W
X
Y
Z

□ 刮风	【guāfēng】 과펑	바람이 불다
□ 寡妇	【guǎfù】 과푸	과부
□ 挂钩	【guàgōu】 꽈거우	연결하다, 연계를 맺다
□ 挂号	【guàhào】 꽈하오	등기로 부치다
□ 刮唧	【guājī】 과지	(떠드는 소리) 재잘재잘
□ 挂念	【guàniàn】 꽈니엔	근심하다, 염려하다
□ 瓜子	【guāzǐ】 과즈	해바라기 씨, 박 씨
□ 乖	【guāi】 과이	얌전하다, 착하다
□ 拐	【guǎi】 과이	돌다, 절룩거리다, 유괴하다
□ 怪	【guài】 꽈이	꽤, 상당히, 나무라다, 괴상하다
□ 怪不得	【guàibude】 꽈이부더	그러면, 그렇지
□ 拐弯儿	【guǎiwānr】 과이왈	굽이를 돌다, 모퉁이
□ 关	【guān】 관	닫다, 관문, 난관, 어려움
□ 观	【guān】 관	보다
□ 官	【guān】 관	정부관리, 기관
□ 管	【guǎn】 관	관리하다, 단속하다
□ 馆	【guǎn】 관	집, 홀, 상점
□ 惯	【guàn】 꽌	습관이 되다, 버릇없이 굴다

□ 灌	【guàn】 꽌	물을 대다, 관개하다
□ 罐	【guàn】 꽌	깡통, 단지
□ 关闭	【guānbì】 관삐	닫다, 패업하다
□ 棺材	【guāncai】 관차이	관, 널
□ 观测	【guāncè】 관처	관측하다
□ 观察	【guānchá】 관사	관찰하다
□ 贯彻	【guànchè】 꽌처	관철하다
□ 管道	【guǎndào】 관따오	파이프, 도관
□ 观点	【guāndiǎn】 관디엔	관점
□ 官方	【guānfāng】 관팡	관방, 정부
□ 灌溉	【guàngài】 꽌까이	관개하다
□ 观光	【guānguāng】 관광	관광하다
□ 关怀	【guānhuái】 관화이	관심하다, 배려하다
□ 关键	【guānjiàn】 관지엔	관건
□ 关节炎	【guānjiéyán】 관지에이엔	관절염
□ 冠军	【guànjūn】 꽌쥔	우승
□ 观看	【guānkàn】 관칸	관람하다, 관찰하다
□ 惯例	【guànlì】 꽌리	관례

□ 管理　　　〔guǎnlǐ〕관리 **관리하다**

□ 官僚主义　〔guānliáozhǔyì〕관리아오주이 **관료주의**

□ 灌木　　　〔guànmù〕꽌무 **관목**

□ 观念　　　〔guānniàn〕관니엔 **관념**

□ 关切　　　〔guānqiè〕관치에 **관심을 갖다, 정이 두텁다**

□ 观赏　　　〔guānshǎng〕관샹 **관상하다**

□ 关头　　　〔guāntóu〕관터우 **고비, 전환점**

□ 关系　　　〔guānxì〕관시 **관계**

□ 管辖　　　〔guǎnxiá〕관시아 **관찰하다**

□ 关心　　　〔guānxīn〕관씬 **관심**

□ 惯用语　　〔guànyòngyǔ〕꽌용위 **관용어**

□ 关于　　　〔guānyú〕관위 **~에 대하여**

□ 官员　　　〔guānyuán〕관위엔 **관원**

□ 关照　　　〔guānzhào〕관자오 **보살피다**

□ 观众　　　〔guānzhòng〕관종 **관중**

□ 管子　　　〔guǎnzi〕관즈 **파이프, 관**

□ 光　　　　〔guāng〕광 **빛, 광경, 단지, 드러내다**

□ 广　　　　〔guǎng〕광 **광활하다, 많다**

□ 逛 　　　【guàng】꽝 거닐다, 놀러 다니다

□ 广播 　　【guǎngbō】광보 방송하다

□ 光彩 　　【guāngcǎi】광차이 광채

□ 广场 　　【guǎngcháng】광창 광장

□ 广大 　　【guǎngdà】광따 광대하다

□ 广泛 　　【guǎngfàn】광판 광범(위)하다, 폭넓다

□ 广告 　　【guǎnggào】광까오 광고

□ 光棍儿 　【guānggùir】광꿰이얼 홀아버지, 남자독신자

□ 光滑 　　【guānghuá】광화 매끄럽다, 광택이 난다

□ 光辉 　　【guānghuī】광훼이 광휘

□ 广阔 　　【guǎngkuò】광쿠어 광활하다

□ 光亮 　　【guāngliàng】광리앙 밝고 빛나다

□ 光临 　　【guānglín】광린 왕림하다

□ 光芒 　　【guāngmáng】광망 빛발, 빛

□ 光明 　　【guāngmíng】광밍 광명

□ 光荣 　　【guāngróng】광롱 영광스럽다

□ 光线 　　【guāngxiàn】광시엔 광선

□ 归 　　　【guī】궤이 되돌아가다, ~으로 속하다

□ 龟　　　　【guī】궤이 거북

□ 硅　　　　【guī】궤이 실리콘, 규소

□ 鬼　　　　【guǐ】궤이 귀신, 유령

□ 贵　　　　【guì】꿰이 귀하다, 고귀한, 높은

□ 跪　　　　【guì】꿰이 무릎을 꿇다

□ 贵宾　　　【guìbīn】꿰이빈 귀빈

□ 轨道　　　【guǐdào】궤이따오 궤도

□ 规定　　　【guīdìng】궤이딩 규정하다, 정하다

□ 规范　　　【guīfàn】궤이판 규범, 본보기, 규범에 맞다

□ 规格　　　【guīgé】궤이거 규격

□ 桂冠　　　【guìguān】꿰이관 월계관

□ 规划　　　【guīhuà】궤이화 계획, 기획

□ 规划　　　【guīhuà】궤이화 규획

□ 归还　　　【guīhuán】궤이환 되돌려주다, 반환하다

□ 归结　　　【guījié】궤이지에 귀결하다

□ 规矩　　　【guīju】궤이쥐 규격

□ 规矩　　　【guījù】궤이쥐 규칙, 표준

□ 规律　　　【guīlǜ】궤이뤼 규율

□ 规模	【guīmó】 궤이모 규모
□ 归纳	【guīnà】 궤이나 귀납하다
□ 闺女	【guīnü】 궤이뉘 규수, 처녀, 딸
□ 柜台	【guìtái】 궤이타이 매대, 카운터
□ 规则	【guīzé】 궤이저 규칙, 정연하다, 규칙적이다
□ 贵重	【guìzhòng】 궤이종 귀중하다
□ 柜子	【guìzi】 궤이즈 궤짝
□ 鬼子	【guǐzi】 궤이즈 귀신
□ 贵族	【guìzú】 궤이주 귀족
□ 滚	【gǔn】 군 구르다, 뒹굴다, 떠나다
□ 滚动	【gǔndòng】 군둥 회전하다, 구르다
□ 滚汤	【gǔntāng】 군탕 끓는 물
□ 滚烫	【gǔntàng】 군탕 (몸이나 음식이) 매우 뜨겁다
□ 滚圆	【gǔnyuán】 군위엔 아주 동그랗다, 매우 둥글다
□ 棍子	【gùnzi】 꾼즈 몽둥이, 막대기
□ 锅	【guō】 구어 솥
□ 国	【guó】 구어 나라
□ 裹	【guǒ】 구어 싸다, 싸매다, 휘감다

□ 过	【guò】 꾸어 지나가다, ~후에, 동태조사, 동작의 완료를 나타냄
□ 锅巴	【guōbā】 구어바 누룽지
□ 过不去	【guòbuqù】 꾸어부취 지나갈 수 없다, 통과할 수 없다
□ 国策	【guócè】 구어처 국책, 국가의 정책
□ 国产	【guóchǎn】 구어추안 국산
□ 过程	【guòchéng】 꾸어청 과정
□ 过度	【guòdù】 꾸어뚜 과도하다
□ 果断	【guǒduàn】 구어뚜안 과단성이 있다
□ 国法	【guófǎ】 구어파 국법
□ 国防	【gúofang】 구어팡 국방
□ 过分	【guòfèn】 꾸어펀 과분하다
□ 过后	【guòhòu】 꾸어허우 그 뒤, 나중에
□ 国会	【guóhuì】 구어훼이 국회
□ 国际	【guójì】 구어지 국제
□ 国籍	【guójí】 구어지 국적
□ 国际法	【guójìfǎ】 구어지파 국제법
□ 国家	【guójiā】 구어지아 국가
□ 果浆	【guǒjiāng】 구어지앙 과일 즙, 시럽

□ 过奖	【guòjiǎng】 꾸어지앙	지나치게 칭찬하다, 과찬이십니다
□ 国库券	【guókùquàn】 구어쿠취엔	국고채권
□ 过来	【guòlái】 꾸어라이	다가오다, 건너오다
□ 国力	【guólì】 구어리	국력
□ 过滤	【guòlǜ】 꾸어뤼	여과하다, 거르다
□ 锅炉	【guōlú】 구어루	보일러
□ 过录	【guòlù】 꾸어루	베끼다
□ 国民	【guómín】 구어민	국민, 시민
□ 过敏	【guòmǐn】 꾸어민	과민하다, 예민하다, 알레르기
□ 果木	【guǒmù】 구어무	과수
□ 过目	【guòmù】 꾸어무	훑어보다, 일별하다
□ 过年	【guònián】 꾸어니엔	설을 쇠다
□ 国旗	【guóqí】 구어치	국기
□ 过谦	【guòqiān】 꾸어치엔	너무 겸손하다
□ 过钱	【guòqián】 꾸어치엔	돈을 치르다, 돈을 지불하다
□ 国情	【guóqíng】 구어칭	국정
□ 国庆节	【guóqìngjié】 구어칭지에	국경절
□ 过去	【guòqù】 꾸어취	과거, 지나가다

□ 果然　　　【guǒrán】구어란 **과연**

□ 过剩　　　【guòshèng】꾸어성 **과잉(되다)**

□ 果实　　　【guǒshí】구어스 **과실, 수확**

□ 过失　　　【guòshī】꾸어스 **과실, 잘못, 실수**

□ 果树　　　【guǒshù】구어수 **과수, 과일나무**

□ 国土　　　【guótǔ】구어투 **국토**

□ 国外　　　【guówài】구어와이 **외국, 국외**

□ 国王　　　【guówáng】구어왕 **국왕**

□ 过问　　　【guòwèn】꾸어원 **따져 묻다, 참견하다, 간섭하다**

□ 国务院　　【guówùyuàn】구어우위엔 **국무원**

□ 国营　　　【guóyíng】구어잉 **국영**

□ 国有　　　【guóyǒu】구어여우 **국유**

□ 过于　　　【guòyú】꾸어위 **과도하게, 지나치게**

□ **哈哈**　　〔hāhā〕하하 **하하** (웃는 소리)

□ **咳**　　　〔hāi〕하이 **허** (후회나 놀람)

□ **还**　　　〔hái〕하이 **여전히, 더욱이, 조차**

□ **海**　　　〔hǎi〕하이 **바다**

□ **害**　　　〔hài〕하이 **손해, 재해, 해롭다, 해치다**

□ **海岸**　　〔hǎi'àn〕하이안 **해안**

□ **海拔**　　〔hǎibá〕하이바 **해발**

□ **海滨**　　〔hǎibīn〕하이빈 **해변, 해안**

□ **害虫**　　〔hàichóng〕하이충 **해충**

□ **害处**　　〔hàichù〕하이추 **손해**

□ **海港**　　〔hǎigǎng〕하이강 **항구, 부두**

□ **海关**　　〔háiguān〕하이관 **세관**

□ **海军**　　〔hǎijūn〕하이쥔 **해군**

□ **海面**　　〔hǎimiàn〕하이미엔 **해면, 수면**

□ **害怕**　　〔hàipà〕하이파 **무섭다**

□ 还是	〔háishì〕 하이스	역시, 혹은, 아니면	
□ 海外	〔hǎiwài〕 하이와이	해외	
□ 海峡	〔hǎixiá〕 하이시아	해협	
□ 海鲜	〔hǎixiān〕 하이시엔	바다에서 나는 신선한(날) 어류	
□ 害羞	〔hàixiù〕 하이시우	수줍어하다	
□ 海洋	〔háiyáng〕 하이양	해양	
□ 孩子	〔háizi〕 하이즈	아이	
□ 寒	〔hán〕 한	춥다, 빈한하다	
□ 含	〔hán〕 한	함유하다, 입에 머금다, 품다	
□ 喊	〔hǎn〕 한	고함치다, 부르다	
□ 汗	〔hàn〕 한	땀	
□ 旱	〔hàn〕 한	가물다	
□ 焊	〔hàn〕 한	용접하다, 땜질하다	
□ 含糊	〔hánhú〕 한후	모호하다, 소홀히 하다	
□ 寒假	〔hánjià〕 한지아	겨울방학	
□ 罕见	〔hǎnjiàn〕 한지엔	보기 드물다	
□ 汉奸	〔hànjiān〕 한지엔	한간, 매국노	
□ 喊叫	〔hǎnjiào〕 한지아오	외치다, 아우성치다	

□ 寒冷	〖hánlěng〗 한렁	**한랭하다, 몹시 춥다**
□ 含量	〖hánliàng〗 한리앙	**함량**
□ 函授	〖hánshòu〗 한셔우	**함수**
□ 捍卫	〖hànwèi〗 한웨이	**지키다, 보호하다**
□ 寒暄	〖hánxuān〗 한쉬엔	**인사말을 나누다**
□ 汉学	〖Hànxué〗 한쉬에	**한학**
□ 含义	〖hányì〗 한이	**내포된 뜻·내용·개념**
□ 含有	〖hányǒu〗 한여우	**함유되다**
□ 汉语	〖Hànyǔ〗 한위	**한어**
□ 旱灾	〖hànzāi〗 한자이	**한재, 가뭄피해**
□ 汉字	〖Hànzì〗 한쯔	**한자**
□ 行	〖háng〗 항	**줄, 항렬, 직업, 열을 이룬 행**
□ 唱	〖hàng〗 창	**노래하다, 크게 외치다**
□ 行程	〖hángchéng〗 항청	**노정, 여정, 길을 떠나다**
□ 航道	〖hángdào〗 항따오	**(배·비행기의) 항행 통로**
□ 航海	〖hánghǎi〗 항하이	**항해, 항해하다**
□ 航空	〖hángkōng〗 항콩	**항공**
□ 行列	〖hángliè〗 항리에	**행렬, 대열**

□ 航天　　　【hángtiān】 항티엔 **우주비행**

□ 航线　　　【hángxiàn】 항시엔 (배·비행기의) **항로**

□ 航行　　　【hángxíng】 항씽 **항행하다**

□ 行业　　　【hángyè】 항예 **직종, 직업**

□ 航运　　　【hángyùn】 항원 **해상 운송, 선박 수송**

□ 好　　　　【hǎo】 하오 **많이, 잘**

□ 好　　　　【hào】 하오 **좋아하다**

□ 号　　　　【hào】 하오 **이름, 숫자, 크기, 날짜, ~호**

□ 耗　　　　【hào】 하오 **소비하다, 시간을 끌다**

□ 好比　　　【hǎobǐ】 하오비 흡사 **~와 같다**

□ 毫不　　　【háobù】 하오뿌 조금도 **~않다**

□ 号称　　　【hàochēng】 하오청 **호칭**

□ 好吃　　　【hǎochī】 하오츠 **맛있다**

□ 好处　　　【hǎochù】 하오추 **장점, 좋은 점**

□ 好多　　　【hǎoduō】 하오뚜어 **많다**

□ 耗费　　　【hàofèi】 하오페이 **허비하다, 소모하다**

□ 好感　　　【hǎogǎn】 하오간 **호감**

□ 浩浩荡荡　【hàohàodàngdàng】 하오하오땅땅 **도도하다**

170

□ 好好儿　　【hǎohāor】하오하올　**잘하다**

□ 豪华　　　【háohuá】하오화　**호화롭다**

□ 好坏　　　【hǎohuài】하오화이　**좋고 그름**

□ 好久　　　【hǎojiǔ】하오지우　**오랫동안**

□ 好看　　　【hǎokàn】하오칸　**보기 좋다**

□ 好客　　　【hàokè】하오커　**손님을 반갑게 대하다**

□ 号码　　　【hàomǎ】하오마　**번호**

□ 毫米　　　【háomǐ】하오미　**밀리미터(mm)**

□ 好奇　　　【hàoqí】하오치　**호기심이 많다**

□ 好容易　　【hǎoróngyì】하오롱이　**겨우**

□ 好说　　　【hǎoshuō】하오슈어　**~이(가) 될 수 있다**

□ 好听　　　【hǎotīng】하오팅　**듣기 좋다**

□ 好玩儿　　【hǎowánr】하오왈　**놀기 좋다, 재미있다, 멋지다**

□ 毫无　　　【háowú】하오우　**조금도(전혀) ~없다**

□ 好象　　　【hǎoxiàng】하오시앙　**~와 같다**

□ 好些　　　【hǎoxiē】하오시에　**많은**

□ 好样的　　【hǎoyàngde】하오양더　**기개가 있다, 보람이 있다**

□ 好在　　　【hǎozài】하오자이　**다행히도, 운 좋게**

□ 号召	【hàozhào】 하오자오	호소하다
□ 好转	【hǎozhuǎn】 하오주안	호전되다
□ 呵	【hē】 허	하! 껄껄
□ 喝	【hē】 허	마시다
□ 何	【hé】 허	(질문을 나타냄) 누구, 언제
□ 核	【hé】 허	씨(과일), 핵
□ 和	【hé】 허	~와(과)
□ 河	【hé】 허	강, 하천
□ 合	【hé】 허	합하다, 닫다
□ 盒	【hé】 허	함, 상자, 곽
□ 赫	【hè】 허	뚜렷하다, 성대하다
□ 和蔼	【hé'ǎi】 허아이	상냥하다
□ 何必	【hébì】 허삐	구태여, 하필
□ 合并	【hébìng】 허삥	합병하다
□ 何不	【hébù】 허뿌	왜 ~하지 않겠는가
□ 何尝	【hécháng】 허창	왜 ~않겠는가
□ 合唱	【héchàng】 허창	합창
□ 合成	【héchéng】 허청	합성, 합성하다

□ 贺词　　　〔hècí〕허츠 축사

□ 河道　　　〔hédào〕허따오 강줄기

□ 何等　　　〔héděng〕허덩 어떤, 얼마나

□ 合法　　　〔héfǎ〕허파 합법적이다

□ 合格　　　〔hégé〕허거 합격, 합격하다

□ 赫赫有名　〔hèhèyǒumíng〕허허여우밍 명성이 혁혁하다

□ 合乎　　　〔héhū〕허후 ~에 맞다

□ 荷花　　　〔héhuā〕허화 연꽃

□ 合伙　　　〔héhuǒ〕허후어 동업하다

□ 和解　　　〔héjiě〕허지에 화해하다

□ 合金　　　〔héjīn〕허진 합금

□ 何苦　　　〔hékǔ〕허쿠 무엇 때문에

□ 何况　　　〔hékuàng〕허쾅 하물며

□ 合理　　　〔hélǐ〕허리 합리하다

□ 合礼　　　〔hélǐ〕허리 예의에 맞다

□ 河流　　　〔héliú〕허리우 강

□ 禾苗　　　〔hémiáo〕허먀오 볏모, 싹

□ 和睦　　　〔hémù〕허무 화목하다

- 和平 [hépíng] 허핑 **평화**

- 和气 [héqi] 허치 **친절하다, 다정하다**

- 合情合理 [héqínghélǐ] 허칭허리 **도리에 맞다**

- 和尚 [héshàng] 허샹 **중, 스님**

- 合适 [héshì] 허스 **적합하다**

- 合算 [hésuàn] 허쑤안 **수지맞다, 덕 되다**

- 核桃 [hétāo] 허타오 **호두**

- 合同 [hétong] 허통 **합동**

- 核武器 [héwǔqì] 허우치 **핵무기**

- 和谐 [héxié] 허시에 **조화롭다**

- 核心 [héxīn] 허씬 **핵심**

- 合营 [héyíng] 허잉 **합병하다**

- 和约 [héyuē] 허위에 **평화조약**

- 合资 [hézī] 허즈 **합자**

- 合作 [hézuò] 허쭈어 **합작하다**

- 黑 [hēi] 헤이 **검다, 어둡다**

- 嘿 [hēi] 헤이 **이봐! 어이!**

- 黑暗 [hēi'àn] 헤이안 **어둡다**

□ 黑白	【hēibái】 헤이바이 **흑백**
□ 黑板	【hēibǎn】 헤이반 **칠판**
□ 黑夜	【hēiyè】 헤이예 **어두운 밤**
□ 很	【hěn】 헌 **매우, 몹시, 아주**
□ 狠	【hěn】 헌 **잔인하다, 단호한**
□ 恨	【hèn】 헌 **미워하다**
□ 恨不得	【hènbude】 헌뿌더 **~못하는 것이 안타깝다**
□ 狠毒	【hěndú】 헌두 **잔인하다, 악독하다**
□ 痕迹	【hénjì】 헌지 **흔적**
□ 狠心	【hěnxīn】 헌씬 **마음이 모질다**
□ 哼	【hēng】 헝 **신음소리, 신음소리를 내다**
□ 横	【héng】 헝 **가로지르다, 가혹하다, 뜻밖이다**
□ 横加	【héngjiā】 헝지아 **함부로(무리하게) ~하다**
□ 恒久	【héngjiǔ】 헝지우 **항구(하다), 영원(하다)**
□ 恒星	【héngxīng】 헝씽 **항성**
□ 横行	【héngxíng】 헝씽 **제멋대로 행동하다**
□ 烘	【hōng】 홍 **(불에) 쬐다, 말리다, 굽다, 데우다**
□ 红	【hóng】 홍 **붉다**

□ 虹　　　　　【hóng】홍 무지개

□ 哄　　　　　【hǒng】홍 어르다, 달래다, (말로) 속이다

□ 红茶　　　　【hóngchá】홍차 **홍차**

□ 宏大　　　　【hóngdà】홍따 **웅대하다, 거대하다**

□ 轰动　　　　【hōngdòng】홍동 **물의를 일으키다**

□ 轰轰烈烈　　【hōnghōnglièliè】홍홍리에리에 **열광적이다**

□ 红领巾　　　【hónglǐngjīn】홍링진 **붉은 넥타이**(중국)

□ 红旗　　　　【hǒngqí】홍치 **붉은 기**

□ 洪水　　　　【hóngshuǐ】홍쉐이 **홍수**

□ 宏伟　　　　【hóngwěi】홍웨이 **위대하다, 장엄하다**

□ 轰炸　　　　【hōngzhà】홍자 **폭격하다**

□ 侯　　　　　【hóu】허우 **후작, 고관대작**

□ 吼　　　　　【hǒu】허우 **짐승이 울부짖다, 크게 울리다**

□ 厚　　　　　【hòu】허우 **두껍다, 깊다, 많다**

□ 后　　　　　【hòu】허우 **뒤, 후**

□ 后边　　　　【hòubian】허우비엔 **뒤**

□ 候补　　　　【hòubǔ】허우부 **후보**

□ 后代　　　　【hòudài】허우따이 **후대**

176

□ 厚度	〔hòudù〕 허우뚜	두께
□ 后方	〔hòufāng〕 허우팡	후방
□ 后果	〔hòuguǒ〕 허우구어	후과
□ 后悔	〔hòuhuǐ〕 허우훼이	후회하다
□ 后来	〔hòulái〕 허우라이	(그) 후, 그 뒤에, 그 다음에
□ 喉咙	〔hóulóng〕 허우롱	목구멍
□ 后面	〔hòumian〕 호오미엔	뒤쪽
□ 后年	〔hòunián〕 허우니엔	내후년
□ 后期	〔hòuqī〕 허우치	후기
□ 后勤	〔hòuqín〕 허우친	후방 근무(자)
□ 后台	〔hòutái〕 허우타이	배후지지 세력, 무대 뒤
□ 后天	〔hòutiān〕 허우티엔	모레
□ 后头	〔hòutou〕 허우터우	뒤쪽
□ 后退	〔hòutuì〕 허우투에이	후퇴하다
□ 候选人	〔hòuxuǎnrén〕 허우쉬엔런	입후보자
□ 猴子	〔hóuzi〕 허우즈	원숭이
□ 呼	〔hū〕 후	숨을 내쉬다, 큰소리로 외치다
□ 壶	〔hú〕 후	주전자

A
B
C
D
E
F
G
H
J
K
L
M
N
O
P
Q
R
S
T
W
X
Y
Z

□ 胡	〔hú〕 후	마음대로, 엉터리로
□ 糊	〔hú〕 후	풀, 붙이다, 바르다
□ 湖	〔hú〕 후	호수, 늪
□ 户	〔hù〕 후	가족, 세대, 문, 구좌
□ 护	〔hù〕 후	보호하다, 감싸주다
□ 沪	〔hù〕 후	상해의 별칭
□ 蝴蝶	〔húdié〕 후디에	나비
□ 呼呼	〔hūhū〕 후후	쿨쿨, 드르렁(코 고는 소리)
□ 户口	〔hùkǒu〕 후커우	호구, 호수와 인구, 호적
□ 胡来	〔húlái〕 후라이	생각 없이 함부로 하다
□ 狐狸	〔húli〕 후리	여우
□ 互利	〔hùlì〕 후리	상호이익
□ 葫芦	〔húlu〕 후루	조롱박
□ 胡乱	〔húluàn〕 후루안	함부로
□ 忽略	〔hūlüè〕 후뤼에	소홀히 하다
□ 忽然	〔hūrán〕 후란	갑자기
□ 呼声	〔hūshēng〕 후성	고함소리, 부르는 소리
□ 护士	〔hùshi〕 후스	간호사

□ 忽视	〔hūshì〕후스	소홀히 하다, 주의하지 않다
□ 胡说	〔húshuō〕후슈어	터무니없는 말을 하다
□ 胡同	〔hútòng〕후통	골목, 작은 거리
□ 糊涂	〔hútu〕후투	어리석다
□ 呼吸	〔hūxī〕후시	호흡하다
□ 互相	〔hùxiāng〕후샹	서로, 상호
□ 呼啸	〔hūxiào〕후시아오	소리를 지르다
□ 呼吁	〔hūyù〕후위	호소하다, 요청하다
□ 护照	〔hùzhào〕후자오	여권
□ 互助	〔hùzhù〕후주	서로 돕다
□ 胡子	〔húzi〕후즈	수염
□ 花	〔huā〕화	소비하다, 소모하다, 다채로운
□ 滑	〔huá〕화	미끄럽다, 교활하다
□ 划	〔huà〕화	선을 긋다, 나누다, 계획하다
□ 画	〔huà〕화	그림을 그리다
□ 话	〔huà〕화	말, 이야기, 말하다, 이야기하다
□ 划	〔huà〕화	긋다, 나누다, 계획하다
□ 画报	〔huàbào〕화빠오	화보

□ 滑冰　　　〔huábīng〕화빙 스케이팅

□ 花朵　　　〔huāduǒ〕화뚜어 꽃봉오리, 꽃송이

□ 化肥　　　〔huàféi〕화페이 비료, 화학비료

□ 花费　　　〔huāfèi〕화페이 소비, 소비하다

□ 划分　　　〔huàfēn〕화펀 구분하다, 구획하다

□ 化工　　　〔huàgōng〕화궁 화학공업

□ 化合　　　〔huàhé〕화허 화합하다

□ 哗哗　　　〔huāhuā〕화화 와아 (크게 웃는 소리)

□ 画家　　　〔huàjiā〕화지아 화가

□ 话剧　　　〔huàjù〕화쥐 연극

□ 华丽　　　〔huálì〕화리 화려하다

□ 画面　　　〔huàmiàn〕화미엔 화면

□ 华侨　　　〔huáqiáo〕화치아오 화교

□ 画儿　　　〔huàr〕활 그림

□ 华人　　　〔huárén〕화런 중국인

□ 花色　　　〔huāsè〕화서 무늬와 색깔, 종류

□ 花生　　　〔huāshēng〕화셩 땅콩

□ 化石　　　〔huàshí〕화스 화석

180

□ 话题　　　〔huàtí〕화티 **화제**

□ 花纹　　　〔huāwén〕화원 **꽃무늬**

□ 化纤　　　〔huàxiān〕화시엔 **화학섬유**

□ 化学　　　〔huàxue〕화쉬에 **화학**

□ 滑雪　　　〔huáxuě〕화쉬에 **스키를 타다**

□ 化验　　　〔huàyàn〕화이엔 **화염하다**

□ 花样　　　〔huāyang〕화양 **가짓수, 종류, 디자인**

□ 花园　　　〔huāyuán〕화위엔 **화원**

□ 化妆　　　〔huàzhuāng〕화주앙 **화장하다**

□ 坏　　　　〔huài〕화이 **나쁘다, 몹시, 매우, 무척**

□ 怀　　　　〔huài〕화이 **가슴, 품, 마음, 생각**

□ 坏处　　　〔huàichù〕화이추 **나쁜 점, 결점, 해로운 점**

□ 坏蛋　　　〔huàidàn〕화이딴 **악당, 나쁜 놈**

□ 怀念　　　〔huáiniàn〕화이니엔 **그리워하다, 생각하다**

□ 槐树　　　〔huáishù〕화이수 **괴목, 홰나무**

□ 怀疑　　　〔huáiyí〕화이이 **의심하다, 회의하다**

□ 怀孕　　　〔huáiyùn〕화이윈 **임신하다**

□ 环　　　　〔huán〕환 **고리, 둘러(에워)싸다**

□ 还	【huán】 환 갚다, 돌려줘다, 보답하다
□ 缓	【huǎn】 환 더디다, 느리다
□ 换	【huàn】 환 바꾸다, 교환하다
□ 唤	【huàn】 환 외치다, 부르다
□ 患	【huàn】 환 앓다, (병에) 걸리다
□ 幻灯	【huàndēng】 환덩 환등, 슬라이드
□ 欢呼	【huānhū】 환후 환호하다
□ 缓缓	【huǎnhuan】 환환 천천히
□ 环节	【huánjié】 환지에 환절
□ 环境	【huánjìng】 환징 환경
□ 欢乐	【huānlè】 환러 즐겁다, 유쾌하다
□ 缓慢	【huǎnmàn】 환만 완만하다, 느리다
□ 换取	【huànqǔ】 환취 바꾸어 가지다, 바꾸다
□ 欢送	【huānsòng】 환쏭 환송하다
□ 欢喜	【huānxǐ】 환시 기쁘다, 즐겁다
□ 幻想	【huànxiǎng】 환샹 환상, 환상하다
□ 欢笑	【huānxiào】 환시아오 쾌활하게 웃다
□ 欢迎	【huānyíng】 환잉 환영하다

□ 还原	【huányuán】 환위엔	환원하다, 복원하다
□ 患者	【huànzhě】 환저	환자
□ 荒	【huāng】 후앙	황폐하다, 황량하다
□ 慌	【huāng】 후앙	당황하다, 허둥대다
□ 黄	【huáng】 후앙	누렇다
□ 晃	【huàng】 후앙	흔들다, 흔들리다
□ 蝗虫	【huángchóng】 후앙총	메뚜기
□ 荒地	【huāngdì】 후앙띠	거친 땅, 황무지, 황폐한 땅
□ 皇帝	【huángdì】 후앙띠	황제
□ 黄瓜	【huángguā】 후앙과	오이
□ 皇后	【huánghòu】 후앙허우	황후
□ 黄昏	【huánghūn】 후앙훈	황혼
□ 黄金	【huángjīn】 후앙진	황금
□ 荒凉	【huāngliáng】 후앙리앙	황량하다
□ 慌乱	【huāngluàn】 후앙루안	당황하다
□ 慌忙	【huāngmáng】 후앙망	황당히
□ 荒谬	【huāngmiù】 후앙미우	터무니없다, 황당무계하다
□ 黄色	【huángsè】 후앙써	노란색

□ 荒唐	【huāngtáng】	후앙탕	황당하다
□ 黄油	【huángyóu】	후앙여우	버터
□ 慌张	【huāngzhāng】	후앙장	당황하다
□ 灰	【huī】	훼이	재, 먼지, 석회, 회색의, 실망하다
□ 挥	【huī】	훼이	흔들다, 휘두르다
□ 回	【huí】	휘이	~회, 되돌아오다
□ 毁	【huǐ】	훼이	태우다, 헐뜯다, 파괴하다
□ 悔	【huǐ】	훼이	후회하다, 뉘우치다
□ 汇	【huì】	훼이	한데 모이다, 송금하다
□ 会	【huì】	훼이	알다, ~할 줄 안다, 능숙하다
□ 绘	【huì】	훼이	그림 그리다, 도안하다
□ 汇报	【huìbào】	훼이빠오	보고하다, (종합)보고
□ 回避	【huíbì】	훼이삐	회피하다
□ 会场	【huìchǎng】	훼이창	회의장
□ 灰尘	【huīchén】	훼이천	먼지
□ 回答	【huídá】	훼이다	회답
□ 恢复	【huīfù】	훼이푸	회복되다
□ 悔改	【huǐgǎi】	훼이가이	회개하다

▢ 回顾	〖huígù〗	훼이구	회고하다
▢ 悔恨	〖huǐhèn〗	훼이헌	깊이 후회하다
▢ 会话	〖huìhuà〗	훼이화	회화
▢ 绘画	〖huìhuà〗	훼이화	회화, 그림
▢ 毁坏	〖huǐhuài〗	훼이화이	훼손하다
▢ 辉煌	〖huīhuáng〗	훼이후앙	휘황찬란하다
▢ 挥霍	〖huīhuò〗	훼이후어	돈을 헤프게 쓰다
▢ 回击	〖huíjī〗	훼이지	반격하다
▢ 汇集	〖huìjí〗	훼이지	집중하다
▢ 会见	〖huìjiàn〗	훼이지엔	회견하다
▢ 汇款	〖huìkuǎn〗	훼이콴	돈을 부치다, 송금하다
▢ 回来	〖huílái〗	훼이라이	돌아오다
▢ 汇率	〖huìlǜ〗	훼이뤼	환율
▢ 贿赂	〖huìlù〗	훼이루	수뢰하다
▢ 毁灭	〖huǐmiè〗	훼이미에	괴멸하다, 섬멸하다, 박멸하다
▢ 回去	〖huíqù〗	훼이취	되돌아가다
▢ 回收	〖huíshōu〗	훼이셔우	회수하다
▢ 会谈	〖huìtán〗	훼이탄	회담

□ 会同　　　【huìtóng】훼이퉁 회동하다

□ 回头　　　【huítóu】훼이터우 고개를 돌리다, 뉘우치다

□ 会晤　　　【huìwù】훼이우 만나다, 대면하다

□ 回想　　　【huíxiǎng】훼이시앙 회상하다

□ 回信　　　【huíxìn】훼이씬 회신

□ 灰心　　　【huīxīn】훼이씬 실망하다, 의기소침하다

□ 会议　　　【huìyì】훼이이 회의

□ 回忆　　　【huíyì】훼이이 회상(하다), 추억(하다)

□ 会员　　　【huìyuán】훼이위엔 회원

□ 昏　　　　【hūn】훈 희미하다, 혼미하다, 의식을 잃다

□ 混　　　　【hùn】훈 뒤섞다, 허송세월하다, 지내다

□ 混纺　　　【hùnfǎng】훈팡 혼방

□ 混合　　　【hùnhé】훈허 혼합하다, 섞다

□ 混合物　　【hùnhéwù】훈허우 혼합물

□ 混乱　　　【hùnluàn】훈루안 혼란하다

□ 昏迷　　　【hūnmí】훈미 혼미

□ 混凝土　　【hùnníngtǔ】훈닝투 콘크리트

□ 混身　　　【húnshēn】훈션 온몸

□ 混淆	〖hùnxiáo〗 훈시아오	뒤섞이다, 모호하게 하다
□ 婚姻	〖hūnyīn〗 훈인	혼인
□ 混浊	〖hùnzhuó〗 훈주어	혼탁하다
□ 豁	〖huō〗 후어	갈라터지다, 째지다, 터지다
□ 活	〖huó〗 후어	살다, 생활하다, 움직이다
□ 伙	〖huǒ〗 후어	~패
□ 祸	〖huò〗 후어	화, 재앙
□ 获	〖huò〗 후어	획득하다, 수확하다, 붙잡다
□ 或	〖huò〗 후어	혹시, 아마, 어쩌면
□ 货	〖huò〗 후어	화물, 상품, 물품
□ 伙伴	〖huǒbàn〗 후어빤	동료, 동반자, 파트너
□ 货币	〖huòbì〗 후어삐	화폐
□ 火柴	〖huǒchái〗 후어차이	성냥
□ 火车	〖huǒchē〗 후어처	기차
□ 获得	〖huòdé〗 후어더	획득하다
□ 活动	〖huódòng〗 후어똥	활동하다
□ 或多或少	〖huòduōhuòshǎo〗 후어뚜어후어샤오	많거나 적거나, 다소
□ 活该	〖huógāi〗 후어가이	마땅하다, 고소하다

□ 祸害	〔huòhai〕 후어하이	화, 재난, 해치다
□ 伙计	〔huǒji〕 후어지	동료, 놈
□ 火箭	〔huǒjiàn〕 후어지엔	로켓
□ 火力	〔huǒlì〕 후어리	화력
□ 活力	〔huólì〕 후어리	활력
□ 活泼	〔huópo〕 후어포	활발하다
□ 获取	〔huòqǔ〕 후어취	획득하다
□ 活儿	〔huǒr〕 훨	일
□ 火山	〔huǒshān〕 후어샨	화산
□ 伙食	〔huǒshí〕 후어스	식사
□ 或是	〔huòshi〕 후어스	혹은, 또는
□ 货物	〔huòwù〕 후어우	화물
□ 或许	〔huòxǔ〕 후어쉬	아마, 어쩌면
□ 火焰	〔huǒyàn〕 후어이엔	화염, 불꽃
□ 火药	〔huǒyào〕 후어야오	화약
□ 活跃	〔huóyuè〕 후어위에	생기를 불어넣다
□ 火灾	〔huǒzāi〕 후어자이	화재
□ 或者	〔huòzhe〕 후어저	혹시, 혹은

□ 机　　[jī] 지　기계, 비행기, 기회

□ 击　　[jī] 지　치다, 공격하다

□ 激　　[jī] 지　솟구치다, 자극하다

□ 积　　[jī] 지　쌓다

□ 鸡　　[jī] 지　닭

□ 及　　[jí] 지　그리고, ～와, ～및

□ 极　　[jí] 지　극히, 매우, 아주

□ 级　　[jí] 지　등급, 등위

□ 急　　[jí] 지　급하다

□ 集　　[jí] 지　시장, 묶음, 모이다, 모으다

□ 即　　[jí] 지　접근하다, 즉 ～이다

□ 几　　[jǐ] 지　몇

□ 挤　　[jǐ] 지　짜다, 밀다, 붐비다

□ 计　　[jì] 지　계획하다, 헤아리다, 계산하다

□ 寄　　[jì] 지　보내다, 맡기다, 의존하다

□ 既　　　[jì] 지 ~한 이상은, ~또한

□ 记　　　[jì] 지 기억하다, 필기하다

□ 翼　　　[jì] 지 날개, 측, 쪽

□ 季　　　[jì] 지 계절

□ 继　　　[jì] 지 계속하다, 이어지다

□ 忌　　　[jì] 지 시기하다, 꺼리다, 포기하다

□ 基本　　[jīběn] 지번 기본, 기본의, 주요한

□ 级别　　[jíbié] 지비에 등급, 순위, 등급의 구별

□ 疾病　　[jíbìng] 지삥 질병

□ 基层　　[jīcéng] 지청 기층, (조직의) 말단

□ 机场　　[jīchǎng] 지창 비행장, 공항

□ 机车　　[jīchē] 지처 기관차, 엔진

□ 继承　　[jìchéng] 지청 계승하다

□ 基础　　[jīchǔ] 지추 기초

□ 机床　　[jīchuáng] 지추앙 공작기계

□ 鸡蛋　　[jīdàn] 지딴 계란

□ 记得　　[jìde] 지더 기억하고 있다

□ 基地　　[jīdì] 지띠 기지

190

□ 激动　　[jīdòng] 지똥 **격동하다**

□ 机动　　[jīdòng] 지똥 **기동적이다, 기민하다**

□ 季度　　[jìdù] 지뚜 **계도**

□ 嫉妒　　[jídù] 지뚜 **질투하다, 시기하다**

□ 极度　　[jídù] 지뚜 **극도로**

□ 基督教　[jīdūjiào] 지두지아오 **기독교**

□ 极端　　[jíduān] 지뚜안 **극단, 극단적인, 극단적으로**

□ 饥饿　　[jī'è] 지어 **배가 고프다, 굶주림, 기아**

□ 激发　　[jīfā] 지파 **(감정을) 불러일으키다**

□ 及格　　[jígé] 지거 **합격, 합격하다**

□ 机构　　[jīgòu] 지꺼우 **기구, 기관, 단체**

□ 籍贯　　[jíguàn] 지꽌 **본적, 원적, 출생지**

□ 机关　　[jīguān] 지관 **기관**

□ 激光　　[jīguāng] 지광 **레이저, 레이저광선**

□ 记号　　[jìhào] 지하오 **기호**

□ 几何　　[jǐhé] 지허 **얼마, 몇, 기하(학)**

□ 集合　　[jíhé] 지허 **집합하다**

□ 几乎　　[jīhū] 지후 **거의**

□ 计划　　　[jìhuà] 지화 계획

□ 饥荒　　　[jīhuang] 지황 기근, 흉작, 생활고

□ 机会　　　[jīhuì] 지훼이 기회

□ 集会　　　[jíhuì] 지훼이 집회하다

□ 积极　　　[jījí] 지지 적극적이다

□ 积极性　　[jījíxìng] 지지씽 적극성

□ 即将　　　[jìjiāng] 지지앙 곧, 멀지 않아

□ 计较　　　[jìjiào] 지지아오 따지다, 타산하다

□ 季节　　　[jìjié] 지지에 계절

□ 基金　　　[jījīn] 지진 기금

□ 寂静　　　[jìjìng] 지징 고요하다

□ 急剧　　　[jíjù] 지쮜 급격히, 갑자기

□ 极了~　　[jíle~] 지러 매우~, 극히~

□ 积累　　　[jīlěi] 지레이 축적

□ 激励　　　[jīlì] 지리 격려하다

□ 极力　　　[jílì] 지리 극력

□ 脊梁　　　[jǐliang] 지리앙 등

□ 激烈　　　[jīliè] 지리에 격렬하다

192

□ 机灵	[jīlíng]	지링	민첩하다, 기민하다
□ 纪律	[jìlǜ]	지뤼	기율
□ 记录	[jìlù]	지루	기록
□ 急忙	[jímáng]	지망	급히
□ 机密	[jīmì]	지미	기밀
□ 寂寞	[jìmò]	지모	심심하다, 고독하다
□ 技能	[jìnéng]	지넝	기능
□ 纪念	[jìniàn]	지니엔	기념
□ 纪念品	[jìniànpǐn]	지니엔핀	기념품
□ 吉普车	[jípǔchē]	지푸처	지프(차)
□ 机器	[jīqì]	지치	기계, 기구
□ 极其	[jíqí]	지치	지극히
□ 机枪	[jīqiāng]	지치앙	기관총
□ 技巧	[jìqiǎo]	지치아오	기교
□ 急切	[jíqiè]	지치에	절박하다, 간절하다
□ 激情	[jīqíng]	지칭	격정
□ 既然	[jìrán]	지란	이미 이렇게 된 바에야
□ 肌肉	[jīròu]	지러우	근육, 살

□ 集市　　　[jíshì] 지스 시장

□ 及时　　　[jíshì] 지스 제때에

□ 即使　　　[jíshǐ] 지스 설사 ~일지라도

□ 技术　　　[jìshù] 지수 기술

□ 技术员　　[jìshùyuán] 지수위엔 기술원

□ 激素　　　[jīsù] 지수 호르몬

□ 计算　　　[jìsuàn] 지쑤안 계산

□ 计算机　　[jìsuànqì] 지쑤안치 컴퓨터, 계산기

□ 机体　　　[jītǐ] 지티 기체

□ 集体　　　[jítǐ] 지티 집단, 단체, 집단 소유제

□ 集团　　　[jítuán] 지투안 집단, 단체, 그룹

□ 寄托　　　[jìtuō] 지투어 기탁하다

□ 极限　　　[jíxiàn] 지시엔 한도, 한계

□ 迹象　　　[jìxiàng] 지시앙 조짐, 흔적, 자취

□ 吉祥　　　[jíxiáng] 지샹 길하다, 상서롭다

□ 讥笑　　　[jīxiào] 지시아오 비웃다, 조롱하다

□ 机械　　　[jīxiè] 지시에 기계

□ 记性　　　[jìxìng] 지씽 기억력

□ 急需	[jíxū] 지쉬	급히 필요로 하다
□ 急须	[jíxū] 지쉬	급히 ~해야 한다
□ 继续	[jìxù] 지쉬	계속하다
□ 积压	[jīyā] 지야	쌓이다
□ 机要	[jīyào] 지야오	중요한, 기밀의, 요점
□ 急要	[jíyào] 지야오	긴요하다, 요긴하다
□ 辑要	[jíyào] 지야오	요점을 모으다
□ 纪要	[jìyào] 지야오	기요, 요록
□ 既也	[jìyě] 지예	반드시~해야만 한다
□ 记忆	[jìyì] 지이	기억하다
□ 记忆力	[jìyìlì] 지이리	기억력
□ 集邮	[jíyóu] 지여우	우표를 수집하다
□ 既又	[jìyòu] 지여우	~하고 ~하다
□ 急于	[jíyú] 지위	성급하다
□ 机遇	[jīyù] 지위	좋은 기회
□ 记载	[jìzǎi] 지자이	기재하다
□ 急躁	[jízào] 지자오	조바심이 나다
□ 及早	[jízǎo] 지자오	빨리, 일찍

□ 记者	[jìzhě] 지저 기자
□ 机智	[jīzhì] 지즈 기지가 있다, 슬기롭다
□ 集中	[jízhōng] 지종 집중하다
□ 集资	[jízī] 지즈 자금을 모으다
□ 家	[jiā] 지아 집
□ 加	[jiā] 지아 더하다, 보태다
□ 佳	[jiā] 지아 훌륭하다, 아름답다
□ 夹	[jiā] 지아 끼우다, 집다, 끼다
□ 颊	[jiá] 지아 뺨
□ 假	[jiǎ] 지아 휴가, 가짜, 만약, 가짜의
□ 甲	[jiǎ] 지아아 갑, 첫째, 각질
□ 价	[jià] 지아 값
□ 架	[jià] 지아 (비행기 등을 셀 때) ~대, 가설하다
□ 嫁	[jià] 지아 시집가다, 전가하다
□ 驾	[jià] 지아 수레를 메우다, 몰다, 운전하다
□ 甲板	[jiǎbǎn] 지아반 갑판
□ 加班	[jiābān] 지아반 잔업하다, 특근하다
□ 家常	[jiācháng] 지아창 가정의 일상생활, 일상적인 일

□ 家畜	[jiāchù] 지아추 **가축**
□ 假定	[jiǎdìng] 지아띵 **가정하다, ~라면**
□ 价格	[jiàgé] 지아거 **가격**
□ 加工	[jiāgōng] 지아궁 **가공을 하다**
□ 家伙	[jiāhuo] 지아후어 **가재도구**
□ 加急	[jiājí] 지아지 **다그치다**
□ 嘉奖	[jiājiǎng] 지아지앙 **칭찬하고 격려하다**
□ 加紧	[jiājǐn] 지아진 **강화하다, 다그치다**
□ 家具	[jiājù] 지아쥐 **가구**
□ 加剧	[jiājù] 지아쥐 **격화하다, 심해지다**
□ 假冒	[jiǎmào] 지아마오 **가장하다**
□ 假期	[jiàqī] 지아치 **휴가기간, 방학**
□ 价钱	[jiàqián] 지아치엔 **가격, 값**
□ 加强	[jiāqiáng] 지아치앙 **강화하다, 보강하다**
□ 加热	[jiārè] 지아러 **가열하다**
□ 假如	[jiǎrú] 지아루 **만약, 가령**
□ 加入	[jiārù] 지아루 **가입하다**
□ 假若	[jiǎruò] 지아루어 **만약, 만일**

□ **假设**　　　［jiǎshè］　지아셔 **가정, 가정하면**

□ **加深**　　　［jiāshēn］　지아션 **깊게 하다, 깊어지다, 심화하다**

□ **驾驶**　　　［jiàshǐ］　지아스 **운전하다**

□ **假使**　　　［jiǎshǐ］　지아스 **만약, 가령**

□ **家属**　　　［jiāshǔ］　지아수 **가족**

□ **加速**　　　［jiāsù］　지아수 **가속하다, 속도를 높이다**

□ **假条**　　　［jiàtiáo］　지아티아오 **휴가신청서**

□ **家庭**　　　［jiātíng］　지아팅 **가정**

□ **家务**　　　［jiāwù］　지아우 **가사**

□ **家乡**　　　［jiāxiāng］　지아시앙 **고향**

□ **加以**　　　［jiāyǐ］　지아이 **더욱이**

□ **加油**　　　［jiāyóu］　지아여우 **힘내다, 파이팅**

□ **家喻户晓**　［jiāyùhùxiǎo］　지아위후시아오 **집집마다 다 알다 (알리다), 사람마다 모두 알다**

□ **夹杂**　　　［jiāzá］　지아자 **뒤섞이다**

□ **家长**　　　［jiāzhǎng］　지아장 **가장**

□ **价值**　　　［jiàzhí］　지아즈 **가치**

□ **加重**　　　［jiāzhòng］　지아종 **가중하다, 무거워지다**

□ **假装**　　　［jiǎzhuāng］　지아주앙 **가장하다**

□ 夹子	[jiāzi] 지아즈 집게, 지갑
□ 架子	[jiàzi] 지아즈 틀, 허세, 자세
□ 间	[jiān] 지엔 ~칸
□ 肩	[jiān] 지엔 어깨
□ 奸	[jiān] 지엔 간사하다, 교활하다
□ 尖	[jiān] 지엔 뾰족하다, 날카롭다
□ 兼	[jiān] 지엔 겸하다, 겸유하다
□ 减	[jiǎn] 지엔 감하다
□ 煎	[jiān] 지엔 지지거나 부치다, 달이다, 졸이다
□ 捡	[jiǎn] 지엔 줍다, 고르다
□ 剪	[jiǎn] 지엔 자르다, 베다
□ 碱	[jiǎn] 지엔 염기, 알칼리, 소다
□ 拣	[jiǎn] 지엔 고르다, 선택하다
□ 茧	[jiǎn] 지엔 누에고치, 굳은살
□ 建	[jiàn] 지엔 짓다, 세우다, 제안하다
□ 见	[jiàn] 지엔 보다, 만나보다
□ 件	[jiàn] 지엔 ~가지, ~건
□ 溅	[jiàn] 지엔 (물방울이) 튀다

□ 箭　　　　　【jiàn】 지엔 화살

□ 渐　　　　　【jiàn】 지엔 점점, 차츰

□ 肩膀　　　　【jiānbǎng】 지엔방 어깨

□ 简便　　　　【jiǎnbiàn】 지엔삐엔 간편하다

□ 鉴别　　　　【jiànbié】 지엔비에 감별하다

□ 剪彩　　　　【jiǎncǎi】 지엔차이 (개막식 등에서) 테이프를 끊다

□ 检测　　　　【jiǎncè】 지엔처 검사·측정하다

□ 检察　　　　【jiǎnchá】 지엔차 검사하다

□ 监察　　　　【jiānchá】 지엔차 감찰하다

□ 检查　　　　【jiǎnchá】 지엔차 검사하다

□ 减产　　　　【jiǎnchǎn】 지엔찬 감산하다, 생산을 줄이다

□ 简称　　　　【jiǎnchēng】 지엔청 약칭, 약칭하다

□ 坚持　　　　【jiānchí】 지엔츠 견지하다

□ 简单　　　　【jiǎndān】 지엔단 간단하다

□ 剪刀　　　　【jiǎndāo】 지엔다오 가위

□ 减低　　　　【jiǎndī】 지엔디 낮추다, 떨구다, 내리다, 인하하다

□ 坚定　　　　【jiāndìng】 지엔띵 확고하다, 굳다, 굳히다

□ 鉴定　　　　【jiàndìng】 지엔띵 감정, 평가

□ 监督　　[jiāndū]　지엔두　**감독하다**

□ 尖端　　[jiānduān]　지엔뚜안　**첨단**

□ 简短　　[jiǎnduǎn]　지엔뚜안　**간결하다, 내용이 간단하고 말이 짧다**

□ 间隔　　[jiàngé]　지엔거　**간격, 사이**

□ 坚固　　[jiāngù]　지엔꾸　**견고하다**

□ 简化　　[jiǎnhuà]　지엔화　**간소화하다**

□ 渐渐　　[jiànjiàn]　지엔지엔　**점점**

□ 建交　　[jiànjiāo]　지엔지아오　**국교를 수립하다**

□ 间接　　[jiànjiē]　지엔지에　**간접적**

□ 见解　　[jiànjiě]　지엔지에　**견해**

□ 艰巨　　[jiānjù]　지엔쥐　**어렵고도 방대하다**

□ 检举　　[jiǎnjǔ]　지엔쥐　**검거하다**

□ 坚决　　[jiānjué]　지엔쥐에　**견결히**

□ 健康　　[jiànkāng]　지엔캉　**건강**

□ 艰苦　　[jiānkǔ]　지엔쿠우　**고생스럽다, 고달프다**

□ 建立　　[jiànlì]　지엔리　**건립하다**

□ 简陋　　[jiǎnlòu]　지엔러우　**초라하다, 누추하다**

□ 健美　　[jiànměi]　지엔메이　**건강하고 아름답다**

□ 见面	[jiànmiàn] 지엔미엔	만나보다
□ 歼灭	[jiānmiè] 지엔미에	몰살하다, 섬멸하다
□ 简明	[jiǎnmíng] 지엔밍	간명하다, 간단명료하다
□ 艰难	[jiānnán] 지엔난	어렵다, 힘들다
□ 键盘	[jiànpán] 지엔판	건반
□ 坚强	[jiānqiáng] 지엔치앙	굳세다, 굳고 강하다, 견고히 하다
□ 减轻	[jiǎnqīng] 지엔칭	경감하다, 덜다, 가볍게 하다
□ 健全	[jiànquán] 지엔취엔	건전하다, 온전하다
□ 兼任	[jiānrèn] 지엔런	겸임하다
□ 坚韧	[jiānrèn] 지엔런	강인하다, 완강하다
□ 尖锐	[jiānruì] 지엔루이	뾰족하고 날카롭다
□ 减弱	[jiǎnruò] 지엔루어	쇠약해지다
□ 减少	[jiǎnshǎo] 지엔셔우	감소하다
□ 建设	[jiànshè] 지엔셔	건설
□ 坚实	[jiānshí] 지엔스	견실하다
□ 监视	[jiānshì] 지엔스	감시하다
□ 见识	[jiànshí] 지엔스	견식
□ 践踏	[jiàntà] 지엔타	짓밟다

□ 检讨　　　[jiǎntǎo]　지엔타오 검토하다, 자기반성

□ 简体字　　[jiǎntǐzì]　지엔티쯔 간자체

□ 健伟　　　[jiànwěi]　지엔푸 건장하다

□ 艰险　　　[jiānxiǎn]　지엔시엔 곤란과 위험

□ 见效　　　[jiànxiào]　지엔시아오 효과를 보다, 효력이 나타나다

□ 坚信　　　[jiānxìn]　지엔씬 굳게 믿다

□ 检修　　　[jiǎnxiū]　지엔시우 점검수리하다

□ 检验　　　[jiǎnyàn]　지엔이엔 검증하다, 검험하다

□ 简要　　　[jiǎnyào]　지엔야오 간단하고 요점이 있다

□ 简易　　　[jiǎnyì]　지엔이 간단하고 쉽다

□ 建议　　　[jiànyì]　지엔이 건의하다

□ 坚硬　　　[jiānyìng]　지엔잉 단단하다, 딱딱하다

□ 监狱　　　[jiānyù]　지엔위 감옥

□ 鉴于　　　[jiànyú]　지엔위 ~에 따라, ~을 감안하여

□ 建造　　　[jiànzào]　지엔자오 세우다, 건조하다

□ 坚贞不屈　[jiānzhēnbùqū]　지엔전뿌취 지조가 굳세어 굴하지 않다

□ 简直　　　[jiǎnzhí]　지엔즈 완전히, 그야말로

□ 建筑　　　[jiànzhù]　지엔주 건축

□ 健壮	[jiànzhuàng] 지엔주앙	건강하다
□ 尖子	[jiānzi] 지엔즈	뾰족한 부분, 으뜸
□ 江	[jiāng] 지앙	강, 하천
□ 将	[jiāng] 지앙	~으로, ~로써, ~을(를), 장차, 또한, ~일 것이다
□ 姜	[jiāng] 지앙	생강
□ 僵	[jiāng] 지앙	뻣뻣하다, 장벽에 부딪치다
□ 奖	[jiǎng] 지앙	장려하다, 칭찬하다, 상, 표창, (배의 작은) 노
□ 降	[jiàng] 지앙	떨어지다, 내리다, 내려가다
□ 酱	[jiàng] 지앙	장, 된장
□ 降低	[jiàngdī] 지앙디	낮추다
□ 讲话	[jiǎnghuà] 지앙화	연설하다
□ 降价	[jiàngjià] 지앙지아	값을 내리다
□ 讲解	[jiǎngjiě] 지앙지에	강해하다
□ 奖金	[jiǎngjīn] 지앙진	장금
□ 将近	[jiāngjìn] 지앙진	거의 ~달하다, 거의 ~가깝다
□ 讲究	[jiǎngjiu] 지앙지우	중히 여기다
□ 讲究	[jiǎngjiù] 지앙지우	정교하다, 꼼꼼하다
□ 将军	[jiāngjūn] 지앙쥔	장군

□ **讲课**	[jiǎngkè] 지앙커	**강의하다, 수업하다**
□ **将来**	[jiānglái] 지앙라이	**장래**
□ **奖励**	[jiǎnglì] 지앙리	**장려, 장려하다**
□ **讲理**	[jiǎnglǐ] 지앙리	**이치를 따지다**
□ **降临**	[jiànglín] 지앙린	**강림하다, 찾아오다**
□ **降落**	[jiàngluò] 지앙루어	**낙하하다**
□ **奖品**	[jiǎngpǐn] 지앙핀	**상품**
□ **奖旗**	[jiǎngqí] 지앙치	**우승기, 표창기**
□ **讲述**	[jiǎngshù] 지앙수	**진술하다, 강술하다, 서술하다**
□ **讲堂**	[jiǎngtáng] 지앙탕	**강당**
□ **奖学金**	[jiǎngxuéjīn] 지앙쉬에진	**장학금**
□ **讲演**	[jiǎngyǎn] 지앙이엔	**강연하다**
□ **将要**	[jiāngyào] 지앙야오	**막(장차) ~하려 하다**
□ **讲义**	[jiǎngyì] 지앙이	**강의, 강의하다**
□ **酱油**	[jiàngyóu] 지앙여우	**간장**
□ **奖状**	[jiǎngzhuàng] 지앙주앙	**상장**
□ **讲座**	[jiǎngzuò] 지앙쭈어	**강좌**
□ **交**	[jiāo] 지아오	**제출하다, 건네다, 맡기다**

□ 娇	〔jiāo〕 지아오	지나치게 까다롭다
□ 教	〔jiāo〕 지아오	가르치다
□ 浇	〔jiāo〕 지아오	물을 주다, 물을 뿌리다
□ 胶	〔jiāo〕 지아오	풀, 고무
□ 嚼	〔jiáo〕 지아오	씹다
□ 搅	〔jiǎo〕 지아오	휘젓다
□ 角	〔jiǎo〕 지아오	뿔
□ 绞	〔jiǎo〕 지아오	비틀다, 교수형에 처하다
□ 脚	〔jiǎo〕 지아오	발(발목의 아래 부분)
□ 缴	〔jiǎo〕 지아오	물다, 바치다, 걷다
□ 叫	〔jiào〕 지아오	외치다, 고함치다, 부르다
□ 觉	〔jiào〕 지아오	잠, 수면
□ 较	〔jiào〕 지아오	뚜렷하다, 비교하다, 비교적, 보다
□ 骄傲	〔jiāo'ào〕 지아오아오	거만하다, 교만하다, 자랑, 긍지
□ 搅拌	〔jiǎobàn〕 지아오빤	이기다, 휘저어 섞다, 반죽하다
□ 脚步	〔jiǎobù〕 지아오뿌	발걸음
□ 教材	〔jiàocái〕 지아오차이	교재
□ 交叉	〔jiāochā〕 지아오차	교차되다, 엇갈리다

□ 轿车	[jiàochē] 지아오처	승용차
□ 交错	[jiāocuò] 지아오추어	교착하다, 엇갈리다
□ 交代	[jiāodài] 지아오따이	교대하다
□ 教导	[jiàodǎo] 지아오다오	지도, 가르침, 지도하다
□ 焦点	[jiāodiǎn] 지아오디엔	초점
□ 交点	[jiāodiǎn] 지아오디엔	서로 만나는 점
□ 角度	[jiǎodù] 지아오뚜	각도
□ 教法	[jiàofǎ] 지아오파	가르치는 방법, 교수법
□ 交付	[jiāofù] 지아오푸	지불하다, 내다
□ 浇灌	[jiāoguàn] 지아오꽌	물을 주다, 관개하다
□ 叫喊	[jiàohǎn] 지아오한	큰소리로 외치다
□ 狡猾	[jiǎohuá] 지아오화	교활하다
□ 叫唤	[jiàohuan] 지아오환	외치다, 고함치다
□ 交换	[jiāohuàn] 지아오환	교환하다
□ 教会	[jiàohuì] 자오훼이	교회
□ 交际	[jiāojì] 지아오지	교제
□ 焦急	[jiāojí] 지아오지	초조해하다, 애태우다
□ 胶卷	[jiāojuǎn] 지아오쥐엔	필름

□ **教练**　　　〔jiàoliàn〕 지아오리엔 **코치**

□ **较量**　　　〔jiàoliàng〕 지아오리앙 **겨루다, 비교하다**

□ **交流**　　　〔jiāoliú〕 지아오리우 **교류하다**

□ **角落**　　　〔jiǎoluò〕 지아오루어 **구석, 모퉁이, 구석진 곳**

□ **缴纳**　　　〔jiǎonà〕 지아오나 **납부하다**

□ **胶片**　　　〔jiāopiàn〕 지아오피엔 **필름**

□ **娇气**　　　〔jiāoqì〕 지아오치 **까다롭다**

□ **郊区**　　　〔jiāoqū〕 지아오취 **교외**

□ **叫嚷**　　　〔jiàorǎng〕 지아오랑 **고함치다, 떠들어대다**

□ **交涉**　　　〔jiāoshè〕 지아오셔 **교섭하다**

□ **教室**　　　〔jiàoshì〕 지아오스 **교실**

□ **教师**　　　〔jiàoshī〕 지아오스 **교사**

□ **交手**　　　〔jiāoshǒu〕 지아오셔우 **맞붙어 싸우다, 격투하다**

□ **教授**　　　〔jiàoshòu〕 지아오셔우 **교수**

□ **教唆**　　　〔jiàosuō〕 지아오쑤어 **교사하다**

□ **交谈**　　　〔jiāotán〕 지아오탄 **이야기 나누다**

□ **焦炭**　　　〔jiāotàn〕 지아오탄 **코크스**

□ **教堂**　　　〔jiàotáng〕 지아오탕 **교회당**

□ 交替	[jiāotì] 지아오티	교체하다
□ 教条	[jiàotiáo] 지아오티아 오	교조
□ 交通	[jiāotōng] 지아오통	교통
□ 交往	[jiāowǎng] 지아오왕	교제하다, 왕래하다
□ 搅醒	[jiǎoxǐng] 지아오씽	소란스럽게 하여 잠을 깨우다
□ 教学	[jiàoxué] 지아오쉬에	교수하다, 가르치다
□ 教训	[jiàoxùn] 지아오쉰	교훈
□ 教研室	[jiàoyánshì] 지아오이엔스	교연실, 학교의 연구실
□ 教养	[jiàoyǎng] 지아오양	교양
□ 交易	[jiāoyì] 지아오이	교역, 무역
□ 教育	[jiàoyù] 지아오위	교육
□ 教员	[jiàoyuán] 지아오위엔	교원
□ 饺子	[jiǎozi] 지아오즈	교자, 물만두
□ 叫做	[jiàozuò] 지아오쭈어	~라고 부르다
□ 皆	[jiē] 지에	모두, 전부
□ 结	[jiē] 지에	열매 맺다, 열리다
□ 接	[jiē] 지에	가까이 접근하다, 접수하다
□ 街	[jiē] 지에	거리

A
B
C
D
E
F
G
H
J
K
L
M
N
O
P
Q
R
S
T
W
X
Y
Z

□ 衔	[jiē] 지에 머금다, 입에 물다
□ 揭	[jiē] 지에 벗기다, 까발리다, 높이 들다
□ 结	[jié] 지에 매다, 매듭짓다, 끝맺다
□ 节	[jié] 지에 요약하다, 마디, 명절, 음률
□ 劫	[jié] 지에 강탈하다, 협박하다
□ 截	[jié] 지에 자르다, 차단하다, 멈추게 하다
□ 解	[jiě] 지에 가르다, 열다, 해석하다
□ 界	[jiè] 지에 경계, 범위, 집단
□ 届	[jiè] 지에 ~회기(계)
□ 借	[jiè] 지에 빌리다
□ 洁白	[jiébái] 지에바이 새하얗다, 결백하다
□ 接班	[jiēbān] 지에반 (작업 따위를) 교대하(여 이어받)다
□ 阶层	[jiēcéng] 지에청 계층
□ 劫持	[jiéchí] 지에츠 납치하다
□ 杰出	[jiéchū] 지에추 걸출하다
□ 解除	[jiěchú] 지에추 제거하다, 없애다
□ 接触	[jiēchù] 지에추 접촉하다
□ 解答	[jiědá] 지에다 해답하다

□ 接待	[jiēdài] 지에따이	접대하다
□ 街道	[jiēdào] 지에따오	거리
□ 接到	[jiēdào] 지에따오	받다
□ 阶段	[jiēduàn] 지에뚜안	단계
□ 接二连三	[jiēèrliánsān] 지에얼리엔 싼	끊임없이, 연달아
□ 揭发	[jiēfā] 지에파	적발하다
□ 街坊	[jiēfang] 지에팡	이웃
□ 解放	[jiěfàng] 지에팡	해방
□ 解放军	[jiěfàngjūn] 지에팡쥔	해방군
□ 结构	[jiégòu] 지에꺼우	구조
□ 解雇	[jiěgù] 지에꾸	해고하다
□ 结果	[jiēguǒ] 지에구어	결과
□ 结合	[jiéhe] 지에허	결합하다
□ 结婚	[jiéhūn] 지에훈	결혼
□ 阶级	[jiējí] 지에지	계단
□ 借鉴	[jièjiàn] 지에지엔	참고하다, 거울로 삼다
□ 接见	[jiējiàn] 지에지엔	접견하다
□ 姐姐	[jiějie] 지에지에	누님

211

□ 接近	[jiējìn] 지에진	접근하다
□ 结晶	[jiéjīng] 지에징	결정
□ 结局	[jiéjú] 지에쥐	결국
□ 解决	[jiějué] 지에쥐에	해결하다
□ 借口	[jièkǒu] 지에커우	구실, 핑계
□ 竭力	[jiélì] 지에리	힘껏, 진력
□ 接连	[jiēlián] 지에리엔	끊임없이, 잇따라
□ 揭露	[jiēlù] 지에루	폭로하다
□ 结论	[jiélùn] 지에룬	결론
□ 节目	[jiémù] 지에무	절목
□ 节能	[jiénéng] 지에넝	에너지를 아끼다
□ 解剖	[jiěpōu] 지에퍼우	해부하다
□ 接洽	[jiēqià] 지에치아	상담하다, 합의하다
□ 节日	[jiérì] 지에르	명절
□ 解散	[jiěsàn] 지에싼	해산하다
□ 介绍	[jièshào] 지에샤오	소개
□ 节省	[jiéshěng] 지에성	아끼다
□ 结实	[jiēshí] 지에스	질기다

□ 揭示	[jiēshì] 지에스	알리다, 드러내다
□ 解释	[jiěshì] 지에스	해석하다
□ 接收	[jiēshōu] 지에셔우	받다, 받아들이다, 수취하다
□ 接受	[jiēshòu] 지에셔우	접수하다, 받다
□ 结束	[jiéshù] 수	결속
□ 结算	[jiésuàn] 지에쑤안	결산보다
□ 街头	[jiētóu] 지에터우	가두
□ 界限	[jièxiàn] 지에시엔	한계, 경계
□ 界线	[jièxiàn] 지에시엔	경계선, (사물의) 테두리, 가장자리
□ 戒严	[jièyán] 지에이엔	계엄령을 내리다
□ 结业	[jiéyè] 지에예	학업을 끝마치다, 졸업하다
□ 节育	[jiéyù] 지에위	산아제한(을 하다)
□ 节约	[jiéyuē] 지에위에	절약하다
□ 接着	[jiēzhe] 지에저	받다
□ 截止	[jiézhǐ] 지에즈	마감하다(짓다)
□ 借助	[jièzhù] 지에주	도움을 빌다
□ 节奏	[jiézòu] 지에쩌우	리듬, 절주, 장단, 박자, 템포
□ 杰作	[jiézuò] 지에쭈어	걸작

A
B
C
D
E
F
G
H
J
K
L
M
N
O
P
Q
R
S
T
W
X
Y
Z

□ 斤　　　　[jīn] 진 근(무게)

□ 筋　　　　[jīn] 진 근육, 힘줄

□ 仅　　　　[jǐn] 진 단지, 다만, 겨우

□ 紧　　　　[jǐn] 진 팽팽하다, 급박하다, 궁색하다

□ 禁　　　　[jìn] 진 금지하다, 강금하다

□ 浸　　　　[jìn] 진 (물에) 담그다

□ 近　　　　[jìn] 진 가깝다, 접근하다

□ 劲　　　　[jìn] 진 힘, 의욕, 흥미

□ 尽　　　　[jìn] 진 다 쓰다, 최선을 다하다

□ 进　　　　[jìn] 진 들어가다

□ 进步　　　[jìnbù] 진뿌 진보하다

□ 进程　　　[jìnchéng] 진청 진행과정, 진전

□ 近代　　　[jìndài] 진따이 근대

□ 金额　　　[jīn'é] 진어 금액

□ 进而　　　[jìn'ér] 진얼 진일보, 더 나아가서

□ 进攻　　　[jìngōng] 진궁 진공하다

□ 尽管　　　[jǐnguǎn] 진관 얼마든지

□ 尽管　　　[jǐnguǎn] 진관 ~라 할지라도

□ 今后	[jīnhòu]	진허우	금후
□ 进化	[jìnhuà]	진화	진화
□ 金黄	[jīnhuáng]	진후앙	누렇다
□ 紧急	[jǐnjí]	진지	긴급하다
□ 仅仅	[jǐnjin]	진진	겨우, 다만
□ 津津有味	[jīnjīnyǒuwèi]	진진여우웨이	흥미진지하다
□ 进口	[jìnkǒu]	진커우	수입, 수입하다
□ 尽快	[jìnkuài]	진콰이	되도록 빨리
□ 近来	[jìnlái]	진라이	근래
□ 进来	[jìnlái]	진라이	들어오다
□ 尽力	[jìnlì]	진리	최선을 다하다
□ 尽量	[jìnliang]	진리앙	되도록
□ 紧密	[jǐnmì]	진미	긴밀하다
□ 近年	[jìnnián]	진니엔	근년, 요 몇 해 사이
□ 今年	[jīnnián]	진니엔	금년
□ 金牌	[jīnpái]	진파이	금메달
□ 紧迫	[jǐnpò]	진퍼	긴박하다
□ 近期	[jìnqī]	진치	근간

□ 金钱	[jīnqián] 진치엔 금전
□ 紧俏	[jǐnqiào] 진치아오 **치밀하다**
□ 禁区	[jìnqū] 진취 금지구역
□ 进取	[jìnqǔ] 진취 **꾸준히 하다**
□ 进去	[jìnqù] 진취 들어가다
□ 今日	[jīnrì] 진르 오늘, 금일
□ 金融	[jīnróng] 진롱 금융
□ 进入	[jìnrù] 진루 **진입하다**
□ 谨慎	[jǐnshèn] 진션 **신중하다, 조심하다**
□ 晋升	[jìnshēng] 진성 **승진하다**
□ 近视	[jìnshì] 진스 근시
□ 金属	[jīnshǔ] 진수 금속
□ 近似	[jìnsì] 진스 **근사하다**
□ 紧缩	[jǐnsuō] 진쑤어 **긴축하다, 줄이다**
□ 今天	[jīntiān] 진티엔 오늘
□ 津贴	[jīntiē] 진티에 수당
□ 劲头	[jìntóu] 진터우 에너지
□ 进行	[jìnxíng] 진씽 **진행하다**

□ 锦绣	[jǐnxiù] 진시우	금수, 비단에 놓은 수
□ 进修	[jìnxiū] 진시우	진수하다
□ 进一步	[jìnyíbù] 진이뿌	진일보하다, 한 걸음 나아가다
□ 金鱼	[jīnyú] 진위	금붕어
□ 进展	[jìnzhǎn] 진잔	진전되다
□ 紧张	[jǐnzhāng] 진장	긴장하다
□ 禁止	[jìnzhǐ] 진즈	금지하다
□ 敬爱	[jìng'ài] 징아이	경애하다
□ 茎	[jīng] 징	(식물의) 줄기
□ 惊	[jīng] 징	놀라다, 경악하다
□ 经	[jīng] 징	경과하다, 통과하다
□ 精	[jīng] 징	정교하다, 똑똑하다, 정통하다
□ 景	[jǐng] 징	경치, 상황, 배경
□ 井	[jǐng] 징	우물
□ 颈	[jǐng] 징	목
□ 境	[jìng] 징	경계, 형편, 처지
□ 净	[jìng] 징	완전히, 단지, 거의
□ 竟	[jìng] 징	결국, 끝내, 의외에

A
B
C
D
E
F
G
H
J
K
L
M
N
O
P
Q
R
S
T
W
X
Y
Z

□ 静	【jìng】 징	조용하다, 움직이지 않다
□ 敬	【jìng】 징	존경하다, 올리다
□ 净	【jìng】 징	깨끗하다, 순수하다
□ 精彩	【jīngcǎi】 징차이	멋지다
□ 警察	【jǐngchá】 징차	경찰
□ 经常	【jīngcháng】 징창	늘, 항상, 보통이다, 평상
□ 精打细算	【jīngdǎxìshuàn】 징다시쑤안	면밀하게 계산하다 (따지다)
□ 境地	【jìngdì】 징띠	경지
□ 经典	【jīngdiǎn】 징디엔	경전
□ 惊动	【jīngdòng】 징뚱	놀라게 하다, 귀찮게 하다
□ 敬而远之	【jìngéryuǎnzhī】 징얼위엔즈	존경하기는 하되 가까이하지는 않다
□ 经费	【jīngfèi】 징페이	경비
□ 警告	【jǐnggào】 징까오	경고
□ 经过	【jīngguò】 징꾸어	경과하다
□ 净化	【jìnghuà】 징화	정화하다
□ 精华	【jīnghuá】 징화	정수
□ 惊慌	【jīnghuāng】 징후앙	놀라 허둥지둥하다(당황하다)
□ 经济	【jīngjì】 징지	경제

□ 精简	[jīngjiǎn]	징지엔	간소화하다
□ 警戒	[jǐngjiè]	징지에	경계하다
□ 境界	[jìngjiè]	징지에	경계
□ 兢兢业业	[jīngjīngyèyè]	징징예예	부지런하고 성실하다
□ 敬酒	[jìngjiǔ]	징지우	술을 권하다
□ 京剧	[jīngjù]	징쮜	경극
□ 敬礼	[jìnglǐ]	징리	경례
□ 经理	[jīnglǐ]	징리	지배인
□ 经历	[jīnglì]	징리	경력
□ 精力	[jīnglì]	징리	정력
□ 精美	[jīngměi]	징메이	정밀하고(정교하고) 아름답다
□ 精密	[jīngmì]	징미	정밀하다
□ 惊奇	[jīngqí]	징치	놀랍고도 이상하다
□ 静悄悄	[jìngqiāoqiāo]	징치아오치 아오	아주 고요하다
□ 精确	[jīngquè]	징취에	자세하고 확실하다
□ 竟然	[jìngrán]	징란	밖에도, 다만
□ 惊人	[jīngrén]	징런	놀랍다
□ 竞赛	[jìngsài]	징싸이	경기

景色	[jǐngsè] 징써 **경색, 경치**
经商	[jīngshāng] 징샹 **장사하다**
精神	[jīngshen] 징션 **정신, 정신적이다**
经受	[jīngshòu] 징셔우 **겪다, 경험하다**
警惕	[jǐngtì] 징티 **경계(하다), 경계심(을 가지다)**
精通	[jīngtōng] 징통 **정통하다**
镜头	[jìngtóu] 징터우 **렌즈, 화면**
警卫	[jǐngwèi] 징웨이 **경비하다, 경위하다**
景物	[jǐngwù] 징우 **경물, 풍물**
京戏	[jīngxì] 징시 **경극**
精细	[jīngxì] 징시 **정밀하다, 섬세하다**
景象	[jǐngxiàng] 징시앙 **광경, 경관, 상태**
经销	[jīngxiāo] 징시아오 **중개판매하다**
精心	[jīngxīn] 징씬 **정성을 하다**
竞选	[jìngxuǎn] 징쉬엔 **경선하다**
惊讶	[jīngyà] 징야 **놀랍다**
经验	[jīngyàn] 징이엔 **경험**
精益求精	[jīngyìqiújīng] 징이치우징 **더 잘하려고 애쓰다**

□ 经营	[jīngyíng] 징잉 경영하다
□ 鲸鱼	[jīngyú] 징위 고래
□ 竞争	[jìngzhēng] 징정 경쟁, 경쟁하다
□ 精致	[jīngzhì] 징즈 정교하다, 세밀하다
□ 镜子	[jìngzi] 징즈 거울
□ 揪	[jiū] 지우 꼭 붙잡다, 끌어당기다
□ 久	[jiǔ] 지우 오랫동안, 오래전
□ 玖(九)	[jiǔ] 지우 9, 구
□ 酒	[jiǔ] 지우 술
□ 旧	[jiù] 지우 낡다, 헐다
□ 救	[jiù] 지우 구조하다, 돕다
□ 就	[jiù] 지우 가까이하다, 종사하다, 곁들이다
□ 就	[jiù] 지우 가령, ~일지라도
□ 就	[jiù] 지우 ~에 관하여, ~에 의하면
□ 就	[jiù] 지우 곧, 바로
□ 揪辫子	[jiūbiànzi] 지우삐엔즈 약점을 잡다, 꼬투리를 잡다
□ 就餐	[jiùcān] 지우찬 식사하다
□ 就地	[jiùdì] 지우띠 그 자리에서, 현장에서

A
B
C
D
E
F
G
H
J
K
L
M
N
O
P
Q
R
S
T
W
X
Y
Z

□ 酒店	【jiǔdiàn】 지우띠엔 **주점, 술집**
□ 纠纷	【jiūfēn】 지우펀 **분규, 다툼**
□ 酒会	【jiǔhuì】 지우훼이 **간단한 연회, 주연, 파티**
□ 救济	【jiùjì】 지우지 **구제하다**
□ 就近	【jiùjìn】 지우진 **근방에서, 근처에서**
□ 究竟	【jiūjìng】 지우징 **구경**
□ 酒精	【jiǔjīng】 지우징 **알코올, 주정**
□ 舅舅	【jiùjiu】 지우지우 **외삼촌**
□ 舅母	【jiùmu】 지우무 **외숙모**
□ 就是	【jiùshì】 지우스 **바로 그렇다, 비록 ~라 하더라도**
□ 就是说	【jiùshìshuō】 지우스슈어 **말하자면**
□ 就是~也~	【jiùshì~yě】 지우스예 **~할지언정, 역시**
□ 就算	【jiùsuàn】 지우쑤안 **가령 ~이라도**
□ 就许	【jiùxǔ】 지우쉬 **어쩌면, 혹시, 아마**
□ 就业	【jiùyè】 지우예 **취업**
□ 救灾	【jiùzāi】 지우자이 **구재하다**
□ 纠正	【jiūzhèng】 쥐정 **규정하다**
□ 就职	【jiùzhí】 지우즈 **취직하다**

222

□ 居住	[jiūzhù] 쥐주 거주하다
□ 居	[jū] 쥐 거주하다, 점유하다
□ 局	[jú] 쥐 국, 바둑(장기)판
□ 举	[jǔ] 쥐 쳐들다, 열거하다
□ 句	[jù] 쥐 구 (문장, 시)
□ 据	[jù] 쥐 점유하다, 의지하다~, 을 잡다, ~로 만들다
□ 剧	[jù] 쥐 극
□ 锯	[jù] 쥐 톱, 톱질하다
□ 拒	[jù] 쥐 거부하다
□ 距	[jù] 쥐 ~떨어져 있다, ~사이에
□ 聚	[jù] 쥐 모으다, 집합하다
□ 举办	[jǔbàn] 쥐빤 개최하다, 거행하다
□ 具备	[jùbèi] 쥐뻬이 구비하다, 가지다
□ 剧本	[jùběn] 쥐번 극본
□ 局部	[júbù] 쥐뿌 국부
□ 剧场	[jùchǎng] 쥐창 극장
□ 巨大	[jùdà] 쥐따 거대하다
□ 据点	[jùdiǎn] 쥐디엔 거점

举动	[jǔdòng] 쥐똥	거동
鞠躬	[jūgōng] 쥐궁	허리 굽혀 절하다
菊花	[júhuā] 쥐화	국화꽃
聚会	[jùhuì] 쥐훼이	모임을 갖다
聚集	[jùjí] 쥐지	모으다, 집합시키다
聚精会神	[jùjīnghuìshén] 쥐징훼이션	정신을 집중하다, 주의하다
拒绝	[jùjué] 쥐쥐에	거절하다
俱乐部	[jùlèbù] 쥐러뿌	클럽
距离	[jùlí] 쥐리	거리, (~로부터) 떨어지다
剧烈	[jùliè] 쥐리에	극렬하다
拘留	[jūliú] 쥐리우	구류, 구류하다, 구치하다
局面	[júmiàn] 쥐미엔	국면
居民	[jūmín] 쥐민	거민, 주민
居然	[jūrán] 쥐란	뜻밖에, 뻔뻔스럽다
局势	[júshì] 쥐스	상황, 정세
居室	[jūshì] 쥐스	거실
举世闻名	[jǔshìwénmíng] 쥐스원밍	온 세상에 알려지다
拘束	[jūshù] 쥐수	강제하다, 불편하다

□ 据说	[jùshuō] 쥐슈어	듣건대
□ 具体	[jùtǐ] 쥐티	**구체적이다**
□ 剧团	[jùtuán] 쥐투안	**극단**
□ 据悉	[jùxī] 쥐시	**아는 바에 의하면**
□ 局限	[júxiàn] 쥐시엔	**국한하다**
□ 举行	[jǔxíng] 쥐씽	**거행하다**
□ 具有	[jùyǒu] 쥐여우	**구비하다**
□ 剧院	[jùyuàn] 쥐위엔	**극장**
□ 局长	[júzhǎng] 쥐장	**국장**
□ 橘子	[júzi] 쥐즈	**귤**
□ 句子	[jùzi] 쥐즈	**문장**
□ 桔子	[júzi] 쥐즈	**귤**
□ 卷	[juǎn] 쥐엔	**말다, 휩쓸다, ~권**
□ 圈	[juàn] 쥐엔	**우리, 돼지우리**
□ 捐款	[juānkuǎn] 쥐엔콴	**돈을 기부하다, 기부금**
□ 捐献	[juānxiàn] 쥐엔시엔	**기부하다, 기증하다**
□ 捐赠	[juānzèng] 쥐엔정	**증정하다, 기부하다**
□ 绝	[jué] 쥐에	**끊다, 단절하다, 막히다, 막다르다**

□ 决　　　[jué] 쥐에 결정하다, 결코, 절대로

□ 觉　　　[jué] 쥐에 느끼다, 알아차리다

□ 掘　　　[jué] 쥐에 (우물을) 파다

□ 决不　　[juébù] 쥐에뿌 결코 ~않다

□ 决策　　[juécè] 쥐에처 정책을 결정하다

□ 觉察　　[juéchá] 쥐에차 간파하다, 알아차리다

□ 觉得　　[juéde] 쥐에더 느끼다

□ 决定　　[juédìng] 쥐에띵 결정하다

□ 绝对　　[juéduì] 쥐에뚜에이 절대적

□ 决口　　[juékǒu] 쥐에커우 (제방 따위의) 터진 곳, 터지다

□ 绝秘　　[juémì] 쥐에미 절대 비밀(의)

□ 绝密　　[juémì] 쥐에미 극비(의)

□ 决赛　　[juésài] 쥐에싸이 결승전

□ 决算　　[juéshuàn] 쥐에슈안 결산하다

□ 绝望　　[juéwàng] 쥐에왕 절망하다

□ 爵位　　[juéwèi] 쥐에웨이 작위

□ 觉悟　　[juéwù] 쥐에우 각오

□ 决心　　[juéxīn] 쥐에씬 결심

□ 觉醒	〔juéxǐng〕 쥐에씽	**각성하다**
□ 决议	〔juéyì〕 쥐에이	**결의**
□ 绝缘	〔juéyuán〕 쥐에위엔	**인연을(관계를) 끊다**
□ 决战	〔juézhàn〕 쥐에잔	**결전**
□ 绝种	〔juézhǒng〕 쥐에종	**멸종, 멸종하다**
□ 军	〔jūn〕 쥔	**군대**
□ 匀	〔jūn〕 쥔	**고르게 하다**
□ 均	〔jūn〕 쥔	**균일하다, 균등하다**
□ 君	〔jūn〕 쥔	**군주, 임금**
□ 菌	〔jūn〕 쥔	**균류, 세균**
□ 俊	〔jùn〕 쥔	**예쁘다**
□ 军备	〔jūnbèi〕 쥔뻬이	**군비**
□ 均等	〔jūnděng〕 쥔덩	**균등하다, 같다, 고르다**
□ 军队	〔jūnduì〕 쥔뚜에이	**군대**
□ 军阀	〔jūnfá〕 쥔파	**군벌**
□ 军官	〔jūnguān〕 쥔관	**군관, 장교**
□ 均衡	〔jūnhéng〕 쥔헝	**균형, 고르다, 균형이 잡히다**
□ 军舰	〔jūnjiàn〕 쥔지엔	**군함**

227

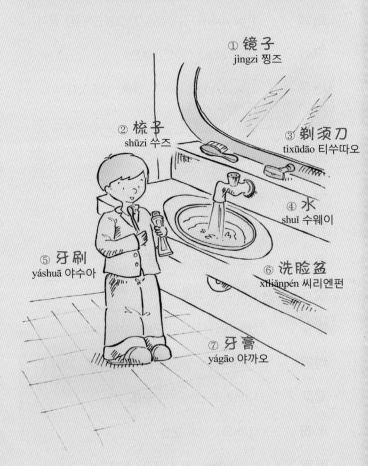

① 镜子
jìngzi 찡즈

② 梳子
shūzi 쑤즈

③ 剃须刀
tìxūdāo 티쑤따오

④ 水
shuǐ 수웨이

⑤ 牙刷
yáshuā 야수아

⑥ 洗脸盆
xǐliǎnpén 씨리엔펀

⑦ 牙膏
yágāo 야까오

① 거울 ② 빗 ③ 면도기 ④ 물 ⑤ 칫솔 ⑥ 세면대 ⑦ 치약

⑧ **毛巾**
máojīn 마오찐

⑨ **洗澡水**
xǐzǎoshuǐ
씨자오수에이

⑩ **水龙头**
shuǐlóngtóu
수에이룽터우

⑪ **肥皂**
féizào 페이짜오

⑫ **浴池**
yùchí 위츠

⑧ 수건   ⑨ 목욕물   ⑩ 수도꼭지   ⑪ 비누   ⑫ 욕조

- 俊美　　[jùnměi] 쥔메이 **준수하다**

- 俊俏　　[jùnqiào] 쥔치아오 (용모가) **빼어나다, 수려하다**

- 峻峭　　[jùnqiào] 쥔치아오 (산이) **높고 험하다**

- 军人　　[jūnrén] 쥔런 **군인**

- 军事　　[jūnshì] 쥔스 **군사**

- 俊秀　　[jùnxiù] 쥔시우 **준수하다,** (용모가) **아름답다**

- 军需　　[jūnxū] 쥔쉬 **군수(품), 군사상 필요한 물자**

- 军医　　[jūnyī] 쥔이 **군의관**

- 军用　　[jūnyòng] 쥔용 **군용품**

- 均匀　　[jūnyún] 쥔윈 **균일하다, 고르다**

- 军装　　[jūnzhuāng] 쥔주앙 **군복, 제복**

□ **卡** 〔kǎ〕카 **카드**

□ **卡车** 〔kǎchē〕카처 **트럭**

□ **咖啡** 〔kāfēi〕카페이 **커피**

□ **卡拉OK** 〔kǎlāōukèi〕카라오우케이 **가라오케**

□ **卡片** 〔kǎpiàn〕카피엔 **카드**

□ **卡通** 〔kǎtōng〕카통 만화 영화, (풍자) 만화

□ **开** 〔kāi〕카이 (닫힌 것을) 열다, (길을) 트다

□ **开办** 〔kāibàn〕카이빤 **열다**

□ **开采** 〔kāicǎi〕카이차이 **채굴하다, 개발하다**

□ **开除** 〔kāichu〕카이추 **해고하다, 추방하다**

□ **开刀** 〔kāidāo〕카이다오 **수술을 하다, 공개하다**

□ **开动** 〔kāidòng〕카이똥 **가동하다, 움직이다**

□ **开发** 〔kāifā〕카이파 **개발하다**

□ **开饭** 〔kāifàn〕카이판 **밥상을(식사를) 차리다**

□ **开放** 〔kāifàng〕카이팡 **개방하다**

□ 开工 　　【kāigōng】 카이궁 일을 시작하다

□ 开关 　　【kāiguān】 카이관 스위치

□ 开会 　　【kāihuì】 카이훼이 회의하다

□ 开课 　　【kāikè】 카이커 수업을 시작하다

□ 开垦 　　【kāikěn】 카이컨 황무지를 개간하다

□ 开口 　　【kāikǒu】 카이커우 입을 열다, 말하게 하다

□ 开阔 　　【kāikuò】 카이쿠어 넓다, 광활하다

□ 开朗 　　【kāilǎng】 카이랑 낙관적이다, 명랑하다

□ 开明 　　【kāimíng】 카이밍 (생각이) 깨어 있다

□ 开幕 　　【kāimù】 카이무 막을 열다, 개막하다

□ 开辟 　　【kāipì】 카이피 개척하다, 개벽

□ 开设 　　【kāishè】 카이셔 개설하다

□ 开始 　　【kāishǐ】 카이스 시작하다

□ 开水 　　【kāishuǐ】 카이쉐이 끓는 물

□ 开天辟地 　　【kāitiānpìdì】 카이티엔피띠 천지개벽

□ 开头 　　【kāitóu】 카이터우 처음, 시초, 개두

□ 开拓 　　【kāituò】 카이투어 개척하다

□ 开玩笑 　　【kāiwánxiào】 카이완시아오 농담하다, 놀리다

□ **开心** 〔kāixīn〕 카이씬 즐겁다, 기분전환하다

□ **凯旋** 〔kǎixuán〕 카이쉬엔 개선하다

□ **开演** 〔kāiyǎn〕 카이이엔 공연을 시작하다

□ **开夜车** 〔kāiyèchē〕 카이예처 (공부, 사업으로) 밤을 새우다

□ **开展** 〔kāizhǎn〕 카이잔 전개하다

□ **开支** 〔kāizhī〕 카이즈 지출, 지출하다, 지불하다

□ **砍** 〔kǎn〕 칸 (도끼 따위로) 찍다, 패다

□ **看** 〔kàn〕 칸 보다

□ **看病** 〔kànbìng〕 칸삥 문병하다, 진찰하다, 진찰받다

□ **看不起** 〔kànbuqǐ〕 칸부치 경멸하다, 깔보다, 업신여기다

□ **看待** 〔kàndài〕 카이따이 다루다, 취급하다

□ **刊登** 〔kāndēng〕 칸덩 (신문·잡지 등에) 게재하다, 싣다

□ **看法** 〔kànfǎ〕 칸파 견해, 보는 방법

□ **看见** 〔kànjiàn〕 칸지엔 보다, 보이다, 눈에 띄다

□ **看来** 〔kànlái〕 칸라이 보기에, 보니까, 보아하니

□ **看起来** 〔kànqǐlái〕 칸치라이 보아하니, 보면, 볼 것 같으면

□ **勘探** 〔kāntàn〕 칸탄 (지하자원을) 탐사하다

□ **看望** 〔kànwàng〕 칸왕 바라보다

□ 刊物　　　【kānwù】칸우 출판물, 간행물

□ 看样子　　【kànyàngzi】칸양즈 모양을 보다, 추세를 보다

□ 看做　　　【kànzuò】칸쭈어 보고하다

□ 糠　　　　【kāng】캉 겨, 기울, 속이 비다

□ 炕　　　　【kàng】캉 온돌

□ 扛　　　　【káng】캉 메다, 맡다

□ 抗旱　　　【kànghàn】캉한 가뭄과 싸우다

□ 抗击　　　【kàngjī】캉지 저항하다

□ 慷慨　　　【kāngkǎi】캉카이 강개하다, 후하게 대하다

□ 抗议　　　【kàngyì】캉이 항의, 항의하다

□ 抗战　　　【kàngzhàn】캉잔 항전

□ 考　　　　【kǎo】카오 시험치다, 고증하다

□ 烤　　　　【kǎo】카오 굽다, 쬐다

□ 靠　　　　【kào】카오 기대다, 의지하다, ~옆에

□ 考察　　　【kǎochá】카오차 고찰하다, 시찰하다

□ 考古　　　【kǎogǔ】카오구 고고, 옛 것을 고찰하다

□ 考核　　　【kǎohé】카오허 심사하다, 시험보다

□ 靠近　　　【kàojìn】카오진 가깝게 접근하다

□ 考虑	〔kǎolǜ〕 카오뤼	고려하다
□ 考取	〔kǎoqǔ〕 카오취	시험으로 채용하다(되다)
□ 考试	〔kǎoshì〕 카오스	시험
□ 考验	〔kǎoyàn〕 카오이엔	시험하다, 검증하다
□ 克	〔kē〕 커	그램(g)
□ 课	〔kē〕 커	과목, 수업
□ 科	〔kē〕 커	과(학문의 한 분과)
□ 颗	〔kē〕 커	~알, ~방울
□ 棵	〔kē〕 커	~그루
□ 磕	〔kē〕 커	(단단한 것에) 부딪치다
□ 壳	〔ké〕 커	껍질
□ 可	〔kě〕 커	절대로, 정말(강조), ~할 수 있다
□ 渴	〔kě〕 커	간절히, 갈증나다
□ 刻	〔kè〕 커	시각, 새기다
□ 客	〔kè〕 커	손님
□ 可爱	〔kě'ài〕 커아이	사랑스럽다
□ 课本	〔kèběn〕 커번	교과서
□ 可不是	〔kěbushì〕 커부스	그렇지 않다, 그렇지 않으면

客车	【kèchē】 커처 **객차**
课程	【kèchéng】 커청 **교육과정**
克服	【kèfú】 커푸 **극복하다**
可歌可泣	【kěgēkěqì】 커거커치 **눈물겹다**
可观	【kěguān】 커관 **가관이다**
客观	【kèguān】 커관 **객관(적이다)**
可贵	【kěguì】 커꿰이 **소중하다, 귀중하다**
科技	【kējì】 커지 **과학기술**
可见	【kějiàn】 커지엔 **알 수 있는 바, 보다시피**
可靠	【kěkào】 커카오 **믿을 만하다, 확실하다**
可口	【kěkǒu】 커커우 **맛있다, 입에 맞다**
刻苦	【kèkǔ】 커쿠 **고생하다, 참아내다**
颗粒	【kēlì】 커리 **낱알**
可怜	【kělián】 커리엔 **가련하다**
科目	【kēmù】 커무 **과목**
可能	【kěnéng】 커넝 **아마도, 가능하다**
可能性	【kěnéngxìng】 커넝씽 **가능성**
可怕	【kěpà】 커파 **무섭다**

□ 客气　　[kèqi] 커치 **사양하다**

□ 可巧　　[kěqiǎo] 코치아오 **공교롭게도, 때마침**

□ 客人　　[kèrén] 커런 **손님**

□ 课时　　[kèshí] 커스 **수업시간**

□ 可是　　[kěshì] 커스 **그러나**

□ 咳嗽　　[késou] 커써우 **기침하다**

□ 课堂　　[kètáng] 커탕 **수업시간**

□ 课题　　[kètí] 커티 **과제**

□ 客厅　　[kètīng] 커팅 **객실, 응접실**

□ 渴望　　[kěwàng] 커왕 **갈망하다**

□ 课文　　[kèwén] 커원 **과문, 본문**

□ 可恶　　[kěwù] 커우 **얄밉다, 가증스럽다**

□ 可喜　　[kěxǐ] 커시 **즐겁다, 기쁘다**

□ 可惜　　[kěxī] 커시 **아쉽다, 섭섭하다**

□ 可想而知　[kěxiǎngérzhī] 커시앙얼즈 **생각해도 알 수 있다**

□ 可笑　　[kěxiào] 커시아오 **가소롭다, 우습다**

□ 可行　　[kěxíng] 커씽 **가능하다, 할만하다**

□ 科学　　[kēxué] 커쉬에 **과학**

A B C D E F G H J K L M N O P Q R S T W X Y Z

□ 科学家	【kēxuéjiā】	커쉬에지아	**과학자**
□ 科学院	【kēxuéyuàn】	커쉬에위엔	**과학원**
□ 科研	【kēyán】	커이엔	**과학연구**
□ 可以	【kěyǐ】	커이	**괜찮다, 할 수 있다, 가능**
□ 科长	【kēzhǎng】	커장	**과장**
□ 肯	【kěn】	컨	**기꺼이 ~하려 하다**
□ 啃	【kěn】	컨	**쏠다, 갉아먹다, 몰두하다**
□ 肯定	【kěndìng】	컨띵	**긍정(적이다)**
□ 恳切	【kěnqiè】	컨치에	**간절하다, 진지하다**
□ 恳求	【kěnqiú】	컨치우	**간청하다**
□ 坑	【kēng】	컹	**구덩이, 갱도, 구덩이에 파묻다**
□ 空	【kōng】	콩	**비어있는, 비우다**
□ 孔	【kǒng】	콩	**구멍, 틈**
□ 空白	【kòngbái】	콩바이	**공백**
□ 恐怖	【kǒngbù】	콩뿌	**공포**
□ 空洞	【kōngdòng】	콩뚱	**공동, 내용이 없다, 공허하다**
□ 空话	【kōnghuà】	콩화	**빈말**
□ 空间	【kōngjiān】	콩지엔	**공간**

□ 恐惧　　　〔kǒngjù〕 콩쮜 **공포, 겁먹다, 두려워하다**

□ 空军　　　〔kōngjūn〕 콩쥔 **공군**

□ 恐怕　　　〔kǒngpà〕 콩파 **아마 ~일 것이다**

□ 空气　　　〔kōngqì〕 콩치 **공기**

□ 空前　　　〔kōngqián〕 콩치엔 **전대미문의, 공전의**

□ 孔雀　　　〔kǒngquè〕 콩취에 **공작새**

□ 空儿　　　〔kòngr〕 콜 **틈, 여가, 시간, 짬**

□ 控诉　　　〔kòngsù〕 콩수 **고소하다**

□ 空调　　　〔kōngtiáo〕 콩티아오 **에어컨**

□ 空隙　　　〔kòngxì〕 콩시 **틈, 간격**

□ 空想　　　〔kōngxiǎng〕 콩시앙 **공상, 공상하다**

□ 空心　　　〔kòngxīn〕 콩씬 **속이 빈**

□ 空虚　　　〔kōngxū〕 콩쉬 **공허하다**

□ 孔穴　　　〔kǒngxué〕 콩쉬에 **틈, 구멍**

□ 控制　　　〔kòngzhì〕 콩즈 **공제하다**

□ 空中　　　〔kōngzhōng〕 콩종 **공중**

□ 抠　　　　〔kōu〕 커우 **후비다, 새기다**

□ 扣　　　　〔kòu〕 커우 **달다, 압류하다, 값을 깎다**

☐ 口岸	〔kǒu'àn〕 커우안	항구
☐ 口袋	〔kǒudài〕 커우따이	자루
☐ 口号	〔kǒuhào〕 커우하오	구호
☐ 口气	〔kǒuqì〕 커우치	어조, 말씨
☐ 口腔	〔kǒuqiāng〕 커우치앙	구강
☐ 口试	〔kǒushì〕 커우스	구두시험
☐ 口头	〔kǒutóu〕 커우터우	구두
☐ 口语	〔kǒuyǔ〕 커우위	구어
☐ 哭	〔kū〕 쿠	울다
☐ 枯	〔kū〕 쿠	시들다, 마르다
☐ 苦	〔kǔ〕 쿠	쓰다, 고통스럽다, 고생하다 꾸준히
☐ 库	〔kù〕 쿠	창고
☐ 库存	〔kùcún〕 쿠춘	재고, 잔고
☐ 库房	〔kùfáng〕 쿠팡	창고
☐ 窟窿	〔kūlong〕 쿠롱	구멍
☐ 苦难	〔kǔnàn〕 쿠난	고난
☐ 苦恼	〔kǔnǎo〕 쿠나오	고뇌하다
☐ 枯燥	〔kūzào〕 쿠자오	말라빠지다

240

□ 裤子	【kùzi】 쿠즈	바지
□ 夸	【kuā】 콰	과장하다, 칭찬하다
□ 垮	【kuǎ】 콰	괴하다
□ 挎	【kuà】 콰	팔에 걸다, 메다
□ 跨	【kuà】 콰	뛰어넘다, 걸치다
□ 夸大	【kuādà】 콰다	과대하다, 과장하다
□ 夸奖	【kuājiǎng】 콰지앙	칭찬하다
□ 块	【kuài】 콰이	덩어리, 조각
□ 快	【kuài】 콰이	빠르다, 시원스럽다
□ 快餐	【kuàicān】 콰이찬	스낵, 패스트푸드
□ 快活	【kuàihuo】 콰이후어	쾌활하다
□ 快乐	【kuàilè】 콰이러	즐겁다
□ 快速	【kuàisù】 콰이수	속도가 빠르다
□ 筷子	【kuàizi】 콰이즈	젓가락
□ 宽	【kuān】 콴	넓다
□ 款	【kuǎn】 콴	조항, 금액
□ 宽敞	【kuānchǎng】 콴창	넓다, 널찍하다
□ 宽大	【kuāndà】 콴따	관대하다

□ 宽广	【kuānguǎng】	콴광	넓다
□ 宽阔	【kuānkuò】	콴쿠어	널찍하다, 넓다
□ 筐	【kuāng】	쾅	광주리
□ 矿	【kuàng】	쾅	광물
□ 框	【kuàng】	쾅	테두리, 테
□ 矿藏	【kuàngcáng】	쾅창	지하자원
□ 矿产	【kuàngchǎn】	쾅찬	광산물
□ 狂风	【kuángfēng】	쾅펑	광풍
□ 旷工	【kuànggōng】	쾅궁	무단결근하다
□ 矿井	【kuàngjǐng】	쾅징	광정
□ 旷课	【kuàngkè】	쾅커	무단결석하다
□ 况且	【kuàngqiě】	쾅치에	하물며, 게다가
□ 矿区	【kuàngqū】	쾅취	광산구
□ 矿山	【kuàngshān】	쾅샨	광산
□ 矿石	【kuàngshí】	쾅스	광석
□ 狂妄	【kuángwàng】	쾅왕	방자하고 오만하다
□ 矿物	【kuàngwù】	쾅우	광물
□ 亏	【kuī】	퀘이	부족하다, 모자라다, 손해보다

□ 亏待　　　〔kuīdài〕퀘이따이 푸대접하다

□ 葵花　　　〔kuíhuā〕퀘이화 해바라기

□ 亏损　　　〔kuīsǔn〕퀘이쑨 결손을 보다, 손실보다

□ 捆　　　　〔kǔn〕쿤 묶다

□ 困　　　　〔kùn〕쿤 피곤하다, 고생하다

□ 昆虫　　　〔kūnchóng〕쿤총 곤충

□ 困惑　　　〔kùnhuò〕쿤후어 곤혹(하다), 당혹(하다)

□ 困苦　　　〔kùnkǔ〕쿤쿠 어렵다

□ 困难　　　〔kùnnàn〕쿤난 곤란

□ 扩　　　　〔kuò〕쿠어 넓히다, 확대하다

□ 阔　　　　〔kuò〕쿠어 넓다, 넉넉하다

□ 阔步　　　〔kuòbù〕쿠어뿌 활보하다, 성큼성큼 걷다

□ 扩充　　　〔kuòchōng〕쿠어총 확충하다, 확장하다

□ 扩冲　　　〔kuòchōng〕쿠어총 (사진을) 확대 현상하다

□ 阔绰　　　〔kuòchuò〕쿠어추어 사치스럽다, 호사스럽다

□ 扩大　　　〔kuòdà〕쿠어따 확대하다

□ 括号　　　〔kuòhào〕쿠어하오 괄호, 묶음표

□ 扩建　　　〔kuòjiàn〕쿠어지엔 확장하다, 증축하다

□ 扩军 【kuòjūn】 쿠어쥔 **군비를 확충하다**

□ 扩权 【kuòquán】 쿠어취엔 **권한을 확대하다**

□ 扩散 【kuòsàn】 쿠어싼 **확산하다**

□ 扩展 【kuòzǎn】 쿠어잔 **확장하다, 신장하다**

□ 扩张 【kuòzhāng】 쿠어장 **확장하다**

□ 拉	[lā] 라	끌다, 당기다, 연루시키다
□ 辣	[là] 라	맵다
□ 落	[là] 라	빠뜨리다
□ 啦	[lá] 라	감탄이나 의문을 나타내는 어미조사
□ 喇叭	[lǎba] 라바	나팔
□ 蜡笔	[làbǐ] 라비	크레용
□ 垃圾	[lājī] 라지	쓰레기
□ 辣椒	[làjiāo] 라지아오	고추
□ 喇嘛教	[Lǎ·majiào] 라마지아오	라마교
□ 拉面	[lāmiàn] 라미엔	손으로 쳐서 만든 국수, 수타면
□ 来年	[lánián] 라이니엔	내년
□ 腊月	[làyuè] 라위에	섣달
□ 拉杂	[lāzá] 라자	조리가 없다, 난잡하다
□ 邋杂	[lāzá] 라자	혼잡하다
□ 拉住	[lāzhù] 라주	끌어당겨서 붙잡다

□ 蜡烛	〖làzhú〗 라주	양초, 초, 바보. 멍청이
□ 来	〖lái〗 라이	화자의 접근, 동작의 결과를 나타냄
□ 来	〖lǎi〗 라이	오다
□ 赖	〖lài〗 라이	탓하다, 의지하다
□ 来宾	〖láibīn〗 라이빈	내빈
□ 来不及	〖láibùjí〗 라이뿌지	미치지 못하다
□ 来得及	〖láidejí〗 라이더지	늦지 않다
□ 来访	〖láifǎng〗 라이팡	내방하다
□ 来回	〖láihuí〗 라이훼이	왔다 갔다 하다, 왕복하다
□ 来回来去	〖láihuíláiqù〗 라이훼이라이취	오고가다
□ 来看来讲	〖láikànláijiǎng〗 라이칸라이지앙	~보면, 말하자면
□ 来客	〖láikè〗 라이커	손님, 내빈
□ 来历	〖láilì〗 라이리	내력
□ 来临	〖láilín〗 라이린	다가오다, 이르다
□ 赖皮	〖làipí〗 라이피	능글맞다, 뻔뻔하다
□ 来说	〖láishuō〗 라이슈어	말하자면
□ 来往	〖láiwǎng〗 라이왕	내왕, 내왕하다
□ 来信	〖láixìn〗 라이씬	편지가 오다

□ 来源	〔láiyuán〕 라이위엔	(사물의) 내원, 근원, 출처
□ 赖账	〔làizhàng〕 라이장	빚을 떼먹다, 잡아떼다
□ 来自	〔láizì〕 라이쯔	~에서 오다
□ 蓝	〔lán〕 란	남색의, 남빛의
□ 拦	〔lán〕 란	가로막다, 저지하다
□ 懒	〔lǎn〕 란	게으르다, 나른하다
□ 烂	〔làn〕 란	썩다, 낡다, 헐다
□ 懒惰	〔lǎnduò〕 란뚜어	나태하다, 게으르다
□ 栏杆	〔lángān〕 란간	난간
□ 篮球	〔lánqiú〕 란치우	농구
□ 篮子	〔lánzi〕 란즈	바구니
□ 狼	〔láng〕 랑	이리, 승냥이
□ 浪	〔làng〕 랑	파도, 물결
□ 狼狈	〔lángbèi〕 랑뻬이	궁지에 빠지다, 낭패하다
□ 浪潮	〔làngcháo〕 랑차오	파도와 조수 (물결)
□ 朗读	〔lǎngdú〕 랑두	낭독하다
□ 浪费	〔làngfèi〕 랑페이	낭비하다
□ 浪漫	〔làngmàn〕 랑만	낭만적이다

247

□ 朗诵	〔lǎngsòng〕 랑쏭	낭송하다
□ 捞	〔lāo〕 라오	건지다, 얻다
□ 老	〔lǎo〕 라오	늙다, 오래되다, 언제나
□ 牢	〔láo〕 라오	굳다, 견고하다
□ 涝	〔lào〕 라오	물에 잠기다
□ 老百姓	〔lǎobǎixìng〕 라오바이씽	백성
□ 老板	〔lǎobǎn〕 라오반	상점주인, 사장
□ 老成	〔lǎochéng〕 라오청	노숙하다, 노련하다
□ 老大妈	〔lǎodàmā〕 라오따마	큰어머님
□ 老大娘	〔lǎodàniáng〕 라오따니앙	할머니, 어머님
□ 老大爷	〔lǎodàye〕 라오따예	할아버지
□ 劳动	〔láodòng〕 라오똥	노동
□ 劳动力	〔láodònglì〕 라오똥리	노동력
□ 牢房	〔láofang〕 라오팡	감옥
□ 牢固	〔láogù〕 라오꾸	견고하다, 확고하다
□ 老汉	〔lǎohàn〕 라오한	(남자) 노인, 사나이
□ 老虎	〔lǎohǔ〕 라오후	범
□ 老化	〔lǎohuà〕 라오화	노화되다

□ 牢记	[láojì] 라오지 깊이 마음에 새기다, 명심하다
□ 老家	[lǎojiā] 라오지아 옛집
□ 劳驾	[láojià] 라오지아 죄송합니다, 수고하셨습니다
□ 姥姥	[lǎolao] 라오라오 외할머니
□ 老年	[lǎonián] 라오니엔 늙은이, 노년
□ 老婆	[lǎopo] 라오퍼 노파, 마누라, 처
□ 老人	[lǎorén] 라오런 노인
□ 老人家	[lǎorénjiā] 라오런지아 어르신, 어른
□ 牢骚	[láosāo] 라오싸오 불평, 불안
□ 老是	[lǎoshì] 라오스 늘
□ 老实	[lǎoshi] 라오스 솔직하다, 정직하다, 얌전하다
□ 老师	[lǎoshī] 라오스 선생님
□ 老鼠	[lǎoshǔ] 라오수 쥐
□ 老太婆	[lǎotàipó] 라오타이퍼 노부인, 할머니
□ 老太太	[lǎotàitài] 라오타이타 이 노파, 할머니
□ 老天爷	[lǎotiānyé] 라오티엔예 하느님
□ 老头儿	[lǎotóur] 라오터울 영감, 늙은이
□ 老乡	[lǎoxiāng] 라오샹 동향인, 한 고향 사람

A
B
C
D
E
F
G
H
J
K
L
M
N
O
P
Q
R
S
T
W
X
Y
Z

□ 老爷	〖lǎoye〗 라오예	어르신, 나리, 주인	
□ 老一辈	〖lǎoyíbèi〗 라오이뻬이	선배, 대선배	
□ 了	〖le〗 러	동작, 변화가 이미 완료되었음을 나타냄	
□ 乐	〖lè〗 러	즐기다, 좋아하다	
□ 乐观	〖lèguān〗 러관	낙관(적이다), 낙관하다	
□ 乐趣	〖lèqù〗 러취	즐거움, 재미	
□ 乐意	〖lèyì〗 러이	~하기 원하다, ~여기다	
□ 雷	〖léi〗 레이	천둥, 우레, 지뢰	
□ 垒	〖lěi〗 레이	(돌, 흙을) 쌓다	
□ 类	〖lèi〗 레이	유사하다, 닮다, 종류, 같은 부류	
□ 累	〖lèi〗 레이	힘들다, 피곤하다	
□ 雷达	〖léidá〗 레이다	레이더, 전파 탐지기	
□ 累计	〖lěijì〗 레이지	누계하다, 합계하다	
□ 类似	〖lèisì〗 레이스	유사하다, 비슷하다	
□ 类型	〖lèixíng〗 레이씽	유형	
□ 雷雨	〖léiyǔ〗 레이위	소나기	
□ 棱	〖léng〗 렁	모서리, 모퉁이	
□ 冷	〖lěng〗 렁	춥다, 차다	

□ 愣	〖lèng〗 렁	어리둥절해하다, 멍하다, 멍청하다
□ 冷淡	〖lěngdàn〗 렁딴	냉대하다, 푸대접하다
□ 冷淡	〖lěngdàn〗 렁딴	쓸쓸하다, 냉담하다
□ 冷静	〖lěngjìng〗 렁징	냉정하다
□ 冷却	〖lěngquè〗 렁취에	냉각하다
□ 冷饮	〖lěngyǐn〗 렁인	냉음료, 차가운 음료
□ 梨	〖lí〗 리	배, 배나무
□ 离	〖lí〗 리	~에서, ~로부터, 떠나다
□ 犁	〖lí〗 리	쟁기
□ 礼	〖lǐ〗 리	예, 예절
□ 里	〖lǐ〗 리	안, 속
□ 理	〖lǐ〗 리	결, 무늬, 도리
□ 力	〖lì〗 리	힘
□ 例	〖lì〗 리	예, 보기, 관례, 전례
□ 利	〖lì〗 리	이익, 이윤, 이로움
□ 立	〖lì〗 리	세우다, 성립하다
□ 粒	〖lì〗 리	~알, ~톨, ~발
□ 篱笆	〖líba〗 리바	울타리

□ 礼拜	〔lǐbài〕	리빠이	예배
□ 礼拜日	〔lǐbàirì〕	리빠이르	일요일
□ 礼拜天	〔lǐbàitiān〕	리빠이티엔	일요일
□ 利弊	〔lìbì〕	리삐	이로움과 폐단
□ 里边	〔lǐbiān〕	리비엔	안쪽
□ 离别	〔líbié〕	리비에	이별하다
□ 理睬	〔lǐcǎi〕	리차이	거들떠보다, 상대하다
□ 立场	〔lìchǎng〕	리창	입장
□ 历代	〔lìdài〕	리따이	역대
□ 理发	〔lǐfà〕	리파	이발
□ 立方	〔lìfāng〕	리팡	입방
□ 立方米	〔lìfāngmǐ〕	리팡미	입방미터
□ 利害	〔lìhài〕	리하이	이해
□ 厉害	〔lìhai〕	리하이	사납다, 대단하다
□ 理会	〔lǐhuì〕	리훼이	거들떠보다
□ 离婚	〔líhūn〕	리훈	이혼하다
□ 立即	〔lìjì〕	리지	즉시
□ 立交桥	〔lìjiāoqiáo〕	리지아오치아오	입체교차교

□ 礼节	〖lǐjié〗 리지에 예절
□ 理解	〖lǐjié〗 리지에 이해하다
□ 离开	〖líkāi〗 리카이 떠나다, 벗어나다, 떼어 놓다
□ 立刻	〖lìkè〗 리커 당장
□ 历来	〖lìlái〗 리라이 종래, 여태
□ 力量	〖lìliang〗 리리앙 역량
□ 理论	〖lǐlùn〗 리룬 이론
□ 礼貌	〖lǐmào〗 리마오 예절
□ 厘米	〖límǐ〗 리미 센티미터
□ 里面	〖lǐmiàn〗 리미엔 안쪽
□ 黎明	〖límíng〗 리밍 여명
□ 历年	〖lìnián〗 리니엔 예년, 과거 여러 해, 매년
□ 礼品	〖lǐpǐn〗 리핀 선물, 예물
□ 力气	〖lìqi〗 리치 (육체적인) 힘, 완력, 체력
□ 沥青	〖lìqīng〗 리칭 역청, 아스팔트
□ 力求	〖lìqiú〗 리치우 애써 추구하다
□ 例如	〖lìrú〗 리루 여컨대
□ 利润	〖lìrùn〗 리룬 이윤

□ 理事　　　　〔lǐshì〕 리스 이사, 일을 처리하다

□ 历史　　　　〔lìshǐ〕 리스 역사

□ 理所当然　　〔lǐsuǒdāngrán〕 리쑤어당란 도리로 보아 당연
　　　　　　　　　　　　　　　하다

□ 力所能及　　〔lìsuǒnéngjí〕 리쑤어넝지 능히 할 수 있다

□ 礼堂　　　　〔lǐtáng〕 리탕 강당, 식장

□ 位体　　　　〔lìtǐ〕 리티 입체

□ 里头　　　　〔lǐtou〕 리터우 안, 내부, 속, 가운데

□ 力图　　　　〔lìtú〕 리투 힘써 ~하려고 도모하다

□ 例外　　　　〔lìwài〕 리와이 예외, 예외로 하다

□ 礼物　　　　〔lǐwù〕 리우 예물, 선물

□ 利息　　　　〔lìxī〕 리시 이자

□ 理想　　　　〔lǐxiǎng〕 리시앙 이상

□ 离休　　　　〔líxiū〕 리시우 이직 휴양하다

□ 利益　　　　〔lìyì〕 리이 이익

□ 利用　　　　〔lìyòng〕 리용 이용하다

□ 理由　　　　〔lǐyóu〕 리여우 이유

□ 力争　　　　〔lìzhēng〕 리정 힘쓰다

□ 立志　　　　〔lìzhì〕 리즈 뜻을 세우다, 포부를 가지다

□ 荔枝　　　【lìzhī】리즈　여지(과일)

□ 理直气壮　【lǐzhíqìzhuàng】리즈치주앙　떳떳하다

□ 栗子　　　【lìzi】리즈　밤

□ 例子　　　【lìzi】리즈　예

□ 俩　　　　【liǎ】리아　두 개, 두 사람, 몇 개

□ 帘　　　　【lián】리엔　커튼, 발

□ 联　　　　【lián】리엔　연합하다, 연결하다

□ 脸　　　　【lián】리엔　얼굴

□ 连　　　　【lián】리엔　~을 합해, 연결하다, 잇다, 계속하여,
　　　　　　　　연이어, ~조차도

□ 恋　　　　【liàn】리엔　연애하다, 사랑하다

□ 炼　　　　【liàn】리엔　정제하다, 단련하다

□ 练　　　　【liàn】리엔　연습하다

□ 恋爱　　　【liàn'ài】리엔아이　연애, 연애하다

□ 联邦　　　【liánbāng】리엔방　연방

□ 练兵　　　【liànbīng】리엔빙　연병, 군사훈련

□ 连~带　　　【lián~dài】리엔~따이　~랑 ~도, ~하고 ~하면서

□ 镰刀　　　【liándāo】리엔다오　낫

□ 连队　　　【liánduì】리엔뚜에이　부대

□ **连滚带爬** 〔liángǔndàipá〕 리엔군따이파 **구르고 기다**

□ **联合** 〔liánhé〕 리엔허 **연합하다**

□ **联欢** 〔liánhuān〕 리엔환 **함께 모여 즐기다**

□ **廉价** 〔liánjià〕 리엔지아 **염가**

□ **廉洁** 〔liánjié〕 리엔지에 **청렴결백하다**

□ **连接** 〔liánjiē〕 리엔지에 **연접하다, 서로 잇닿다**

□ **连连** 〔liánlián〕 리엔리엔 **계속하여, 연이어**

□ **联络** 〔liánluò〕 리엔루어 **연락하다, 접촉하다**

□ **连忙** 〔liánmáng〕 리엔망 **얼른, 급히**

□ **联盟** 〔liánméng〕 리엔멍 **연맹**

□ **连绵** 〔liánmián〕 리엔미엔 **끊이지 않다**

□ **连年** 〔liánnián〕 리엔니엔 **해마다**

□ **脸盆** 〔liǎnpén〕 리엔펀 **세숫대야**

□ **脸色** 〔liǎnsè〕 리엔써 **안색, 혈색, 얼굴빛, 표정**

□ **连同** 〔liántóng〕 리엔통 **~과 함께, ~과 같이**

□ **练习** 〔liànxí〕 리엔시 **연습하다**

□ **联系** 〔liánxì〕 리엔시 **연계하다**

□ **联想** 〔liánxiǎng〕 리엔시앙 **연상하다**

□ 连续　　　〔liánxù〕리엔쉬 **연속하다**

□ 连续剧　　〔liánxùjù〕리엔쉬쥐 **연속극**

□ 连夜　　　〔liányè〕리엔예 **밤새도록, 밤 내내**

□ 廉政　　　〔liánzhèng〕리엔정 **청렴한 정치**

□ 莲子　　　〔liánzǐ〕리엔즈 **연밥**

□ 链子　　　〔liànzi〕리엔즈 **쇠사슬**

□ 连都(也)　〔liándōu(yě)〕리엔더우(예) **~조차도, ~까지도**

□ 梁　　　　〔liáng〕리앙 **대들보**

□ 良　　　　〔liáng〕리앙 **좋다, 양호하다**

□ 两　　　　〔liǎng〕리앙 **둘**

□ 量　　　　〔liàng〕리앙 **재다, 달다**

□ 亮　　　　〔liàng〕리앙 **밝히다, 나타내다**

□ 凉　　　　〔liàng〕리앙 **식히다, 서늘하다, 선선하다**

□ 晾　　　　〔liàng〕리앙 **말리다**

□ 亮　　　　〔liàng〕리앙 **밝다**

□ 量　　　　〔liàng〕리앙 **양, 분량, 한도**

□ 辆　　　　〔liàng〕리앙 **~량 (차량)**

□ 亮光　　　〔liàngguāng〕리앙광 **밝은 빛**

□ 良好　　【liánghǎo】 리앙하오 **양호하다**

□ 两极　　【liǎngjí】 리앙지 **양극**

□ 谅解　　【liàngjiě】 리앙지에 **양해하다**

□ 两口子　【liǎngkǒuzi】 리앙커우즈 **두 내외, 부부간**

□ 凉快　　【liángkuài】 리앙콰이 **시원하다**

□ 两旁　　【liǎngpang】 리앙팡 **양쪽**

□ 粮食　　【liángshi】 리앙스 **양식**

□ 两手　　【liǎngshǒu】 리앙셔우 **두 손**

□ 凉水　　【liángshuǐ】 리앙쉐이 **찬물**

□ 良心　　【liángxīn】 리앙씬 **양심**

□ 良种　　【liángzhǒng】 리앙종 **우량종, 좋은 종자**

□ 聊　　　【liáo】 리아오 **잠시, 약간, 그럭저럭**

□ 了　　　【liǎo】 리아오 **알다, 끝나다, ~할 수 있다**

□ 料　　　【liào】 리아오 **재료, 예상하다, 추측하다**

□ 了不起　【liǎobuqǐ】 리아오부치 **대단하다**

□ 潦草　　【liáocǎo】 리아오차오 **조잡하다, 허술하다**

□ 料到　　【liàodào】 리아오따오 **생각이 미치다, 미리 내다보다**

□ 料道　　【liàodào】 리아오따오 **추측하다**

□ 潦倒　　〔liáodǎo〕 리아오따오 **초라하게 되다, 영락하다**

□ 撂倒　　〔liàodǎo〕 리아오따오 **내동댕이치다. 쓰러뜨리다**

□ 了解　　〔liǎojiě〕 리아오지에 **(자세하게 잘) 알다, 이해하다**

□ 辽阔　　〔liáokuò〕 리아오쿠어 **끝없이 넓다**

□ 聊天儿　〔liáotiānr〕 리아오티알 **한담하다, 잡담을 하다**

□ 疗效　　〔liáoxiào〕 리아오시아오 **치료효과**

□ 疗养　　〔liáoyǎng〕 리아오양 **요양하다**

□ 劣　　　〔liè〕 리에 **졸렬하다, 나쁘다**

□ 裂　　　〔liè〕 리에 **갈라지다, 금이 가다**

□ 列　　　〔liè〕 리에 **~줄, ~열, 늘어놓다, 열거하다**

□ 列车　　〔lièchē〕 리에처 **열차**

□ 烈火　　〔lièhuǒ〕 리에후어 **열화, 맹렬한 불**

□ 列举　　〔lièjǔ〕 리에지우 **열거하다**

□ 猎人　　〔lièrén〕 리에런 **사냥꾼**

□ 列入　　〔lièrù〕 리에루 **끼워 넣다**

□ 烈士　　〔lièshì〕 리에스 **열사**

□ 列席　　〔lièxí〕 리에시 **옵서버로 참석하다**

□ 磷　　　〔lín〕 린 **인 (화학원소)**

□ 淋	【lín】 린 (비를) 맞다, (비에) 젖다
□ 临	【lín】 린 임하다, 이르다
□ 邻	【lín】 린 이웃, 인접한, 근접한
□ 林场	【línchǎng】 린창 삼림을 육성하는 장소
□ 临床	【línchuáng】 린추앙 임상
□ 临近	【línjìn】 린진 접근하다
□ 邻居	【línjū】 린쮜 이웃
□ 林区	【línqū】 린취 산림지구
□ 临时	【línshí】 린스 임시
□ 林业	【línyè】 린예 임업
□ 灵	【líng】 링 예민하다, 효력이 있다
□ 零	【líng】 링 영, 우수리, 영세하다
□ 铃	【líng】 링 방울, 종
□ 领	【lǐng】 링 인솔하다, 영수하다, 알다
□ 岭	【lǐng】 링 고개, 큰 산맥
□ 另	【lìng】 링 달리, 다른, 별도로, 다른
□ 令	【lìng】 링 ~하게 하다, ~을 시키다
□ 凌晨	【língchén】 링천 이른 새벽

□ 领导	【lǐngdǎo】 링다오 령도
□ 邻国	【língguó】 링구어 **이웃나라**
□ 领会	【lǐnghuì】 링훼이 **깨닫다, 이해하다**
□ 灵魂	【línghún】 링훈 **영혼**
□ 灵活	【línghuó】 링후어 **민첩하다, 재빠르다, 원활하다**
□ 零件	【língjiàn】 링지엔 **부속품, 부품**
□ 伶俐	【línglì】 링리 **영리하다**
□ 玲珑	【línglóng】 링롱 **(물건이) 정교하고 아름답다**
□ 灵敏	【língmǐn】 링민 **예민하다**
□ 零钱	【língqián】 링치엔 **잔돈**
□ 灵巧	【língqiǎo】 링치아오 **민첩하고 교묘하다**
□ 领事	【lǐngshì】 링스 **영사, 영사관**
□ 零售	【língshòu】 링셔우 **소매하다**
□ 零碎	【língsuì】 링쒜이 **자질구레하다**
□ 领土	【lǐngtǔ】 링투 **영토**
□ 另外	【lìngwài】 링와이 **그 밖의**
□ 领先	【lǐngxiān】 링시엔 **앞서다, 리드하다**
□ 零星	【língxīng】 링씽 **보잘것없다**

□ 领袖	〔lǐngxiù〕 링시우	수령
□ 领域	〔lǐngyù〕 링위	영역
□ 领子	〔lǐngzi〕 링즈	깃, 칼라
□ 溜	〔liū〕 리우	미끄러지다, 몰래 빠져나가다
□ 留	〔liú〕 리우	머무르다, 키우다, 받다
□ 流	〔liú〕 리우	흐르다, 떠돌다
□ 陆(六)	〔liù〕 리우	6, 육
□ 流传	〔liúchuán〕 리우추안	유전하다, 널리 퍼지다
□ 流动	〔liúdòng〕 리우똥	흐르다
□ 流寇	〔liúkòu〕 리우커우	유구, 유적
□ 流浪	〔liúlàng〕 리우랑	유랑하다, 방랑하다
□ 流利	〔liúlì〕 리우리	유창하다, 막힘이 없다
□ 留恋	〔liúliàn〕 리우리엔	그리워하다
□ 流露	〔liúlù〕 리우루	무의식 중 나타내다
□ 流氓	〔liúmáng〕 리우망	건달, 부랑자
□ 留念	〔liúniàn〕 리우니엔	기념으로 남기다
□ 留神	〔liúshén〕 리우선	주의하다, 조심하다
□ 柳树	〔liúshù〕 리우수	버드나무

□ 流水	【liúshuǐ】 리우쉐이 유수, 흐르는 물
□ 硫酸	【liúsuān】 리우쑤안 유산
□ 流通	【liútōng】 리우통 유통하다
□ 留心	【liúxīn】 리우씬 조심하다, 주의하다
□ 流行	【liúxíng】 리우씽 유행하다, 성행하다
□ 留学	【liúxué】 리우쉬에 유학
□ 留学生	【liúxuéshēng】 리우쉬에성 유학생
□ 留意	【liúyì】 리우이 주의하다
□ 流域	【liúyù】 리우위 유역
□ 拢	【lǒng】 롱 끌어안다, 집계하다
□ 聋	【lóng】 롱 귀가 먹다
□ 龙	【lóng】 롱 용(추상적인 것)
□ 垄断	【lǒngduàn】 롱뚜안 농단하다, 독점하다, 독차지하다
□ 龙头	【lóngtóu】 롱터우 수도꼭지
□ 笼罩	【lǒngzhào】 롱자오 덮어씌우다
□ 隆重	【lóngzhòng】 롱종 성대하다
□ 笼子	【lóngzi】 롱즈 (새)장, 바구니
□ 喽	【lou】 러우 了와 같이 쓰임

□ 搂	〔lǒu〕 러우	긁어모으다, 끌어올리다
□ 漏	〔lòu〕 러우	새다, 빠지다
□ 楼	〔lóu〕 러우	층집, 층
□ 楼道	〔lóudào〕 러우따오	복도, 층집통로
□ 楼房	〔lóufáng〕 러우팡	층집
□ 露面	〔lòumiàn〕 러우미엔	체면을 세우다, 면목이 서다
□ 漏税	〔lòushuì〕 러우쉐이	탈세하다
□ 楼梯	〔lóutī〕 러우티	계단
□ 露	〔lù〕 루	나타내다, 드러내다
□ 路	〔lù〕 루	길
□ 鹿	〔lù〕 루	사슴
□ 录	〔lù〕 루	기록하다, 녹음하다
□ 陆	〔lù〕 루	육지, 땅
□ 铝	〔lǚ〕 뤼	알루미늄
□ 驴	〔lǘ〕 뤼	당나귀
□ 绿	〔lǜ〕 뤼	푸르다
□ 率	〔lǜ〕 뤼	비율, 율
□ 路程	〔lùchéng〕 루청	노정

264

□ **屡次**	〔lǚcì〕 뤼츠	누차, 여러 번
□ **陆地**	〔lùdì〕 루띠	육지
□ **旅店**	〔lǚdiàn〕 뤼띠엔	여관, 여인숙
□ **旅馆**	〔lǚguǎn〕 뤼관	여관의 통칭
□ **路过**	〔lùguò〕 루꾸어	지나가다
□ **绿化**	〔lǜhuà〕 뤼화	녹화하다
□ **陆军**	〔lùjūn〕 육군	육군
□ **旅客**	〔lǚkè〕 뤼커	여객
□ **路口**	〔lùkǒu〕 루커우	길 입구, 건널목
□ **路面**	〔lùmiàn〕 루미엔	길바닥
□ **录取**	〔lùqǔ〕 루취	채용하다, 합격시키다
□ **路上**	〔lùshang〕 루샹	노상
□ **律师**	〔lǜshī〕 뤼스	변호사
□ **旅途**	〔lǚtú〕 뤼투	여정
□ **路线**	〔lùxiàn〕 루시엔	노선
□ **录像**	〔lùxiàng〕 루시앙	녹화
□ **履行**	〔lǚxíng〕 뤼씽	이행하다
□ **旅行**	〔lǚxíng〕 뤼씽	여행하다

A
B
C
D
E
F
G
H
J
K
L
M
N
O
P
Q
R
S
T
W
X
Y
Z

□ 陆续	【lùxù】 루쉬 끊임없이, 계속하여, 잇따라
□ 录音	【lùyìn】 루인 녹음하다
□ 录音机	【lùyīnjī】 루인지 녹음기
□ 录用	【lùyòng】 루용 채용하다, 임용하다
□ 旅游	【lǚyóu】 뤼여우 여행, 관광, 여행하다
□ 旅游业	【lǚyóuye】 뤼여우예 관광업
□ 路子	【lùzi】 루즈 길
□ 炉子	【lúzi】 루즈 난로, 화로
□ 卵	【luǎn】 루안 알, 난자
□ 乱	【luàn】 루안 제멋대로, 혼란하다, 무질서하다
□ 乱七八糟	【luànqībāzāo】 루안치바자오 엉망진창이다
□ 略	【lüè】 뤼에 생략하다
□ 掠夺	【lüèduó】 뤼에뚜어 약탈하다, 수탈하다
□ 略微	【lüèwēi】 뤼에웨이 조금, 약간
□ 抡	【lūn】 룬 휘두르다
□ 论	【lùn】 룬 의견, 논하다, 의논하다, 따지다
□ 轮船	【lúnchuán】 룬추안 (증)기선
□ 论点	【lùndiǎn】 룬디엔 논점

266

□ **论断**	〔lùnduàn〕 룬뚜안	논단, 논단하다
□ **轮廓**	〔lúnkuò〕 룬쿠어	윤곽
□ **轮流**	〔lúnliú〕 룬리우	돌아가며 하다
□ **沦落**	〔lúnluò〕 룬루어	떠돌다, 유랑하다, 몰락하다
□ **论述**	〔lùnshù〕 룬수	논술하다
□ **论文**	〔lùnwén〕 룬원	논문
□ **论证**	〔lùnzhèng〕 룬정	논증하다
□ **轮子**	〔lúnzi〕 룬즈	바퀴
□ **锣**	〔luó〕 루어	징
□ **落**	〔luò〕 루어	떨어지다
□ **萝卜**	〔luóbō〕 루어보	무
□ **落成**	〔luòchéng〕 루어청	(건축물을) 낙성하다, 준공하다
□ **落地**	〔luòdì〕 루어띠	태어나다
□ **落后**	〔luòhòu〕 루어허우	낙후하다
□ **逻辑**	〔luóji〕 루어지	논리
□ **箩筐**	〔luókuāng〕 루어쾅	(큰) 광주리
□ **罗列**	〔luóliè〕 루어리에	나열하다
□ **罗盘**	〔luópán〕 루어판	나침반

A
B
C
D
E
F
G
H
J
K
L
M
N
O
P
Q
R
S
T
W
X
Y
Z

건물 建筑物

① 火车站
huǒchēzhàn 후어처짠

② 银行
yínháng 인항

Hotel

③ 饭店
fàndiàn 판띠엔

Movie

Restaurant

④ 电影院
diànyǐngyuàn
띠엔잉위엔

⑤ 餐馆
cānguǎn 찬꾸안

① 기차역 ② 은행 ③ 호텔 ④ 영화관 ⑤ 음식점

⑥ **学校**
xuéxiào 쉬에시아오

⑦ **图书馆**
túshūguǎn 투수꾸안

⑧ **公园**
gōngyuán 꿍위엔

⑨ **秋千**
qiūqiān 치우치엔

⑩ **滑梯**
huátī 후아티

⑪ **喷水**
pēnshuǐ 펀수웨이

⑥ 학교 ⑦ 도서관 ⑧ 공원 ⑨ 그네 ⑩ 미끄럼틀 ⑪ 분수

- 落实　　　【luòshè】루어셔 **열매가 떨어지다**

- 螺丝钉　　【luósīdīng】루어스딩 **나사못**

- 骆驼　　　【luòtuo】루어투어 **낙타**

- 落伍　　　【luòwǔ】루어우 **낙오하다,** (시대에) **뒤떨어지다**

- 落选　　　【luòxuǎn】루어쉬엔 **낙선되다**

- 骡子　　　【luózi】루어즈 **노새**

□ 嘛　　　　〔ma〕 마 문장 끝에서 사실을 강조

□ 麻　　　　〔má〕 마 삼

□ 马　　　　〔mǎ〕 마 말

□ 骂　　　　〔mà〕 마 욕하다

□ 麻痹　　　〔mábì〕 마삐 마비시키다, 무디게 하다

□ 马车　　　〔mǎchē〕 마처 마차

□ 马达　　　〔mǎdá〕 마따 모터

□ 麻袋　　　〔mádài〕 마다이 마대

□ 麻烦　　　〔máfan〕 마판 성가시다

□ 马虎　　　〔mǎhū〕 마후 소홀하다, 건성건성하다

□ 马克　　　〔mǎkè〕 마커 마르크 (독일화폐단위)

□ 马克思主义　〔mǎkèsīzhǔyì〕 마커스주이 마르크스주의

□ 马力　　　〔mǎlì〕 마리 마력

□ 马铃薯　　〔mǎlíngshǔ〕 마링수 감자

□ 马路　　　〔mǎlù〕 마루 대로

□ 妈妈	【māma】 마마 **어머니**
□ 麻木	【mámù】 마무 **마비되다**
□ 麻雀	【máquè】 마취에 **참새**
□ 马上	【mǎshàng】 마샹 **곧**
□ 码头	【mǎtou】 마터우 **부두, 선창**
□ 马戏	【mǎxì】 마시 **곡마, 서커스**
□ 蚂蚁	【mǎyǐ】 마이 **개미**
□ 麻醉	【mázuì】 마쮀이 **마취하다**
□ 埋	【mái】 마이 **묻다**
□ 买	【mǎi】 마이 **사다**
□ 卖	【mài】 마이 **팔다**
□ 迈	【mài】 마이 **내디디다**
□ 脉膊	【màibó】 마이보 **맥박**
□ 卖国	【màiguó】 마이구어 **매국하다**
□ 买卖	【mǎimài】 마이마이 **매매**
□ 埋没	【máimò】 마이모 **매몰하다**
□ 埋头	【máitóu】 마이터우 **몰두하다, 정신을 집중하다**
□ 埋怨	【máiyuàn】 마이위엔 **원망하다**

□ 瞞	〔mán〕 만 감추다, 속이다
□ 满	〔mǎn〕 만 그득하다, 만족하다
□ 慢	〔màn〕 만 뜨다, 느리다
□ 漫	〔màn〕 만 범람하다, 침수하다
□ 漫长	〔màncháng〕 만창 멀다, 지루하다
□ 满怀	〔mǎnhuái〕 만화이 가슴이 꽉 차다
□ 满腔	〔mǎnqiāng〕 만치앙 만강하다, 가슴 속에 가득 차다
□ 馒头	〔mántou〕 만터우 만두, 찐빵
□ 慢性	〔mànxìng〕 만씽 만성의
□ 蔓延	〔mànyán〕 만이엔 만연하다
□ 满意	〔mǎnyì〕 만이 만족스럽다
□ 满月	〔mǎnyuè〕 만위에 보름달, (출생 후) 만 한 달
□ 满足	〔mǎnzú〕 만주 만족하다
□ 忙	〔máng〕 망 바쁘다
□ 盲从	〔mángcóng〕 망총 맹종하다, 무턱대고 따르다
□ 忙碌	〔mánglù〕 망루 분망하다, 바쁘다
□ 茫茫	〔mángmáng〕 망망 아득하다, 망망하다
□ 盲目	〔mángmù〕 망무 맹목적(인)

□ 茫然	【mángrán】 망란	망연하다, 막연하다
□ 盲人	【mángrén】 망런	맹인, 봉사
□ 猫	【māo】 마오	고양이
□ 毛	【máo】 마오	元의 10분의 1, 십전
□ 毛	【mǎo】 마오	털
□ 冒	【mào】 마오	내뿜다, 위험을 무릅쓰다
□ 毛笔	【máobǐ】 마오비	붓
□ 毛病	【máobìng】 마오삥	고장
□ 矛盾	【máodùn】 마오뚠	모순
□ 冒进	【màojìn】 마오진	무모하게 돌진하다, 무턱대고 뛰어들다
□ 毛巾	【máojīn】 마오진	타월
□ 茂密	【màomì】 마오미	조밀하다
□ 冒牌	【màopái】 마오파이	모조하다, 위조하다
□ 茂盛	【màoshèng】 마오성	무성하다
□ 茅台酒	【máotáijiǔ】 마오타이지우	모태주
□ 冒险	【màoxiǎn】 마오시엔	모험하다
□ 毛线	【máoxiàn】 마오시엔	털실
□ 贸易	【màoyì】 마오이	무역

□ 毛衣	【máoyī】 마오이 스웨터	
□ 帽子	【màozi】 마오즈 모자	
□ 枚	【méi】 메이 ~하나, ~매	
□ 煤	【méi】 메이 석탄	
□ 没	【méi】 메이 없다, ~않았다, ~없다	
□ 酶	【méi】 메이 효소, 발효	
□ 霉	【méi】 메이 곰팡이	
□ 每	【měi】 메이 매, 각	
□ 每	【měi】 메이 마다, 때, 늘	
□ 镁	【měi】 메이 마그네슘	
□ 美	【měi】 메이 예쁘다, 아름답다	
□ 没错	【méicuò】 메이추어 틀림없다, 분명하다	
□ 美德	【měidé】 메이더 미덕	
□ 美观	【měiguān】 메이관 미관, 보기 좋다, 아름답다	
□ 没关系	【méiguānxi】 메이관시 상관없다, 별 것이 아니다	
□ 玫瑰	【méigui】 메이궤이 장미, 찔레	
□ 美好	【měihǎo】 메이하오 행복하다	
□ 梅花	【méihuā】 메이화 매화	

A B C D E F G H J K L **M** N O P Q R S T W X Y Z

□ 媒介　　　　【méijiè】 메이지에 **매개**

□ 美丽　　　　【měilì】 메이리 **아름답다**

□ 美满　　　　【měimǎn】 메이만 **아름답고 원만하다**

□ 眉毛　　　　【méimao】 메이마오 **눈썹**

□ 妹妹　　　　【mèimei】 메이메이 **여동생**

□ 美妙　　　　【měimiào】 메이먀오 **미묘하다**

□ 煤气　　　　【méiqì】 메이치 **가스**

□ 没什么　　　【méishénme】 메이션머 **괜찮다, 별 것 아니다**

□ 没事儿　　　【méishìr】 메이슬 **괜찮다, 별 일 없다**

□ 美术　　　　【měishù】 메이수 **미술**

□ 没说的　　　【méishuōde】 메이슈어더 **나무랄 데 없다**

□ 眉头　　　　【méitóu】 메이터우 **미간**

□ 没意思　　　【méiyìsi】 메이이스 **재미없다**

□ 没用　　　　【méiyòng】 메이용 **쓸모없다**

□ 没有　　　　【méiyǒu】 메이여우 **없다, 가지고 있지 않다**

□ 美元　　　　【měiyuán】 메이위엔 **달러**

□ 没辙　　　　【méizhé】 메이저 **방법이 없다, 어찌할 수 없다**

□ 闷　　　　　【mèn】 먼 **숨막히다, 꽉 닫다**

276

□ 门口　　　　〔ménkǒu〕 먼커우 **문 앞**

□ 门市部　　　〔ménshìbù〕 먼스뿌 **소매부**

□ 门诊　　　　〔ménzhěn〕 먼전 **진찰**

□ 蒙　　　　　〔méng〕 멍 **가리다, 덮다**

□ 梦　　　　　〔mèng〕 멍 **꿈**

□ 猛烈　　　　〔měngliè〕 멍리에 **맹렬하다**

□ 猛然　　　　〔měngrán〕 멍란 **갑자기, 돌연히**

□ 梦想　　　　〔mèngxiǎng〕 멍샹 **몽상**

□ 萌芽　　　　〔méngyá〕 멍야 **맹아, 새싹, 싹트다, 움트다**

□ 眯　　　　　〔mī〕 미 **실눈을 뜨다, 졸다**

□ 迷　　　　　〔mí〕 미 **혼란스럽다, 미혹되다**

□ 米　　　　　〔mǐ〕 미 **쌀, 미터 (m)**

□ 蜜　　　　　〔mì〕 미 **꿀**

□ 密　　　　　〔mì〕 미 **촘촘하다, 세심하다**

□ 弥补　　　　〔míbǔ〕 미부 **보충하다, 보완하다, 메우다**

□ 密度　　　　〔mìdù〕 미뚜 **밀도**

□ 米饭　　　　〔mǐfàn〕 미판 **쌀밥**

□ 蜜蜂　　　　〔mìfēng〕 미펑 **벌꿀**

□ 密封	【mìfēng】 미펑	밀봉하다
□ 迷糊	【míhú】 미후	모호하다, 혼미하다, 정신이 없다
□ 迷惑	【míhuò】 미후어	아리송하다, 미혹되다
□ 弥漫	【mímàn】 미만	널리 퍼지다
□ 秘密	【mìmì】 미미	비밀
□ 密切	【mìqiè】 미치에	밀접하다
□ 迷失	【míshī】 미스	길을 잃다
□ 秘书	【mìshū】 미수	비서
□ 秘书长	【mìshūzhǎng】 미수장	비서장
□ 迷信	【míxìn】 미씬	미신
□ 谜语	【míyǔ】 미위	속담
□ 棉	【mián】 미엔	면, 면화
□ 免	【miǎn】 미엔	면제되다, 해임하다
□ 面	【miàn】 미엔	얼굴, 표면
□ 面包	【miànbāo】 미엔바오	빵
□ 面包车	【miànbāochē】 미엔바오처	소형버스, 봉고차
□ 免除	【miǎnchú】 미엔추	면제하다
□ 免得	【miǎndé】 미엔더	~하지 않기 위해, 피하기 위해

□ **面对** 【miànduì】 미엔뚜에이 **대면하다**

□ **免费** 【miǎnfèi】 미엔페이 **무료로 하다**

□ **面粉** 【miànfěn】 미엔펀 **밀가루**

□ **棉花** 【miánhua】 미엔화 **목화**

□ **面积** 【miànjī】 미엔지 **면적**

□ **面孔** 【miànkǒng】 미엔콩 **표정**

□ **勉励** 【miǎnlì】 미엔리 **격려하다**

□ **面临** 【miànlín】 미엔린 **직면하다**

□ **面貌** 【miànmào】 미엔마오 **면모**

□ **面面俱到** 【miànmiànjùdào】 미엔미엔쮜따오 **여러 방면으로 돌보다**

□ **面目** 【miànmù】 미엔무 **면목, 얼굴 생김새, 태도**

□ **面前** 【miànqián】 미엔치엔 **앞, 면전**

□ **勉强** 【miǎnqiǎng】 미엔치앙 **무리하다, 억지 쓰다**

□ **勉强** 【miǎnqiǎng】 미엔치앙 **강요하다**

□ **面容** 【miànróng】 미엔롱 **얼굴**

□ **面条儿** 【miàntiáor】 미엔티아오얼 **국수**

□ **棉衣** 【miányī】 미엔이 **솜옷**

□ **面子** 【miànzi】 미엔즈 **겉, 면목**

□ 苗	【miáo】 미아오	싹, 새싹
□ 描	【miáo】 미아오	베끼다, 덧그리다
□ 秒	【miǎo】 미아오	초
□ 妙	【miào】 미아오	교묘하다, 기발하다, 좋다
□ 庙	【miào】 미아오	사원, 사당, 잿날에 서는 장
□ 描绘	【miáohuì】 미아오훼이	묘사하다
□ 描述	【miáoshù】 미아오수	서술하다
□ 渺小	【miǎoxiǎo】 미아오시아오	보잘것없다
□ 描写	【miáoxiě】 미아오시에	묘사하다
□ 灭	【miè】 미에	끄다, 없애다
□ 蔑视	【mièshì】 미에스	멸시하다
□ 灭亡	【mièwáng】 미에왕	멸망하다, 사라지다
□ 敏	【mǐn】 민	신속하다. 민첩하다, 힘쓰다
□ 皿	【mǐn】 민	(접시·잔·쟁반 등) 그릇의 총칭
□ 泯	【mǐn】 민	소멸하다, 상실하다, 없어지다
□ 敏感	【mǐngǎn】 민간	민감하다
□ 民航	【mínhang】 민항	민항
□ 民间	【mínjiān】 민지엔	민간

□ 敏捷　　　〖mǐnjié〗민지에 **민첩하다**

□ 敏锐　　　〖mǐnruì〗민루이 **예민하다**

□ 民意　　　〖mínyì〗민이 **여론**

□ 民用　　　〖mínyòng〗민용 **시민용**

□ 民众　　　〖mínzhòng〗민종 **민중**

□ 民主　　　〖mínzhǔ〗민주 **민주**

□ 民族　　　〖mínzǔ〗민주 **민족**

□ 鸣　　　　〖míng〗밍 **목소리를 내다, 감정을 드러내다**

□ 命　　　　〖mìng〗밍 **명령하다, 운**

□ 明白　　　〖míngbai〗밍바이 **명백히, 알다**

□ 名称　　　〖míngchēng〗밍청 **명칭**

□ 名次　　　〖míngcì〗밍츠 **이름순서**

□ 名单　　　〖míngdān〗밍단 **명단**

□ 名额　　　〖míng'é〗밍어 **정액, 정원, 정량**

□ 名副其实　〖míngfùqíshí〗밍푸치스 **명실상부하다**

□ 名贵　　　〖míngguì〗밍꿰이 **희귀하다**

□ 明亮　　　〖míngliàng〗밍리앙 **밝다**

□ 命令　　　〖mìnglìng〗밍링 **명령**

□ 命名	【mìngmíng】	밍밍	이름을 붙이다
□ 明明	【míngmíng】	밍밍	분명하게, 의심 없이
□ 明年	【míngnián】	밍니엔	내년, 명년
□ 名牌	【míngpái】	밍파이	명패
□ 明确	【míngquè】	밍취에	명확하다
□ 名人	【míngrén】	밍런	명인
□ 名胜	【míngshèng】	밍성	명승
□ 名声	【míngshēng】	밍성	평판, 명성
□ 命题	【mìngtí】	밍티	명제
□ 明天	【míngtiān】	밍티엔	내일, 명일
□ 明显	【míngxiǎn】	밍시엔	명확하다
□ 明信片	【míngxìnpiàn】	밍씬피엔	엽서
□ 明星	【míngxīng】	밍씽	스타, 명성
□ 名义	【míngyì】	밍이	명의, 명칭
□ 名誉	【míngyù】	밍위	명성, 명예
□ 命运	【mìngyùn】	밍윈	운명
□ 名字	【míngzi】	밍즈	이름
□ 谬论	【miùlùn】	미우룬	잘못된 이론, 황당무계한 논리

□ 摸 　　　　【mō】 모 만지다, 더듬다

□ 膜 　　　　【mó】 모 막, 얇은 껍질

□ 谋 　　　　【mó】 모 의논하다, 모색하다

□ 磨 　　　　【mó】 모 갈다

□ 抹 　　　　【mǒ】 모 바르다, 지우다

□ 莫 　　　　【mò】 모 ~못하다, ~않다

□ 墨 　　　　【mò】 모 먹, 잉크

□ 末 　　　　【mò】 모 말, 분말

□ 抹布 　　　【móbù】 모뿌 걸레, 행주

□ 摩擦 　　　【móchā】 모차 마찰하다

□ 模范 　　　【mófàn】 모판 모범

□ 模仿 　　　【mófǎng】 모팡 모방하다

□ 蘑菇 　　　【mógu】 모구 버섯

□ 魔鬼 　　　【móguǐ】 모궤이 마귀

□ 模糊 　　　【móhú】 모후 모호하다

□ 莫名其妙 　【mòmíngqímiào】 모밍치미아오 알다가도 모를 일이다

□ 默默 　　　【mòmò】 모모 묵묵히, 조용히

□ 抹杀 　　　【mǒshā】 모샤 말살하다

□ 陌生　　　【mòshēng】 모성 낯설다, 생소하다

□ 模式　　　【móshì】 모스 표준 양식, 유형, 패턴

□ 魔术　　　【móshù】 모수 마술

□ 墨水儿　　【mòshuǐr】 모수얼 잉크

□ 摸索　　　【mōsuǒ】 모쑤어 모색하다

□ 摩托车　　【mótuōchē】 모투어처 오토바이

□ 模型　　　【móxíng】 모씽 모형

□ 某　　　　【mǒu】 머우 어떤, 아무, 모

□ 谋求　　　【móuqiú】 머우치우 찾다, 강구하다

□ 某些　　　【mǒuxiē】 머우시에 어떤, 어떠한

□ 母　　　　【mǔ】 무 엄마, 암컷

□ 亩　　　　【mǔ】 무 묘(토지 면적의 단위), 논(밭)두렁

□ 目　　　　【mù】 무 눈, 조목

□ 墓　　　　【mù】 무 무덤, 묘

□ 墓碑　　　【mùbēi】 무베이 묘비

□ 目标　　　【mùbiāo】 무비아오 목표

□ 木材　　　【mùcái】 무차이 목재

□ 牧场　　　【mùchǎng】 무창 목장

284

□ 牧地	〔mùdì〕	무디	목장, 방목장
□ 目的	〔mùdì〕	무띠	목적
□ 目睹	〔mùdǔ〕	무두	목격하다
□ 目光	〔mùguāng〕	무광	시야, 식견
□ 募集	〔mùjí〕	무지	모집하다
□ 墓地	〔mùdì〕	무지	묘지, 무덤
□ 木匠	〔mùjiàng〕	무지앙	목공
□ 目录	〔mùlù〕	무루	목록
□ 牧民	〔mùmín〕	무민	목축민, 백성을 다스리다
□ 目前	〔mùqián〕	무치엔	지금, 현재
□ 母亲	〔mǔqīn〕	무친	어머님, 모친
□ 穆斯林	〔mùsīlín〕	무스린	무슬림, 회교도
□ 木头	〔mùtou〕	무터우	목재
□ 模样	〔múyàng〕	무양	모양
□ 牧业	〔mùyè〕	무예	목축업
□ 目中无人	〔mùzhōngwúrén〕	무종우런	안하무인

A
B
C
D
E
F
G
H
J
K
L
M
N
O
P
Q
R
S
T
W
X
Y
Z

신체 身体

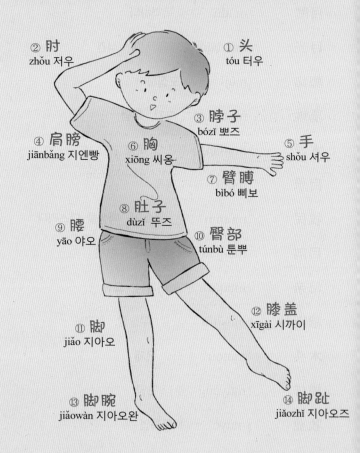

② 肘
zhǒu 저우

① 头
tóu 터우

③ 脖子
bózi 뽀즈

④ 肩膀
jiānbǎng 지엔빵

⑥ 胸
xiōng 씨옹

⑤ 手
shǒu 셔우

⑦ 臂膊
bìbó 삐보

⑧ 肚子
dùzi 뚜즈

⑨ 腰
yāo 야오

⑩ 臀部
túnbù 툰뿌

⑪ 脚
jiǎo 지아오

⑫ 膝盖
xīgài 시까이

⑬ 脚腕
jiǎowàn 지아오완

⑭ 脚趾
jiǎozhǐ 지아오즈

① 머리 ② 팔꿈치 ③ 목 ④ 어깨 ⑤ 손 ⑥ 가슴 ⑦ 팔 ⑧ 배
⑨ 허리 ⑩ 엉덩이 ⑪ 다리 ⑫ 무릎 ⑬ 발목 ⑭ 발가락

286

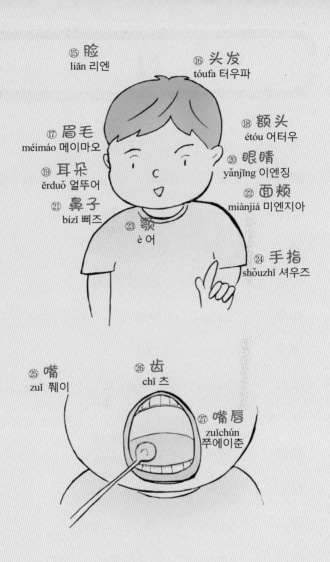

⑮ 脸
liǎn 리엔

⑯ 头发
tóufa 터우파

⑰ 眉毛
méimáo 메이마오

⑱ 额头
étóu 어터우

⑲ 耳朵
ěrduǒ 얼뚜어

⑳ 眼睛
yǎnjīng 이엔징

㉑ 鼻子
bízi 삐즈

㉒ 面颊
miànjiá 미엔지아

㉓ 颚
è 어

㉔ 手指
shǒuzhǐ 셔우즈

㉕ 嘴
zuǐ 쮀이

㉖ 齿
chǐ 츠

㉗ 嘴唇
zuǐchún
쭈에이춘

⑮ 얼굴 ⑯ 머리카락 ⑰ 눈썹 ⑱ 이마 ⑲ 귀 ⑳ 눈 ㉑ 코
㉒ 볼 ㉓ 턱 ㉔ 손가락 ㉕ 입 ㉖ 치아 ㉗ 입술

□ 哪　　　　〔na〕 나 어느, 어떤, 어디

□ 拿　　　　〔ná〕 나 ~으로써, ~가지고, 잡다, 난처하게 하다

□ 那　　　　〔nà〕 나 저것, 그것, 그러면, 그렇다면

□ 呐　　　　〔nà〕 나 떠들다

□ 那边　　　〔nàbiān〕 나비엔 저쪽, 저

□ 哪个　　　〔nǎge〕 나거 어느 것

□ 那个　　　〔nàge〕 나거 그것

□ 拿获　　　〔náhuò〕 나후어 (범인을) 붙잡다, 포박하다

□ 拿~来说　〔ná~láishuō〕 나~라이슈어 그것으로 말하자면, ~에 의하면

□ 那里　　　〔nàlǐ〕 나리 저기

□ 哪里　　　〔nǎli〕 나리 어디

□ 那么　　　〔nàme〕 나머 그러면, 그렇게

□ 纳闷儿　　〔námènr〕 나멀 답답하다, 의아하다

□ 哪怕　　　〔nǎpà〕 나파 설령, 가령

□ 那儿　　　〔nàr〕 날 저기

□ 纳入	〔nàrù〕 나루	받아 넣다, 들어서다
□ 那时	〔nàshí〕 나스	그때
□ 呐喊	〔nàhǎn〕 나한	외치다, 고함치다
□ 纳罕	〔nàhǎn〕 나한	이상해하다, 신기해하다
□ 拿手	〔náshǒu〕 나셔우	(어떤 기술에 아주) 뛰어나다
□ 纳税	〔nàshuì〕 나쉐이	납세하다
□ 哪些	〔nǎxiē〕 나시에	어느 것
□ 那些	〔nàxiē〕 나시에	그것들
□ 那样	〔nàyàng〕 나양	그렇게
□ 乃	〔nǎi〕 나이	그래서, ~이다
□ 奶	〔nǎi〕 나이	할머니, 젖
□ 耐	〔nài〕 나이	질기다, 오래가다
□ 耐烦	〔nàifán〕 나이판	참다
□ 奶粉	〔nǎifěn〕 나이펀	분유
□ 耐力	〔nàilì〕 나이리	인내력, 지구력
□ 奶奶	〔nǎinai〕 나이나이	할머니
□ 耐心	〔nàixīn〕 나이씬	참을성, 인내성, 인내심이 강하다
□ 耐用	〔nàiyòng〕 나이용	오래 쓰다

A
B
C
D
E
F
G
H
J
K
L
M
N
O
P
Q
R
S
T
W
X
Y
Z

□ 难	〔nàn〕 난 재난, 불행
□ 难	〔nán〕 난 어렵다, 나쁘다
□ 南	〔nán〕 난 남쪽
□ 南边	〔nánbiān〕 난비엔 남쪽
□ 南部	〔nánbù〕 난뿌 남부
□ 难道	〔nándào〕 난따오 설마 ~하겠는가?
□ 难得	〔nándé〕 난더 얻기 어렵다, 드물다
□ 难度	〔nándù〕 난뚜 난이도, 어려운 정도
□ 南方	〔nánfāng〕 난팡 남방
□ 难怪	〔nánguài〕 난꽈이 당연하다, 과연, 어쩐지
□ 难关	〔nánguān〕 난관 난관
□ 难过	〔nánguò〕 난꾸어 괴롭다
□ 难堪	〔nánkān〕 난칸 난처하다, 난감하다
□ 难看	〔nánkàn〕 난칸 보기 싫다(흉하다), 꼴사납다
□ 难免	〔nánmiǎn〕 난미엔 면하기 어렵다, 불가피하다
□ 南面	〔nánmiàn〕 난미엔 남쪽
□ 难民	〔nànmín〕 난민 난민
□ 男人	〔nánrén〕 난런 남자

□ **难受**	〔nánshòu〕 난셔우	(육체적·정신적으로) 괴롭다
□ **难题**	〔nántí〕 난티	난제, 곤란한(어려운) 문제
□ **男性**	〔nánxìng〕 난씽	남성
□ **难以**	〔nányǐ〕 난이	~하기 어렵다
□ **男子**	〔nánzǐ〕 난즈	남자
□ **闹**	〔nào〕 나오	시끄럽다, 소란을 일으키다
□ **脑袋**	〔nǎodai〕 나오다이	머리
□ **恼火**	〔nǎohuǒ〕 나오후어	성내다, 화내다
□ **脑筋**	〔nǎojīn〕 나오진	두뇌, 사상
□ **脑力**	〔nǎolì〕 나오리	정신, 뇌력
□ **闹事**	〔nàoshì〕 나오스	일을 저지르다, 소란을 피우다
□ **闹笑话**	〔nàoxiàohua〕 나오시아오화	웃음거리가 되다
□ **闹着玩儿**	〔nàozhēwánr〕 나오저왈	농담하다
□ **脑子**	〔nǎozi〕 나오즈	뇌, 머리
□ **呢**	〔ne〕 너	의문문 끝에서 의문의 어기를 나타냄
□ **内**	〔nèi〕 네이	안, 안쪽, 속, 내부
□ **内部**	〔nèibù〕 네이뿌	내부
□ **内地**	〔nèidì〕 네이띠	내지

□ 内阁	【nèigé】 네이거	내각
□ 内行	【nèihang】 네이항	숙련되다, 노련하다, 숙련자
□ 内科	【nèikē】 네이커	내과
□ 内幕	【nèimù】 네이모	내막
□ 内容	【nèiróng】 네이롱	내용
□ 内心	【nèixīn】 네이씬	내심
□ 内在	【nèizài】 네이자이	내재, 내재하다, 내재적인
□ 内战	【nèizhàn】 네이잔	내전
□ 内脏	【nèizhàng】 네이장	내장
□ 内政	【nèizhèng】 네이정	내정
□ 嫩	【nèn】 넌	여리다, 엷다
□ 能	【néng】 넝	맞다, 순서대로, 할 수 있다, 능력
□ 能干	【nénggàn】 넝깐	능력이 있다
□ 能够	【nénggòu】 넝꺼우	할 능력이 있다, ~할 수 있다
□ 能力	【nénglì】 넝리	능력
□ 能量	【néngliàng】 넝리앙	에너지
□ 能手	【néngshǒu】 넝셔우	능수, 명인, 명수
□ 能源	【néngyuán】 넝위엔	능원

□ 嗯　　　〔ńg〕응 응 (대답, 수락을 나타냄)

□ 泥　　　〔ní〕니 진흙

□ 拟　　　〔nǐ〕니 초안하다, ~하려하다

□ 你　　　〔nǐ〕니 너, 당신

□ 拟定　　〔nǐdìng〕니띵 추측하여 단정하다

□ 逆流　　〔nìliú〕니리우 역류

□ 尼龙　　〔nílong〕니롱 나일론

□ 你们　　〔nǐmen〕니먼 너희들, 여러분

□ 泥土　　〔nítǔ〕니투 흙, 진흙

□ 年　　　〔nián〕니엔 년, 해

□ 捻　　　〔niǎn〕니엔 비틀다, (실을) 꼬다

□ 撵　　　〔niǎn〕니엔 쫓아내다

□ 念　　　〔niàn〕니엔 그리워하다, 공부하다, 읽다

□ 年代　　〔niándài〕니엔따이 연대

□ 年度　　〔niándù〕니엔뚜 연도

□ 年级　　〔niánjí〕니엔지 학년

□ 年纪　　〔niánjí〕니엔지 연세

□ 年龄　　〔niánlíng〕니엔링 연령

□ 年轻	【niánqīng】 니엔칭	젊다
□ 念书	【niànshū】 니엔수	공부하다, 학교에 다니다
□ 念头	【niàntou】 니엔터우	생각, 사고
□ 年头儿	【niántóur】 니엔터울	햇수, 여러 해, 시절
□ 酿	【niàng】 니앙	양조하다, 만들다
□ 娘	【niáng】 니앙	어머니, 젊은 여자
□ 鸟	【niǎo】 니아오	새
□ 尿	【niào】 니아오	오줌, 오줌을 누다
□ 捏	【niē】 니에	집다, 빚다, 꼭 쥐다, 짜다
□ 捏造	【niēzào】 니에자오	날조하다
□ 您	【nín】 닌	당신(존칭)
□ 拧	【nǐng】 닝	비틀다, 꼬집다
□ 凝固	【nínggù】 닝꾸	응고하다
□ 凝结	【níngjié】 닝지에	응결하다(되다)
□ 宁静	【níngjìng】 닝징	편안하다, 조용하다, 평온하다
□ 宁可	【nìngkě】 닝커	차라리 ~하는 것이 낫다
□ 宁肯	【nìngkěn】 닝컨	~하는 게 낫다
□ 柠檬	【níngméng】 닝멍	레몬

□ 凝视　　　〔níngshì〕닝스 **응시하다, 뚫어지게 바라보다**

□ 宁愿　　　〔nìngyuàn〕닝위엔 **차라리 (~하고자 한다)**

□ 牛　　　　〔niú〕니우 **소**

□ 扭　　　　〔niǔ〕니우 **돌리다, 비틀다**

□ 纽扣儿　　〔niǔkòur〕니우커울 **단추**

□ 牛奶　　　〔niúnǎi〕니우나이 **우유**

□ 扭转　　　〔niǔzhuǎn〕니우주안 **돌리다, 전환하다**

□ 浓　　　　〔nóng〕농 **짙다, 정도가 강하다**

□ 弄　　　　〔nòng〕농 **만들다, 다루다, 장만하다**

□ 农产　　　〔nóngchǎn〕농찬 **농산물**

□ 农产品　　〔nóngchǎnpǐn〕농찬핀 **농산품**

□ 农场　　　〔nóngchǎng〕농창 **농장**

□ 农村　　　〔nóngcūn〕농춘 **농촌**

□ 浓度　　　〔nóngdù〕농뚜 **농도**

□ 浓厚　　　〔nónghòu〕농허우 **농후하다**

□ 农具　　　〔nóngjù〕농쮜 **농구**

□ 农贸市场　〔nóngmàoshìchǎng〕농마오스창 **농산물시장**

□ 农民　　　〔nóngmín〕농민 **농민**

□ 农田　　　　[nóngtián] 농티엔 **농경지, 농토**

□ 弄虚作假　　[nòngxūzuòjiǎ] 농쉬쭈어지아 **허위날조하다**

□ 农药　　　　[nóngyào] 농야오 **농약**

□ 农业　　　　[nóngyè] 농예 **농업**

□ 农作物　　　[nóngzuòwù] 농쭈어우 **농작물**

□ 怒　　　　　[nù] 누 **화내다, 성내다**

□ 女儿　　　　[nǚ'ér] 뉘얼 **딸**

□ 怒吼　　　　[nùhǒu] 누허우 **포효하다, 노호하다, 울부짖다**

□ 怒火　　　　[nùhuǒ] 누후어 **불길 같은 분노, 격한 노여움**

□ 努力　　　　[nǔlì] 누리 **노력하다**

□ 奴隶　　　　[núlì] 누리 **노예**

□ 女朋友　　　[nǚpéngyou] 뉘펑여우 **여자 친구, (여자) 애인**

□ 女人　　　　[nǚren] 뉘런 **여인**

□ 女士　　　　[nǚshì] 뉘스 **여사**

□ 女性　　　　[nǚxìng] 뉘씽 **여성**

□ 女婿　　　　[nǚxu] 뉘쉬 **사위**

□ 奴役　　　　[núyì] 누이 **노예로 부리다**

□ 女子　　　　[nǚzǐ] 뉘즈 **여자**

□ 暖	〔nuǎn〕 누안	따스하다
□ 暖房	〔nuǎnfáng〕 누안팡	방을 따뜻하게 하다, 난방하다
□ 暖和	〔nuǎnhuo〕 누안후어	따뜻하다, 따뜻하게 하다
□ 暖流	〔nuǎnliú〕 누안리우	난류, 동정, 이해심
□ 暖气	〔nuǎnqì〕 누안치	스팀
□ 暖色	〔nuǎnsè〕 누안써	(붉은색, 노란색과 같은) 난색
□ 暖水瓶	〔nuǎnshuǐpíng〕 누안쉐이핑	보온병
□ 虐待	〔nüèdài〕 뉘에따이	학대, 학대하다
□ 虐杀	〔nüèshā〕 뉘에샤	학살, 학살하다
□ 挪	〔nuó〕 누어	옮기다, 움직이다
□ 挪动	〔nuódong〕 누어동	(위치를) 옮기다, 이동하다
□ 糯米	〔nuòmǐ〕 누어미	찹쌀
□ 懦弱	〔nuòruò〕 누어루어	용기 없고 나약하다, 무기력하다
□ 诺言	〔nuòyán〕 누어이엔	승낙의 말, 언약
□ 挪用	〔nuóyòng〕 누어용	유용하다, 돌려쓰다, 전용하다

A
B
C
D
E
F
G
H
J
K
L
M
N
O
P
Q
R
S
T
W
X
Y
Z

날씨 天气

① 太阳
tàiyang 타이양

② 云
yún 윈

③ 雪
xuě 쉬에

④ 风
fēng 펑

① 태양 ② 구름 ③ 눈 ④ 바람

⑤ 虹
hóng 홍

⑥ 雷
léi 레이

⑦ 雨
yǔ 위

⑨ 伞
sǎn 싼

⑧ 靴子
xuēzi 쉬에즈

⑩ 雨衣
yǔyī 위이

⑤ 무지개　⑥ 천둥　⑦ 비　⑧ 장화　⑨ 우산　⑩ 비옷

□ 噢　　　　〔ō〕 오 아! 오! (이미 이해했음을 나타냄)

□ 哦　　　　〔ò〕 오 어! 어머! 어허! (놀람 등을 나타냄)

□ 欧　　　　〔ōu〕 오우 유럽

□ 鸥　　　　〔ōu〕 오우 갈매기의 총칭

□ 偶尔　　　〔ǒu'ěr〕 오우얼 가끔, 때때로

□ 殴打　　　〔ōudǎ〕 오우다 구타하다

□ 偶合　　　〔ǒuhé〕 오우허 우연히 일치하다, 우연한 일치

□ 偶鳍　　　〔ǒuqí〕 오우치 짝지느러미

□ 呕气　　　〔ǒuqì〕 오우치 구역질. 메스꺼움, 구역질나다

□ 怄气　　　〔òuqì〕 오우치 화내다, 화나게 하다

□ 偶数　　　〔ǒushù〕 오우슈 짝수, 우수

□ 欧盟　　　〔ōuméng〕 오우멍 유럽연합(EU)

□ 呕吐　　　〔ǒutù〕 오우투 구토하다

□ 偶然　　　〔ǒurán〕 오우란 우연스럽다, 우연히, 뜻밖에

□ 偶像　　　〔ǒuxiàng〕 오우시앙 우상

□ 呕心　　　〔ǒuxīn〕오우씬 매우 고심하다

□ 欧元　　　〔ōuyuán〕오우위엔 유로(Euro), 유럽 단일 화폐

□ 欧洲　　　〔Ōuzhōu〕오우저우 유럽주

□ 趴　　[pā] 파 엎드리다

□ 扒　　[pá] 파 긁어모으다

□ 爬　　[pá] 파 기다, 기어오르다

□ 怕　　[pà] 파 두려워하다, 아마 ~일 것이다

□ 爬虫　　[páchóng] 파총 파충류

□ 扒手　　[páshǒu] 파셔우 소매치기

□ 爬行　　[páxíng] 파씽 기다, 기어가다

□ 派司　　[pāsi] 파쓰 패스(pass), 출입증, 통행증

□ 怕死　　[pàsǐ] 파쓰 몹시 두려워하다

□ 怕羞　　[pàxiū] 파시우 부끄러워하다, 수줍어하다

□ 拍　　[pāi] 파이 치다, 두드리다

□ 牌　　[pái] 파이 간판, 상표

□ 排　　[pái] 파이 ~줄, ~열, 차례로 놓다

□ 派　　[pài] 파이 파, 파벌, 파견하다, 보내다

□ 派别　　[pàibié] 파이비에 파별

□ 排长	〔páizhǎng〕 파이장	(군사) 소대장
□ 排斥	〔páichì〕 파이츠	배격하다, 배척하다, 반발하다
□ 排除	〔páichú〕 파이추	제거하다, 배제하다
□ 派出所	〔pàichūsuǒ〕 파이추쑤어	파출소
□ 排队	〔páiduì〕 파이뚜에이	줄을 서다
□ 徘徊	〔páihuái〕 파이화이	배회하다
□ 排挤	〔páijǐ〕 파이지	밀어내다
□ 排列	〔páiliè〕 파이리에	순서대로 배열하다
□ 排球	〔páiqiú〕 파이치우	배구
□ 拍摄	〔pāishè〕 파이셔	촬영하다
□ 拍照	〔pāizhào〕 파이자오	사진을 찍다
□ 拍子	〔pāizi〕 파이즈	채, 박자, 타깃
□ 牌子	〔páizi〕 파이즈	상표, 표
□ 攀	〔pān〕 판	높이 오르다, 높은 지위를 겨루다
□ 盘	〔pán〕 판	쟁반, 접시
□ 盘	〔pán〕 판	~접시, ~쟁반, 휘감다, 조사하다
□ 盼	〔pàn〕 판	바라보다, 갈망하다
□ 畔	〔pàn〕 판	가장자리, 주위

□ 叛变	[pànbiàn]	판삐엔	배반하다
□ 判处	[pànchǔ]	판추	판결하다, 선고하다
□ 攀登	[pāndēng]	판덩	오르다, 올라가다
□ 判定	[pàndìng]	판띵	판정하다
□ 判断	[pànduàn]	판뚜안	판단
□ 判诀	[pànjué]	판쥐에	판결하다
□ 叛徒	[pàntú]	판투	반역자
□ 盼望	[pànwàng]	판왕	바라다
□ 盘旋	[pánxuán]	판쉬엔	빙빙 돌다, 선회하다
□ 盘子	[pánzi]	판즈	접시
□ 旁	[páng]	팡	옆, 다른
□ 胖	[pàng]	팡	살찌다, 뚱뚱하다
□ 旁边	[pángbiān]	팡비엔	옆
□ 庞大	[pángdà]	팡따	방대하다
□ 彷徨	[pánghuáng]	팡황	방황하다, 배회하다
□ 胖子	[pàngzi]	팡즈	뚱보
□ 抛	[pāo]	파오	던지다, 따돌리다
□ 刨	[páo]	파오	파다, 빼내다

304

- □ 跑　　[pǎo] 파오 뛰다

- □ 泡　　[pào] 파오 거품

- □ 炮　　[pào] 파오 대포, 포

- □ 泡　　[pào] 파오 담그다

- □ 跑步　　[pǎobù] 파오뿌 달리다

- □ 炮弹　　[pàodàn] 파오딴 폭탄

- □ 跑道　　[pǎodào] 파오따오 활주로, 트랙

- □ 炮火　　[pàohuǒ] 파오후어 포화

- □ 泡沫　　[pàomò] 파오모 거품

- □ 抛弃　　[pāoqì] 파오치 포기하다

- □ 配偶　　[pèi'ǒu] 페이오우 배우자

- □ 陪　　[péi] 페이 배상하다, 손해보다, 동반하다

- □ 配　　[pèi] 페이 배합하다, 결합하다, 할당하다

- □ 陪伴　　[péibàn] 페이빤 동반하다. 수행하다

- □ 配备　　[pèibèi] 페이뻬이 배치하다, 분배하다

- □ 赔偿　　[péicháng] 페이창 배상하다

- □ 配方　　[pèifāng] 페이팡 조제처방

- □ 佩服　　[pèifú] 페이푸 탄복하다

□ 配合　　　　【pèihé】 페이허 배합하다

□ 赔款　　　　【péikuǎn】 페이콴 배상하다, 변상하다

□ 配套　　　　【pèitào】 페이타오 세트로 만들다

□ 陪同　　　　【péitóng】 페이통 모시고 다니다, 수행하다, 동반하다

□ 培训　　　　【péixùn】 페이쉰 훈련·양성하다

□ 培养　　　　【péiyǎng】 페이양 배양하다

□ 培育　　　　【péiyù】 페이위 육성하다

□ 喷　　　　　【pēn】 펀 내뿜다, 분출하다

□ 盆地　　　　【péndì】 펀띠 분지

□ 喷射　　　　【pēnshè】 펀셔 내뿜다

□ 棚　　　　　【péng】 펑 막, 천막

□ 捧　　　　　【pěng】 펑 치켜세우다, 아첨하다

□ 碰　　　　　【pèng】 펑 부딪치다, 만지다

□ 蓬勃　　　　【péngbó】 펑보 왕성하다, 활기 있다

□ 碰钉子　　　【pèngdīngzi】 펑띵즈 봉변을 당하다, 거절당하다

□ 碰见　　　　【pèngjiàn】 펑지엔 우연히 만나다

□ 烹饪　　　　【pēngrèn】 펑런 요리, 요리(조리)하다

□ 烹调　　　　【pēngtiáo】 펑티아오 요리, 요리(조리)하다

306

□ 朋友	〔péngyou〕 펑여우	**친구**
□ 膨胀	〔péngzhàng〕 펑장	**팽창하다**
□ 批	〔pī〕 피	**결제하다, 비평하다**
□ 坯	〔pī〕 피	**굽지 않은 벽돌, 기와, 도자기 등**
□ 劈	〔pī〕 피	**패다, 쪼개다**
□ 批	〔pī〕 피	**일군, 무리, 무더기**
□ 披	〔pī〕 피	**(어깨에) 걸치다**
□ 皮	〔pí〕 피	**껍질, 가죽**
□ 匹	〔pǐ〕 피	**~필(말)**
□ 屁	〔pì〕 피	**방귀**
□ 皮带	〔pídài〕 피따이	**벨트**
□ 疲乏	〔pífá〕 피파	**피곤하다**
□ 批发	〔pīfā〕 피파	**도배하다**
□ 批复	〔pīfù〕 피푸	**보고서에 답하다, 결제하다**
□ 皮肤	〔pífū〕 피푸	**피부**
□ 批改	〔pīgǎi〕 피가이	**바로잡다**
□ 屁股	〔pigu〕 피구	**엉덩이**
□ 啤酒	〔píjiǔ〕 피지우	**맥주**

□ 疲倦　　【píjuàn】 피쮜엔 **피곤하다**

□ 疲劳　　【píláo】 피라오 **피로하다**

□ 批判　　【pīpàn】 피판 **비판**

□ 批评　　【pīpíng】 피핑 **비평**

□ 脾气　　【píqi】 피치 **성격, 기질, 성깔**

□ 譬如　　【pìrú】 피루 **예를 들어, 이를테면**

□ 批示　　【pīshì】 피스 **지시를 내리다**

□ 批准　　【pīzhǔn】 피준 **비준하다**

□ 偏　　　【piān】 피엔 **일부러, 기울이다, 치우치다**

□ 篇　　　【piān】 피엔 **편**

□ 骗　　　【piàn】 피엔 **속이다**

□ 片　　　【piàn】 피엔 **얇은 조각, ~조각, ~알, ~편**

□ 偏差　　【piānchā】 피엔차 **편차, 오차**

□ 偏见　　【piānjiàn】 피엔지엔 **편견**

□ 片刻　　【piànkè】 피엔커 **잠깐, 잠시**

□ 片面　　【piànmiàn】 피엔미엔 **한쪽, 편면, 일방적이다,
　　　　　　　　　　　　　단편적이다**

□ 偏僻　　【piānpì】 피엔피 **외지다, 편벽하다**

□ 偏偏　　【piānpiān】 피엔피엔 **일부러, 공교롭게**

□ 偏向	【piānxiàng】 피엔시앙	편향, 두둔하다
□ 便宜	【piányi】 피엔이	(값이) 싸다, 공짜
□ 漂	【piāo】 피아오	표백하다, 물에 헹구다
□ 飘	【piāo】 피아오	나부끼다, 펄럭이다
□ 票	【piào】 피아오	표, 지표, 투표
□ 漂亮	【piàoliang】 피아오리앙	예쁘다
□ 飘扬	【piāoyang】 피아오양	휘날리다
□ 瞥	【piē】 피에	힐끗 보다
□ 撇	【piě】 피에	버리다, 떼어내다
□ 拼	【pīn】 핀	연접하다, 목숨을 내걸다
□ 贫	【pín】 핀	가난하다, 모자라다
□ 品	【pǐn】 핀	품평하다
□ 聘	【pìn】 핀	초빙하다, 고용하다
□ 拼搏	【pīnbó】 핀보	목숨 걸고 싸우다
□ 品尝	【pǐncháng】 핀창	맛보다, 시식하다
□ 品德	【pǐndé】 핀더	인품과 덕성
□ 贫乏	【pínfá】 핀파	빈궁, 빈궁하다, 부족하다
□ 频繁	【pínfán】 핀판	빈번하다

□ 拼合	【pīnhé】 핀허 모아서 합치다, 모아 맞추다
□ 贫苦	【pínkǔ】 핀쿠 가난하다
□ 频率	【pínlǜ】 핀뤼 주파수
□ 贫民	【pínmín】 핀민 빈민
□ 拼命	【pīnmìng】 핀밍 목숨을 내걸다
□ 聘请	【pìnqǐng】 핀칭 초빙하다
□ 贫穷	【pínqióng】 핀치옹 빈궁하다, 가난하다
□ 聘任	【pìnrèn】 핀런 초빙하여 임용하다
□ 贫团	【píntuán】 핀투안 빈곤하다
□ 品行	【pǐnxíng】 핀씽 품행
□ 聘用	【pìnyòng】 핀용 초빙하여 임용하다
□ 品质	【pǐnzhì】 핀즈 품질
□ 品种	【pǐnzhǒng】 핀종 품종
□ 平	【píng】 핑 평평하다, 평온하다
□ 评	【píng】 핑 판정하다, 평가하다
□ 瓶	【píng】 핑 병
□ 凭	【píng】 핑 의지하다, 의거하다
□ 平安	【píng'ān】 핑안 평안하다

□ **评比**　　〖píngbǐ〗 핑비 **비교하여 평가하다**

□ **平常**　　〖píngcháng〗 핑창 **평범하다**

□ **平等**　　〖píngděng〗 핑덩 **평등하다**

□ **评定**　　〖píngdìng〗 핑띵 **평정하다**

□ **平凡**　　〖píngfán〗 핑판 **평범하다, 보통이다**

□ **平方**　　〖píngfāng〗 핑팡 **평방**

□ **评估**　　〖pínggū〗 핑구 **평가하다**

□ **苹果**　　〖píngguǒ〗 핑구어 **사과(나무)**

□ **平衡**　　〖pínghéng〗 핑헝 **평형, 균형, 평형되게 하다**

□ **评价**　　〖píngjià〗 핑지아 **평가, 평가하다**

□ **平静**　　〖píngjìng〗 핑징 **조용하다**

□ **平均**　　〖píngjūn〗 핑쥔 **평균**

□ **评论**　　〖pínglùn〗 핑룬 **평론, 평론하다**

□ **平面**　　〖píngmiàn〗 핑미엔 **평면**

□ **平民**　　〖píngmín〗 핑민 **평민**

□ **乒乓球**　　〖pīngpāngqiú〗 핑팡치우 **탁구공**

□ **平铺**　　〖píngpū〗 핑푸 **평평하게 펴다**

□ **平日**　　〖píngrì〗 핑르 **평일**

A
B
C
D
E
F
G
H
J
K
L
M
N
O
P
Q
R
S
T
W
X
Y
Z

□ 评审	〔píngshěn〕 핑션	평가하다, 심사·평정하다
□ 平时	〔píngshí〕 핑스	평시
□ 萍水相逢	〔píngshuǐxiāngféng〕 핑쉐이시앙펑	우연히 만나다
□ 平坦	〔píngtǎn〕 핑탄	평탄하다
□ 平稳	〔píngwěn〕 핑원	평온하다
□ 平行	〔píngxíng〕 핑씽	평행
□ 平行	〔píngxíng〕 핑씽	대등하다, 동등하다
□ 评选	〔píngxuǎn〕 핑쉬엔	심사하여 뽑다, 선정하다
□ 平原	〔píngyuán〕 핑위엔	평원
□ 屏障	〔píngzhàng〕 핑장	장벽, 보호벽
□ 平整	〔píngzhěng〕 핑정	고르다, 평탄하다
□ 瓶子	〔píngzi〕 핑즈	병
□ 颇	〔pō〕 포	몹시, 상당히
□ 泼	〔pō〕 포	물을 뿌리다
□ 坡	〔pō〕 포	비탈
□ 破	〔pò〕 포	깨뜨리다, 가르다, 쳐부수다
□ 破败	〔pòbài〕 포빠이	무너지다, 퇴락하다
□ 破产	〔pòchǎn〕 포찬	파산하다

□ 破除	〖pòchú〗 포추	버리다
□ 迫害	〖pòhài〗 포하이	박해하다(주로 정치적)
□ 破坏	〖pòhuài〗 포화이	파괴하다
□ 破获	〖pòhuò〗 포후어	적발하여 체포하다
□ 破旧	〖pòjiù〗 포지우	낡다
□ 破烂	〖pòlàn〗 포란	남루하다, 낡아빠지다
□ 魄力	〖pòlì〗 포리	패기, 기백, 박력
□ 破裂	〖pòliè〗 포리에	파열하다, 깨지다
□ 婆婆	〖pópo〗 포포	시어머니
□ 迫切	〖pòqiè〗 포치에	절실하다, 절박하다
□ 迫使	〖pòshǐ〗 포스	무리하게 ~시키다, 강제하다
□ 破碎	〖pòsuì〗 포쒜이	자잘하게 부시다, 파쇄하다
□ 剖	〖pōu〗 퍼우	쪼개다, 절개하다, 가르다
□ 剖腹产	〖pōufùchǎn〗 퍼우푸찬	제왕절개
□ 剖面	〖pōumiàn〗 퍼우미엔	절단면, 단면
□ 剖析	〖pōuxī〗 퍼우시	(상황을) 분석(하다)
□ 铺	〖pū〗 푸	펴다, 깔다
□ 扑	〖pū〗 푸	뛰어들다, (코를) 찌르다, 몰두하다

□ 谱　　　　【pǔ】 푸 목표, 표, 견본, 기준

□ 普遍　　　【pǔbiàn】 푸삐엔 보편적이다, 널리 퍼져 있다

□ 瀑布　　　【pùbù】 푸뿌 폭포

□ 普查　　　【pǔchá】 푸차 일제(전면) 조사, 조사하다

□ 扑打　　　【pūdǎ】 푸다 (얇은 물건으로) 세게 내려치다

□ 扑打　　　【pūda】 푸다 (가볍게 툭툭) 털다, 치다

□ 铺盖　　　【pūgai】 푸까이 요와 이불

□ 普及　　　【pǔjí】 푸지 보급하다, 일반화하다

□ 扑克　　　【púkè】 푸커 포커, 카드놀이

□ 扑空　　　【pūkōng】 푸콩 허탕 치다, 헛걸음하다, 헛일하다

□ 扑灭　　　【pūmiè】 푸미에 박멸하다, 없애다

□ 谱曲　　　【pǔqǔ】 푸취 작곡하다

□ 仆人　　　【púrén】 푸런 하인

□ 朴实　　　【pǔshí】 푸스 검소하다, 성실하다

□ 朴素　　　【pǔsù】 푸수 소박하다

□ 葡萄　　　【pútáo】 푸타오 포도

□ 葡萄糖　　【pútaotáng】 푸타오탕 포도당

□ 普通　　　【pǔtōng】 푸통 보통이다, 일반적이다

□ **普通话**　　〖pǔtōnghuà〗 푸통화 **표준어**

□ **谱写**　　　〖pǔxiě〗 푸시에 **작곡하다, 창작하다**

□ **铺展**　　　〖pūzhǎn〗 푸잔 **깔아 펼치다, 넓게 깔다**

□ **谱子**　　　〖pǔzi〗 푸즈 **악보**

□ **铺子**　　　〖pùzi〗 푸즈 **가게, 점포, 상점**

- 期 　　【qī】 치 기간, 시기, 기일

- 柒(七) 　　【qī】 치 7, 칠

- 漆 　　【qī】 치 옻칠, 래커, 페인트

- 沏 　　【qī】 차 타다

- 其 　　【qí】 치 그, 그것, 그들, 그것의

- 棋 　　【qí】 치 장기, 바둑

- 骑 　　【qí】 치 타다

- 齐 　　【qí】 치 일치하다, 갖추다, 함께, 같이

- 起 　　【qǐ】 치 일어나다

- 砌 　　【qì】 치 (벽돌, 돌을) 쌓다

- 气 　　【qì】 치 성내다, 화내다, 공기, 가스, 숨

- 汽 　　【qì】 치 증기

- 器 　　【qì】 치 기구, 그릇, 신체기관

- 器材 　　【qìcái】 치차이 기재

- 凄惨 　　【qīcǎn】 치찬 처참하다

□ 起草	〔qǐcǎo〕 치차오	초안을 잡다
□ 汽车	〔qìchē〕 치처	자동차
□ 启程	〔qǐchéng〕 치청	출발하다
□ 起初	〔qǐchū〕 치추	처음, 시초
□ 气喘	〔qìchuǎn〕 치추안	숨을 헐떡거리다
□ 汽船	〔qìchuán〕 치추안	발동선, 기선
□ 起床	〔qǐchuáng〕 치추앙	기상하다
□ 其次	〔qícì〕 치츠	다음. 그다음, 부차적인 위치
□ 期待	〔qīdài〕 치따이	기대하다
□ 起点	〔qǐdiǎn〕 치디엔	기점
□ 启发	〔qǐfā〕 치파	계발, 계발하다
□ 起飞	〔qǐfēi〕 치페이	이륙하다 (도약의 시작)
□ 气氛	〔qìfēn〕 치펀	기분
□ 气愤	〔qìfēn〕 치펀	분개하다, 분노하다
□ 起伏	〔qǐfú〕 치푸	(산이) 기복하다, 변화하다
□ 欺负	〔qīfu〕 치푸	얕보다, 업신여기다
□ 气概	〔qìgài〕 치까이	기개
□ 气功	〔qìgōng〕 치궁	기공, 기합술

A
B
C
D
E
F
G
H
J
K
L
M
N
O
P
Q
R
S
T
W
X
Y
Z

□ 奇怪　　　〔qíguài〕치꽈이 괴상하다

□ 器官　　　〔qìguān〕치관 기관

□ 旗号　　　〔qíhào〕치하오 깃발

□ 漆黑　　　〔qīhēi〕치헤이 칠흑같이 어둡다, 아주 검다

□ 起哄　　　〔qǐhòng〕치홍 떠들어대다, 소란을 피우다

□ 气候　　　〔qìhòu〕치허우 기후

□ 奇花异草　〔qíhuāyìcǎo〕치화이차오 기이한 꽃과 풀

□ 奇迹　　　〔qíjì〕치지 기적

□ 其间　　　〔qíjiān〕치지엔 그 사이, 그 기간, 어느 일정 기간

□ 期间　　　〔qījiān〕치지엔 기간

□ 起劲　　　〔qǐjìn〕친진 기운이 나다, 열심이다

□ 器具　　　〔qìjù〕치쮜 기구, 용기

□ 期刊　　　〔qīkān〕치칸 기간, 간행물

□ 起来　　　〔qǐlái〕치라이 일어나다

□ 气力　　　〔qìlì〕치리 기력

□ 凄凉　　　〔qīliáng〕치리앙 처량하다

□ 起亮　　　〔qǐliàng〕치리앙 광택이 나다, 광택을 내다

□ 器量　　　〔qìliàng〕치리앙 도량

□ 气量	【qìliàng】 치리앙	기량, 포용력, 기체의 양
□ 气流	【qìliú】 치리우	기류
□ 汽路	【qìlù】 치루	차도, 자동차 도로
□ 歧路	【qílù】 치루	갈림길, 잘못된 길
□ 骑路	【qílù】 치루	터벅터벅 걷다, 걸어가다
□ 起码	【qǐmǎ】 치마	최저한도(로)
□ 奇妙	【qímiào】 치미아오	기묘하다
□ 旗袍	【qípáo】 치파오	치파오 (중국옷)
□ 欺骗	【qīpiàn】 치피엔	속이다
□ 气魄	【qìpò】 치퍼	기백, 패기
□ 气球	【qìqiú】 치치우	기구
□ 乞求	【qǐqiú】 치치우	구걸하다
□ 齐全	【qíquán】 치취엔	완전히 갖추다, 완비하다
□ 欺辱	【qīrǔ】 치루	업신여기다, 얕보다, 무시하다
□ 起身	【qǐshēn】 치션	몸을 일으키다, 자리에서 일어나다
□ 气势	【qìshì】 치스	기세
□ 启事	【qǐshì】 치스	공고, 고시, 광고
□ 启示	【qǐshì】 치스	계시하다

A
B
C
D
E
F
G
H
J
K
L
M
N
O
P
Q
R
S
T
W
X
Y
Z

□ 其实	【qīshí】 치스	실은, 사실상
□ 汽水	【qìshuǐ】 치쉐이	사이다
□ 起诉	【qǐsù】 치수	기소하다
□ 其他	【qítā】 치타	기타
□ 奇特	【qítè】 치터	특출하다, 기묘하다
□ 气体	【qìtǐ】 치티	기체
□ 企图	【qǐtú】 치투	꾀하다, 기도하다
□ 期望	【qīwàng】 치왕	기대하다
□ 气味	【qìwèi】 치웨이	냄새, 성미, 성격
□ 气温	【qìwēn】 치원	기온
□ 气息	【qìxī】 치시	숨, 호흡, 냄새
□ 期限	【qīxiàn】 치시엔	기한
□ 气象	【qìxiàng】 치시앙	날씨, 기상
□ 器械	【qìxiè】 치시에	기계, 가구
□ 气压	【qìyā】 치야	기압
□ 企业	【qǐyè】 치예	기업
□ 起义	【qǐyì】 치이	봉기하다, 의거하다
□ 汽油	【qìyóu】 치여우	휘발유

□ 其余	〔qíyú〕치위	나머지
□ 起源	〔qǐyuán〕치위엔	기원
□ 欺诈	〔qīzhà〕치자	사기하다, 속여먹다
□ 气炸	〔qìzhà〕치자	울화통 터지다, 부아가 터지다
□ 旗帜	〔qízhì〕치즈	기치, 깃발
□ 其中	〔qízhōng〕치종	그중
□ 妻子	〔qīzi〕치즈	처
□ 旗子	〔qízi〕치즈	깃발
□ 七嘴八舌	〔qīzuǐbāshé〕치쮀이바셔	여럿이 왁자지껄 이야기하다
□ 掐	〔qiā〕치아	끊다
□ 恰当	〔qiàdàng〕치아땅	알맞다, 적절하다
□ 恰到好处	〔qiàdàohǎochù〕치아따오하오추	알맞다, 때마침
□ 恰好	〔qiàhǎo〕치아하오	바로, 때마침
□ 恰恰	〔qiàqià〕치아치아	꼭, 바로, 마침
□ 恰巧	〔qiàqiǎo〕치아치아오	때마침
□ 恰如其分	〔qiàrúqífēn〕치아루치펀	꼭 적합하다
□ 洽谈	〔qiàtán〕치아탄	상담하다
□ 铅	〔qiān〕치엔	납 (금속)

□ 牵	【qiān】 치엔 끌다, 잡아당기다
□ 迁	【qiān】 치엔 옮기다, 변천하다
□ 前	【qián】 치엔 앞
□ 浅	【qiǎn】 치엔 얕다, 색이 연하다
□ 欠	【qiàn】 치엔 하품하다, 발돋움하다
□ 嵌	【qiàn】 치엔 새겨넣다, 끼워넣다
□ 前辈	【qiánbèi】 치엔뻬이 선배
□ 铅笔	【qiānbǐ】 치엔비 연필
□ 前边	【qiánbiān】 치엔비엔 앞쪽
□ 牵扯	【qiānchě】 치엔처 연루되다, 골칫거리
□ 前程	【qiánchéng】 치엔청 전도, 미래
□ 签定	【qiāndìng】 치엔띵 조인하다
□ 签发	【qiānfā】 치엔파 서명하여 발급하다
□ 前方	【qiánfāng】 치엔팡 앞, 앞쪽
□ 千方百计	【qiānfāngbǎijì】 치엔팡바이지 온갖 방법을 다 하다
□ 潜伏	【qiánfú】 치엔푸 잠복하다, 매복하다
□ 前后	【qiánhòu】 치엔허우 전후
□ 前进	【qiánjìn】 치엔진 전진하다

322

□ **前景**　　【qiánjǐng】치엔징 **전경**

□ **迁就**　　【qiānjiù】치엔지우 **양보하다**

□ **千军万马**　【qiānjūnwànmǎ】치엔쥔완마 **천군만마**

□ **千克**　　【qiānkè】치엔커 **일천 그램(1,000g)**

□ **潜力**　　【qiánlì】치엔리 **잠재력**

□ **前列**　　【qiánliè】치엔리에 **앞줄**

□ **前面**　　【qiánmiàn】치엔미엔 **앞쪽**

□ **签名**　　【qiānmíng】치엔밍 **서명하다**

□ **前年**　　【qiánnián】치엔니엔 **재작년, 그러께**

□ **前期**　　【qiánqī】치엔치 **전기**

□ **前人**　　【qiánrén】치엔런 **앞사람**

□ **签署**　　【qiānshǔ】치엔수 **서명하다**

□ **前所未有**　【qiánsuǒwèiyǒu】치엔쑤어웨이여우 **미증유의, 공전의**

□ **前提**　　【qiántí】치엔티 **전제**

□ **前天**　　【qiántiān】치엔티엔 **그저께**

□ **前头**　　【qiántou】치엔터우 **앞쪽**

□ **前途**　　【qiántú】치엔투 **전도**

□ **千瓦**　　【qiānwǎ】치엔와 **킬로와트(kw)**

A B C D E F G H J K L M N O P Q R S T W X Y Z

□ 千万 【qiānwàn】 치엔완 제발, 부디, 수가 많다

□ 前往 【qiánwǎng】 치엔왕 앞으로 가다

□ 前线 【qiánxiàn】 치엔시엔 전선

□ 谦虚 【qiānxū】 치엔쉬 겸허하다

□ 谦逊 【qiānxùn】 치엔쉰 겸손하다

□ 歉意 【qiànyì】 치엔이 미안함, 유감의 뜻

□ 牵引 【qiānyǐn】 치엔인 끌다, 견인하다

□ 谴责 【qiǎnzé】 치엔저 규탄하다, 견책하다

□ 签证 【qiānzhèng】 치엔정 비자(사증), 비자하다

□ 牵制 【qiānzhì】 치엔즈 견제하다

□ 钳子 【qiánzi】 치엔즈 집게

□ 签字 【qiānzì】 치엔쯔 서명하다

□ 枪 【qiāng】 치앙 창, 총

□ 腔 【qiāng】 치앙 구강, 곡조, 말투

□ 强 【qiáng】 치앙 강하다, 우월하다, ~보다 조금 더

□ 墙 【qiáng】 치앙 벽, 담벼락

□ 强 【qiǎng】 치앙 억지로 하다, 무리하게하다

□ 抢 【qiǎng】 치앙 빼앗다, 탈취하다, 서두르다

□ 墙壁	〔qiángbì〕 치앙삐	벽	
□ 枪毙	〔qiāngbì〕 치앙삐	총살하다	
□ 强大	〔qiángdà〕 치앙따	강대하다	
□ 强盗	〔qiángdào〕 치앙따오	강도	
□ 强调	〔qiángdiào〕 치앙띠아오	강조하다	
□ 强度	〔qiángdù〕 치앙뚜	강도	
□ 强化	〔qiánghuà〕 치앙화	강화하다	
□ 抢劫	〔qiǎngjié〕 치앙지에	강렬하다	
□ 抢救	〔qiǎngjiù〕 치앙지우	급히 구조하다, 응급 처치하다	
□ 强烈	〔qiángliè〕 치앙리에	강렬하다	
□ 强迫	〔qiángpò〕 치앙포	강박하다, 강요하다	
□ 强盛	〔qiángshèng〕 치앙성	강대하고 번영하다, 강성하다	
□ 强制	〔qiángzhì〕 치앙즈	강제하다, 강압하다	
□ 敲	〔qiāo〕 치아오	치다, 두드리다	
□ 锹	〔qiāo〕 치아오	삽	
□ 桥	〔qiáo〕 치아오	다리	
□ 瞧	〔qiáo〕 치아오	보다, 구경하다	
□ 巧	〔qiǎo〕 치아오	솜씨 있다, 다행이다	

□ 翘　　　【qiào】 치아오 머리를 들다, 치켜들다

□ 侨胞　　【qiáobāo】 치아오바오 교포

□ 侨居　　【qiáojū】 치아오쥐 타향에 거주하다,
　　　　　　　　　　　　 외국에서 살다

□ 桥梁　　【qiáoliáng】 치아오리앙 교량

□ 巧妙　　【qiǎomiào】 치아오먀오 교묘하다

□ 悄悄　　【qiāoqiāo】 치아오치아오 조용하다, 은밀하다,
　　　　　　　　　　　　 소리가 낮다

□ 乔装　　【qiáozhuāng】 치아오주앙 가장하다

□ 切　　　【qiē】 취에 끊다, 자르다

□ 且　　　【qiě】 취에 잠깐, 잠시, 당분간

□ 窃取　　【qièqǔ】 취에취 절취하다, 훔치다

□ 切实　　【qièshí】 취에스 절실하다

□ 窃听　　【qiètīng】 취에팅 엿듣다, 도청하다

□ 茄子　　【qiézi】 취에즈 가지

□ 亲　　　【qīn】 친 친밀하다

□ 勤　　　【qín】 친 부지런하다, 근면하다

□ 琴　　　【qín】 친 피아노 (일반악기)

□ 禽　　　【qín】 친 조류 (가금류)

□ 亲爱　　【qīn'ài】 친아이 친애하다

□ 亲笔	〔qīnbǐ〕 친비	**친필, 친히 쓰다**
□ 芹菜	〔qíncài〕 친차이	**샐러리, 미나리**
□ 侵犯	〔qīnfàn〕 친판	**침범하다**
□ 勤奋	〔qínfèn〕 친펀	**근면하다**
□ 侵害	〔qīnhài〕 친하이	**침해하다**
□ 勤俭	〔qínjiǎn〕 친지엔	**근검하다**
□ 勤恳	〔qínkěn〕 친컨	**근면성실하다**
□ 勤劳	〔qínláo〕 친라오	**부지런히 일하다**
□ 侵略	〔qīnlüè〕 친뤼에	**침략하다**
□ 亲密	〔qīnmì〕 친미	**친밀하다**
□ 钦佩	〔qīnpèi〕 친페이	**경복하다, 우러러 탄복하다**
□ 亲戚	〔qīnqi〕 친치	**친척**
□ 亲切	〔qīnqie〕 친치에	**친절하다**
□ 亲热	〔qīnrè〕 친러	**친밀하다, 다정하다, 친하게 지내다**
□ 亲人	〔qīnrén〕 친런	**가까운 친척, 육친**
□ 侵入	〔qīnrù〕 친루	**침입하다**
□ 亲身	〔qīnshēn〕 친션	**친히, 몸소**
□ 亲生	〔qīnshēng〕 친성	**자기가 낳다**

□ 侵蚀	【qīnshí】 친스	침식하다
□ 秦始皇	【qínshǐhuáng】 친스후앙	진시황
□ 亲手	【qīnshǒu】 친셔우	친히, 손수
□ 亲眼	【qīnyǎn】 친이엔	제 눈으로, 직접
□ 亲友	【qīnyǒu】 친여우	친우
□ 侵占	【qīnzhàn】 친잔	점유하다, 침해하다
□ 亲自	【qīnzì】 친쯔	몸소
□ 清	【qīng】 칭	맑다, 깨끗하다, 청산하다
□ 轻	【qīng】 칭	가볍다, 줄이다
□ 氢	【qīng】 칭	수소
□ 晴	【qíng】 칭	맑은, 맑게 갠
□ 情	【qíng】 칭	정
□ 请	【qǐng】 칭	요청하다, 부탁하다, 부르다
□ 情报	【qíngbào】 칭빠오	정보, 소식
□ 轻便	【qīngbiàn】 칭삐엔	고상하다
□ 青菜	【qīngcài】 칭차이	야채
□ 清查	【qīngchá】 칭차	낱낱이 조사하다
□ 清晨	【qīngchén】 칭천	이른 아침

□ 清除　　　〔qīngchú〕 칭추 **없애다**

□ 清楚　　　〔qīngchu〕 칭추 **뚜렷하다, 분명하다, 깔끔하다**

□ 青春　　　〔qīngchūn〕 칭춘 **청춘**

□ 情感　　　〔qínggǎn〕 칭간 **정감**

□ 轻工业　　〔qīnggōngyè〕 칭궁예 **경공업**

□ 庆贺　　　〔qìnghè〕 칭허 **축하하다**

□ 请假　　　〔qǐngjià〕 칭지아 **휴가를 신청하다**

□ 请柬　　　〔qǐngjiǎn〕 칭지엔 **청첩장**

□ 请教　　　〔qǐngjiào〕 칭지아오 **조언을 구하다, 의견을 묻다**

□ 情节　　　〔qíngjié〕 칭지에 **사건의 내용과 경위, 줄거리**

□ 清洁　　　〔qīngjié〕 칭지에 **청결하다**

□ 情景　　　〔qíngjǐng〕 칭징 **정경**

□ 请客　　　〔qǐngkè〕 칭커 **손님을 대접하다**

□ 轻快　　　〔qīngkuài〕 칭콰이 **경쾌하다, 가뿐하다**

□ 情况　　　〔qíngkuàng〕 칭쾅 **정황**

□ 晴朗　　　〔qínglǎng〕 칭랑 **쾌청하다**

□ 情理　　　〔qínglǐ〕 칭리 **도리, 사리**

□ 清理　　　〔qīnglǐ〕 칭리 **깨끗이 정리하다**

A B C D E F G H J K L M N O P Q R S T W X Y Z

□ 青年	【qīngnián】 칭니엔 청년
□ 清漆	【qīngqī】 칭치 니스, 바니시
□ 请求	【qǐngqiú】 칭치우 부탁하다
□ 轻视	【qīngshì】 칭스 경시하다
□ 请示	【qǐngshì】 칭스 지시를 바라다
□ 轻松	【qīngsōng】 칭쏭 홀가분하다
□ 晴天	【qíngtiān】 칭티엔 갠 날, 맑은 날
□ 请帖	【qǐngtiě】 칭티에 청첩
□ 蜻蜓	【qīngting】 칭팅 잠자리
□ 倾听	【qīngtīng】 칭팅 주의 깊게 듣다, 경청하다
□ 青蛙	【qīngwā】 칭와 청개구리
□ 轻微	【qīngwēi】 칭웨이 경미하다, 가볍다
□ 请问	【qǐngwèn】 칭원 묻다
□ 清晰	【qīngxī】 칭시 뚜렷하다, 분명하다
□ 倾向	【qīngxiàng】 칭시앙 경향, 마음이 쏠리다, 편들다
□ 倾斜	【qīngxié】 칭시에 경사지다
□ 清新	【qīngxīn】 칭씬 맑고 시원하다
□ 清醒	【qīngxǐng】 칭씽 정신을 차리다, 정신이 맑다

330

□ 情形	【qíngxing】 칭씽	일의 상황(형세), 정황
□ 情绪	【qíngxù】 칭쉬	정서
□ 轻易	【qīngyì】 칭이	수월하다, 수월하게, 간단하게
□ 请愿	【qǐngyuàn】 칭위엔	청원서를 제출하다
□ 清早	【qīngzǎo】 칭자오	이른 아침
□ 清真寺	【qīngzhēnsì】 칭전스	이슬람 사원
□ 庆祝	【qìngzhù】 칭주	경축하다
□ 穷	【qióng】 치옹	가난하다, 궁하다
□ 穷苦	【qióngkǔ】 치옹쿠	가난하다, 고달프다
□ 穷人	【qióngrén】 치옹런	가난한 사람
□ 秋	【qiū】 치우	가을
□ 求	【qiú】 치우	구하다, 요청하다, 부탁하다
□ 球	【qiú】 치우	공, 볼
□ 球场	【qiúchǎng】 치우창	축구장
□ 求得	【qiúdé】 치우더	요구를 바라다
□ 球队	【qiúduì】 치우뚜에이	축구팀
□ 秋季	【qiūjì】 치우지	가을철
□ 丘陵	【qiūlíng】 치우링	구릉

A
B
C
D
E
F
G
H
J
K
L
M
N
O
P
Q
R
S
T
W
X
Y
Z

□ 球迷	【qiúmí】 치우미	(야구 · 축구 등의) 열성팬(마니아)
□ 秋收	【qiúshōu】 치우셔우	추수, 가을걷이를 하다
□ 秋天	【qiūtiān】 치우티엔	가을
□ 区	【qū】 취	구, 구역
□ 渠	【qú】 취	도랑, 수로
□ 取	【qǔ】 취	가지다, 노리다, 취하다
□ 娶	【qǔ】 취	아내를 얻다
□ 去	【qù】 취	가다
□ 区别	【qūbié】 취비에	구별
□ 取代	【qǔdài】 취따이	대신하다, 대리하다
□ 渠道	【qúdào】 취따오	관계, 수로, 경로
□ 取得	【qǔdé】 취더	취득하다
□ 区分	【qūfēn】 취펀	구분하다
□ 屈服	【qūfú】 취푸	굴복하다
□ 去年	【qùnián】 취니엔	작년
□ 趋势	【qūshì】 취스	추세
□ 去世	【qùshì】 취스	서거하다, 세상을 떠나다
□ 趣味	【qùwèi】 취웨이	취미

□ 曲线	【qūxiàn】 취시엔 곡선
□ 趋向	【qūxiàng】 취시앙 경향, 추세
□ 取消	【qǔxiāo】 취시아오 취소하다
□ 区域	【qūyù】 취위 구역
□ 曲折	【qūzhé】 취저 구불구불하다, 삐뚤어지다
□ 驱逐	【qūzhú】 취주 몰아내다
□ 曲子	【qǔzi】 취즈 곡(음악)
□ 圈	【quān】 취엔 원, 바퀴, 순환
□ 全	【quán】 취엔 전체의, 전부의
□ 泉	【quán】 취엔 샘
□ 权	【quán】 취엔 권리, 힘, 유리한 입장
□ 犬	【quǎn】 취엔 개
□ 券	【quàn】 취엔 표, 증권, 채권
□ 劝	【quàn】 취엔 권하다
□ 全部	【quánbù】 취엔뿌 전부
□ 全都	【quándōu】 취엔더우 모조리, 전부
□ 劝告	【quàngào】 취엔까오 권고
□ 全会	【quánhuì】 취엔훼이 총회

A
B
C
D
E
F
G
H
J
K
L
M
N
O
P
Q
R
S
T
W
X
Y
Z

□ 全集　　　【quánjí】 취엔지 **전집**

□ 全局　　　【quánjú】 취엔쥐 **전체의 국면, 전반형세**

□ 全力　　　【quánlì】 취엔리 **전력, 모든 힘**

□ 权力　　　【quánlì】 취엔리 **권력**

□ 全力以赴　【quánlìyǐfù】 취엔리이푸 **모든 힘을 다하다**

□ 全面　　　【quánmiàn】 취엔미엔 **전면, 전면적이다**

□ 全民　　　【quánmín】 취엔민 **전 국민**

□ 劝说　　　【quànshuō】 취엔슈어 **설득하다**

□ 圈套　　　【quāntào】 취엔타오 **원, 고리 모양의 것**

□ 全体　　　【quántǐ】 취엔티 **전체**

□ 拳头　　　【quántou】 취엔터우 **주먹, 권투**

□ 权威　　　【quánwēi】 취엔웨이 **권위**

□ 权限　　　【quánxiàn】 취엔시엔 **수석**

□ 全心全意　【quánxīnquányì】 취엔씬취엔이 **전심전력**

□ 权益　　　【quányì】 취엔이 **권익**

□ 圈子　　　【quānzi】 취엔즈 **원, 테두리**

□ 劝阻　　　【quànzǔ】 취엔주 **말리다, 단념시키다**

□ 缺　　　　【quē】 취에 **모자라다, 부족하다**

□ 瘸　　　　　【qué】 취에 (다리를) 절다

□ 却　　　　　【què】 취에 그러나, 반대로

□ 确保　　　　【quèbǎo】 취에바오 확보하다

□ 缺班　　　　【quēbān】 취에빤 결항하다

□ 雀斑　　　　【quèbān】 취에빤 주근깨

□ 却步　　　　【quèbù】 취에뿌 (두렵거나 싫어서) 뒷걸음질 치다

□ 缺点　　　　【quēdiǎn】 취에디엔 결점

□ 确定　　　　【quèdìng】 취에띵 확정하다

□ 缺乏　　　　【quēfá】 취에파 결핍하다

□ 缺口　　　　【quēkǒu】 취에커우 단점, 흠

□ 确立　　　　【quèlì】 취에리 확립하다

□ 确切　　　　【quèqiè】 취에치에 확실하다

□ 确认　　　　【quèrèn】 취에런 확인하다

□ 缺少　　　　【quēshǎo】 취에샤오 부족하다

□ 确实　　　　【quèshí】 취에스 확실히

□ 缺席　　　　【quēxí】 취에시 결석하다

□ 缺陷　　　　【quēxiàn】 취에시엔 결함, 약점

□ 确信　　　　【quèxìn】 취에씬 확신, 확신하다

□ **确凿** 【quèzáo】 취에자오 **확실하다, 명확하다,**
　　　　　　　　　　　근거가 있다

□ **确诊** 【quèzhěn】 취에전 **확정 진단하다**

□ **瘸子** 【quézi】 취에즈 **절름발이**

□ **群** 【qún】 췬 **무리, 떼**

□ **裙带** 【qúndài】 췬따이 **치마끈**

□ **群岛** 【qúndǎo】 췬다오 **군도**

□ **群集** 【qúnjí】 췬지 **군집하다**

□ **群青** 【qúnqīng】 췬칭 **(염료) 군청**

□ **群体** 【qúntǐ】 췬티 **군체, 무리몸**

□ **群众** 【qúnzhòng】 췬종 **대중**

□ **裙子** 【qúnzi】 췬즈 **치마, 스커트**

□ 燃　　　　[rán] 란 타다, 불을 붙이다

□ 髯　　　　[rán] 란 구레나룻

□ 染　　　　[rǎn] 란 물들이다, (병에) 걸리다

□ 然而　　　[rán'ér] 란얼 그래도

□ 然后　　　[ránhòu] 란허우 그 다음에

□ 燃料　　　[ránliào] 란리아오 연료

□ 染料　　　[rǎnliào] 란리아오 염료

□ 染色　　　[rǎnsè] 란써 염색하다, 물들이다

□ 染色体　　[rǎnsètǐ] 란써티 염색체

□ 燃烧　　　[ránshāo] 란샤오 불타다

□ 染指　　　[rǎnzhǐ] 란즈 부당한 이익을 취하다

□ 嚷　　　　[rāng] 랑 큰소리 지르다

□ 让　　　　[ràng] 랑 양보하다, 전하다, ~시키다

□ 让步　　　[ràngbù] 랑뿌 양보하다

□ 让开　　　[ràngkāi] 랑카이 길을 내주다(비키다), 물러서다

337

□ **让路** 【rànglù】 랑루 **길을 양보하다(비키다)**

□ **让位** 【ràngwèi】 랑웨이 **지위(직위)를 물려주다**

□ **让座(儿)** 【ràngzuò(r)】 랑쭈어(얼) **좌석을 양보하다**

□ **饶** 【ráo】 라오 **용서하다**

□ **绕** 【rào】 라오 **우회하다, 감돌다**

□ **绕道(儿)** 【ràodào(r)】 라오따오(알) **길을 돌아서 가다, 우회하다**

□ **扰乱** 【rǎoluàn】 라오루안 **혼란을 야기하다**

□ **惹** 【rě】 러 **야기하다, 성나게 하다, 일으키다**

□ **热** 【rè】 러 **덥다, 열렬하다**

□ **热爱** 【rè'ài】 러아이 **열애하다**

□ **热潮** 【rècháo】 러차오 **열조**

□ **热带** 【rèdài】 러따이 **열대**

□ **热泪盈眶** 【rèlèiyíngkuàng】 러레이잉쾅 **감격의 눈물이 흐르다**

□ **热量** 【rèliàng】 러리앙 **열량**

□ **热烈** 【rèliè】 러리에 **열렬히**

□ **热闹** 【rènao】 러나오 **번화하다, 왁자지껄하다**

□ **热情** 【rèqíng】 러칭 **열정**

□ **热水瓶** 【rèshuǐpíng】 러쉐이핑 **보온병**

□ 热心	〔rèxīn〕 러씬	친절하다
□ 忍	〔rěn〕 런	참다, 견디다, 잔인하다
□ 任	〔rèn〕 런	임명하다, 허락하다
□ 认	〔rèn〕 런	알아보다, 확인하다
□ 忍不住	〔rěnbuzhù〕 런부주	~하지 않을 수 없다
□ 人才	〔réncái〕 런차이	인재
□ 仁慈	〔réncí〕 런츠	인자하다
□ 人道主义	〔réndàozhǔyì〕 런따오주이	인도주의
□ 认得	〔rènde〕 런더	(주로 사람·길·글자 따위를) 알다
□ 认定	〔rèndìng〕 런띵	인정하다
□ 人格	〔réngé〕 런거	인격
□ 人工	〔réngōng〕 런궁	인공
□ 任何	〔rènhé〕 런허	어떠한
□ 人家	〔rénjiā〕 런지아	(사람이 사는) 집, 남의 집
□ 人间	〔rénjiān〕 런지엔	인간
□ 人均	〔rénjūn〕 런쥔	1인당 평균의 준말
□ 认可	〔rènkě〕 런커	허가하다
□ 人口	〔rénkǒu〕 런커우	인구

A
B
C
D
E
F
G
H
J
K
L
M
N
O
P
Q
R
S
T
W
X
Y
Z

□ 人类	〖rénlèi〗 런레이 **인류**
□ 人力	〖rénlì〗 런리 **인력**
□ 人们	〖rénmen〗 런먼 **사람들**
□ 人民	〖rénmín〗 런민 **인민**
□ 人民币	〖rénmínbì〗 런민삐 **인민폐**
□ 任命	〖rènmìng〗 런밍 **임명하다**
□ 忍耐	〖rěnnài〗 런나이 **인내하다, 억제하다**
□ 任凭	〖rènpíng〗 런핑 **~하여도, 마음대로 하게 하다**
□ 人情	〖rénqíng〗 런칭 **인정**
□ 人权	〖rénquán〗 런취엔 **인권**
□ 人群	〖rénqún〗 런췬 **뭇사람, 무리**
□ 人参	〖rénshēn〗 런션 **인삼**
□ 人身	〖rénshēn〗 런션 **인신**
□ 人生	〖rénshēng〗 런셩 **인생**
□ 人事	〖rénshì〗 런스 **인사**
□ 人士	〖rénshì〗 런스 **인사**
□ 认识	〖rènshi〗 런스 **인식하다**
□ 忍受	〖rěnshòu〗 런셔우 **참아내다**

□ 人体	〔réntǐ〕 런티 인체
□ 人为	〔rénwéi〕 런웨이 인위적인
□ 认为	〔rènwěi〕 런웨이 생각하다
□ 人物	〔rénwù〕 런우 인물
□ 任务	〔rènwù〕 런우 임무
□ 人心	〔rénxīn〕 런씬 인심
□ 人性	〔rénxìng〕 런씽 인성
□ 任性	〔rènxìng〕 런씽 제멋대로
□ 任意	〔rènyì〕 런이 제멋대로, 임의대로
□ 人员	〔rényuán〕 런위엔 인원
□ 人造	〔rénzào〕 런자오 인조의, 인공의
□ 认真	〔rènzhēn〕 런전 착실하다
□ 人质	〔rénzhì〕 런즈 인질
□ 扔	〔rēng〕 렁 내던지다
□ 仍	〔réng〕 렁 여전히, 아직도
□ 仍旧	〔réngjiù〕 렁지우 여전히, 아직도, 변함없다
□ 仍然	〔réngrán〕 렁란 여전히
□ 日	〔rì〕 르 일, 날

A
B
C
D
E
F
G
H
J
K
L
M
N
O
P
Q
R
S
T
W
X
Y
Z

- 日报　　【rìbào】 르빠오 일보

- 日常　　【rìcháng】 르창 매일의

- 日程　　【rìchéng】 르청 일정

- 日光　　【rìguāng】 르광 일광, 햇빛

- 日期　　【rìqī】 르치 일기

- 日文　　【rìwén】 르원 일본어

- 日夜　　【rìyè】 르예 밤낮, 주야

- 日益　　【rìyì】 르이 점점, 더욱더, 날로

- 日用　　【rìyòng】 르용 일용

- 日用品　【rìyòngpǐn】 르용핀 일용품

- 日语　　【Rìyǔ】 르위 일본어

- 日元　　【Rìyuán】 르위엔 엔(일본 화폐 단위)

- 日子　　【rìzi】 르즈 날, 날짜

- 容　　　【róng】 롱 수용하다, 허락하다

- 溶　　　【róng】 롱 녹다, 용해되다

- 熔　　　【róng】 롱 녹이다

- 绒　　　【róng】 롱 부드러운 털

- 溶化　　【rónghuà】 롱화 용해되다

□ 融化	〔rónghuà〕	롱화	해동하다
□ 容积	〔róngjī〕	롱지	용적
□ 溶解	〔róngjiě〕	롱지에	용해하다
□ 容量	〔róngliàng〕	롱리앙	용량
□ 容纳	〔róngnà〕	롱나	용납하다
□ 容器	〔róngqì〕	롱치	용기
□ 融洽	〔róngqià〕	롱치아	조화롭다, 사이가 좋다
□ 容忍	〔róngrěn〕	롱런	참고 견디다
□ 荣幸	〔róngxìng〕	롱씽	영광스럽다
□ 容许	〔róngxǔ〕	롱쉬	허가하다, 허락하다
□ 溶液	〔róngyè〕	롱예	용액
□ 容易	〔róngyì〕	롱이	쉽다
□ 荣誉	〔róngyù〕	롱위	영예, 명예
□ 揉	〔róu〕	러우	비비다, 문지르다
□ 肉	〔ròu〕	러우	고기
□ 柔和	〔róuhé〕	러우허	부드럽다, 온화하다
□ 柔软	〔róuruǎn〕	러우루안	부드럽다, 유연하다
□ 如	〔rú〕	루	~와 같다, 미치다, ~에 따라서

A B C D E F G H J K L M N O P Q **R** S T W X Y Z

□ 乳	【rǔ】 루	젖
□ 入	【rù】 루	들어가다, 참가하다
□ 如此	【rúcǐ】 루츠	이렇다, 이렇게, 이렇듯
□ 如果	【rúguǒ】 루구어	만약
□ 如何	【rúhé】 루허	어떻게
□ 如今	【rújīn】 루진	오늘날
□ 入境	【rùjìng】 루징	입국하다
□ 入口	【rùkǒu】 루커우	입구
□ 入侵	【rùqīn】 루친	침입하다
□ 入手	【rùshǒu】 루셔우	개시하다, 착수하다
□ 如同	【rútong】 루통	마치 ~같다
□ 如同	【rútóng】 루통	같다
□ 如下	【rúxià】 루시아	아래와 같다
□ 入学	【rùxué】 루쉬에	입학하다
□ 如意	【rúyì】 루이	뜻(생각)대로 되다, 마음에 들다
□ 软	【ruǎn】 루안	부드럽다, 여리다
□ 软件	【ruǎnjiàn】 루안지엔	소프트웨어
□ 软弱	【ruǎnruò】 루안루어	연약하다

□ 锐利	〖ruìlì〗 루이리 **예리하다**
□ 瑞雪	〖ruìxuě〗 루이쉬에 **서설**(때맞추어 내리는 눈)
□ 润	〖rùn〗 룬 **축축하다, 습하다, 적시다**
□ 闰年	〖rùnnián〗 룬니엔 **윤년**
□ 闰月	〖rùnyuè〗 룬위에 **윤달**
□ 润滑	〖rùnhuá〗 룬화 **기름을 쳐 매끄럽게 하다**
□ 润色	〖rùnsè〗 룬써 **(문장을) 다듬다, 윤색하다**
□ 若	〖ruo〗 루어 **만약**
□ 弱	〖ruò〗 루어 **약하다**
□ 若干	〖ruògān〗 루어깐 **약간, 어느 정도, 조금**
□ 偌大	〖ruòdà〗 루어따 **이렇게 크다, 그렇게 크다**
□ 弱点	〖ruòdiǎn〗 루어디엔 **약점**
□ 若非	〖ruòfēi〗 루어페이 **만일 ~하지 않다면**
□ 若是	〖ruòshì〗 루어스 **만약 ~한다면(라면)**
□ 弱小	〖ruòxiǎo〗 루어시아오 **약소하다**

A
B
C
D
E
F
G
H
J
K
L
M
N
O
P
Q
R
S
T
W
X
Y
Z

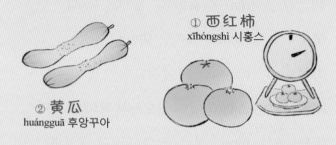

① 西红柿
xīhóngshì 시훙스

② 黄瓜
huángguā 후앙꾸아

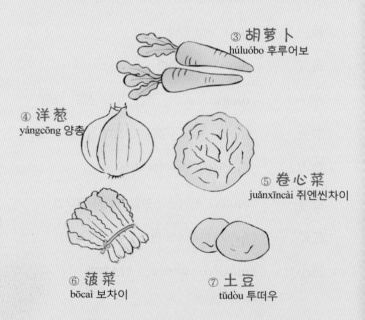

③ 胡萝卜
húluóbo 후루어보

④ 洋葱
yángcōng 양총

⑤ 卷心菜
juǎnxīncài 쥐엔씬차이

⑥ 菠菜
bōcài 보차이

⑦ 土豆
tǔdòu 투떠우

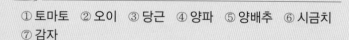

① 토마토 ② 오이 ③ 당근 ④ 양파 ⑤ 양배추 ⑥ 시금치
⑦ 감자

⑧ 柠檬
níngméng 닝멍

⑨ 樱
yīng 잉

⑩ 西瓜
xīguā 시과

⑪ 香蕉
xiāngjiāo 시앙지아오

⑫ 扬莓
yángméi 양메이

⑬ 葡萄
pútáo 푸타오

⑭ 桃
táo 타오

⑮ 栗子
lìzi 리즈

⑯ 苹果
píngguǒ 핑꾸어

⑰ 橙子
chéngzi 청즈

⑧ 레몬　⑨ 체리　⑩ 수박　⑪ 바나나　⑫ 딸기　⑬ 포도
⑭ 복숭아　⑮ 밤　⑯ 사과　⑰ 오렌지

□ 撒　　【sā】 싸 풀어주다, 속박을 벗어던지다

□ 洒　　【sǎ】 싸 (물을) 뿌리다, 살포하다

□ 撒谎　　【sāhuǎng】 싸후앙 거짓말을 하다, 허튼소리를 하다

□ 塞　　【sāi】 싸이 채워 넣다, 밀어 넣다

□ 腮　　【sāi】 싸이 뺨, 볼

□ 赛　　【sài】 싸이 시합하다, 겨루다

□ 叁(三)　　【sān】 싼 3, 삼, 셋

□ 伞　　【sǎn】 싼 우산

□ 散　　【sǎn】 싼 흩다, 분산시키다

□ 散布　　【sànbù】 싼뿌 살포, 퍼뜨리다, 흩어지다

□ 散步　　【sànbù】 싼뿌 산책하다

□ 散发　　【sànfā】 싼파 발산하다

□ 三番五次　　【sānfānwǔcì】 싼판우츠 여러 번, 재삼재사

□ 三角　　【sānjiǎo】 싼지아오 삼각

□ 散文　　【sǎnwén】 싼원 산문

□ 丧失　　　〔sàngshī〕 쌍스 **상실하다, 잃다**

□ 桑树　　　〔sāngshù〕 쌍슈 **뽕나무**

□ 嗓子　　　〔sǎngzi〕 쌍즈 **목(구멍)**

□ 扫　　　　〔sǎo〕 싸오 **청소하다, 소제하다, 휘둘러보다**

□ 扫除　　　〔sǎochú〕 싸오추 **제거하다**

□ 嫂子　　　〔sǎozi〕 싸오즈 **형수님**

□ 色彩　　　〔sècǎi〕 써차이 **채색**

□ 森林　　　〔sēnlín〕 썬린 **삼림**

□ 社会主义　〔shèhuìzhǔyì〕 셔훼이주이 **사회주의**

□ 沙　　　　〔shā〕 샤 **모래, 낟알**

□ 砂　　　　〔shā〕 샤 **모래**

□ 纱　　　　〔shā〕 샤 **실, 뜨개실, 거즈**

□ 杀　　　　〔shā〕 샤 **죽이다, 잡다, 살해하다**

□ 傻　　　　〔shǎ〕 샤 **어리석다, 멍청하다**

□ 厦　　　　〔shà〕 샤 **큰 건물**

□ 刹车　　　〔shāchē〕 샤처 **차를 멈추다, 브레이크를 걸다**

□ 沙发　　　〔shāfā〕 샤파 **소파**

□ 杀害　　　〔shāhài〕 샤하이 **살해하다, 죽이다**

A
B
C
D
E
F
G
H
J
K
L
M
N
O
P
Q
R
S
T
W
X
Y
Z

□ 沙漠　　　【shāmò】샤모 **사막**

□ 沙滩　　　【shātān】샤탄 **모래톱, 백사장**

□ 沙土　　　【shātǔ】샤투 **모래흙**

□ 沙子　　　【shāzi】샤즈 **모래**

□ 傻子　　　【shǎzi】샤즈 **바보, 멍청이**

□ 筛　　　　【shāi】샤이 **체로 치다, 체질하다**

□ 晒　　　　【shài】샤이 **볕에 말리다, 내리비추다**

□ 筛子　　　【shāizi】샤이즈 **체**

□ 删　　　　【shān】샨 **삭제하다, 줄이다, 빼버리다**

□ 闪　　　　【shǎn】샨 **번뜩이다, 재빨리 피하다**

□ 善　　　　【shàn】샨 **선량하다**

□ 擅长　　　【shàncháng】샨창 **뛰어나다**

□ 山地　　　【shāndì】샨띠 **산지, 산간지대**

□ 闪电　　　【shǎndiàn】샨띠엔 **번개**

□ 山峰　　　【shānfēng】샨펑 **산봉우리**

□ 山冈　　　【shāngāng】샨강 **낮은 언덕, 구릉**

□ 山沟　　　【shāngōu】샨거우 **산골**

□ 山谷　　　【shāngǔ】샨구 **산골짜기**

□ 山河	【shānhé】 샨허 **산하, 강산**
□ 珊瑚	【shānhú】 샨후 **산호초**
□ 山脚	【shānjiǎo】 샨지아오 **산기슭**
□ 善良	【shànliáng】 샨리앙 **선량하다**
□ 山岭	【shānlǐng】 샨링 **산봉우리**
□ 山脉	【shānmài】 샨마이 **산맥**
□ 山区	【shānqū】 샨취 **산간지대, 산악지구**
□ 山水	【shānshuǐ】 샨쉐이 **산수**
□ 闪烁	【shǎnshuò】 샨슈어 **반짝이다, 모호하다**
□ 山头	【shāntóu】 샨터우 **산의 정상, 꼭대기**
□ 山腰	【shānyāo】 샨야오 **산허리, 산중턱**
□ 闪耀	【shǎnyào】 샨야오 **반짝이며 빛나다, 빛을 뿌리다**
□ 善于	【shànyú】 샨위 **~에 능숙하다**
□ 扇子	【shànzi】 샨즈 **부채**
□ 擅自	【shànzì】 샨쯔 **제멋대로, 독단적으로**
□ 商	【shāng】 샹 **장사, 상업, 상인**
□ 伤	【shāng】 샹 **상처입다, 슬프다**
□ 赏	【shǎng】 샹 **감상하다, 즐기다**

□ 上	【shàng】 샹	올라가다, 위쪽
□ 尚	【shàng】 샹	아직, 여전히
□ 上班	【shàngbān】 샹반	출근하다
□ 上报	【shàngbào】 샹빠오	상부에 보고하다, 신문에 나다
□ 上边	【shàngbiān】 샹비엔	위쪽
□ 商标	【shāngbiāo】 샹비아오	상표
□ 上层	【shàngcéng】 샹청	상층
□ 商场	【shāngchǎng】 샹창	시장
□ 上当	【shàngdàng】 샹땅	속다, 꾐에 빠지다, 속임수에 걸리다
□ 上等	【shàngděng】 샹덩	최상의
□ 上帝	【shàngdì】 샹띠	상제, 하느님
□ 商店	【shāngdiàn】 샹띠엔	상점
□ 伤害	【shānghài】 샹하이	상해하다, 해치다
□ 伤痕	【shānghén】 샹헌	흉터
□ 商户	【shānghù】 샹후	상점
□ 上级	【shàngjí】 샹지	상급
□ 上交	【shàngjiāo】 샹지아오	신분이 높은 사람과 교제하다
□ 上进	【shàngjìn】 샹진	진보하다, 나아가다

□ 上课　　【shàngkè】샹커 **수업을 하다**

□ 上空　　【shàngkōng】샹콩 **상공**

□ 上来　　【shànglái】샹라이 **올라오다**

□ 商量　　【shāngliang】샹리앙 **상의하다**

□ 上面　　【shàngmian】샹미엔 **위쪽**

□ 伤脑筋　【shāngnǎojīn】샹나오진 **골머리 앓다,**
　　　　　　　　　　　　　　　　　골치가 아프다

□ 商品　　【shāngpǐn】샹핀 **상품**

□ 尚且　　【shàngqiě】샹치에 **~조차, ~가지도**

□ 上去　　【shàngqù】샹취 **올라가다**

□ 商榷　　【shāngquè】샹취에 **검토하다**

□ 商人　　【shāngrén】샹런 **상인**

□ 上任　　【shàngrèn】샹런 **취임하다**

□ 上升　　【shàngshēng】샹성 **상승하다**

□ 上述　　【shàngshù】샹수 **위에서 말하다**

□ 上诉　　【shàngsù】샹수 **(상급에) 상소하다**

□ 上台　　【shàngtái】샹타이 **무대에 오르다, 관직에 오르다**

□ 商讨　　【shāngtǎo】샹타오 **토의하다, 심의하다**

□ 上头　　【shàngtou】샹터우 **상급, 상사**

□ 上午	【shàngwǔ】 샹우	**오전**
□ 上下	【shàngxià】 샹시아	**상하**
□ 伤心	【shāngxīn】 샹씬	**슬퍼하다**
□ 上学	【shàngxué】 샹쉬에	**학교가다**
□ 上旬	【shàngxún】 샹쉰	**상순**
□ 商业	【shāngyè】 샹예	**상업**
□ 上衣	【shàngyī】 샹이	**웃옷**
□ 商议	【shāngyì】 샹이	**상의하다**
□ 上游	【shàngyóu】 샹여우	**상류, 높은 지위**
□ 伤员	【shāngyuán】 샹위엔	**부상자**
□ 上涨	【shàngzhǎng】 샹장	**오르다**
□ 梢	【shāo】 샤오	**끝 (나뭇가지)**
□ 捎	【shāo】 샤오	**인편에 전하다**
□ 少	【shǎo】 샤오	**적다, 부족하다, 결핍하다**
□ 稍	【shǎo】 샤오	**조금, 약간**
□ 烧	【shāo】 샤오	**태우다, 굽다, 열나다**
□ 烧饼	【shāobǐng】 샤오빙	**구운 호떡**
□ 哨兵	【shàobīng】 샤오빙	**초병**

□ 烧毁	【shāohuǐ】 샤오훼이 **태워 없애다**
□ 少量	【shǎoliàng】 샤오리앙 **소량적이다**
□ 少年	【shàonián】 샤오니엔 **소년**
□ 少女	【shàonǚ】 샤오뉘 **소녀**
□ 少数	【shǎoshù】 샤오수 **소수**
□ 少数民族	【shǎoshùmínzhú】 샤오수민주 **소수민족**
□ 稍微	【shāowēi】 샤오웨이 **조금**
□ 勺子	【sháozi】 샤오즈 **가락**
□ 蛇	【shé】 셔 **뱀**
□ 舍	【shě】 셔 **버리다, 기부하다**
□ 社	【shè】 셔 **조직체, 공동체**
□ 摄	【shè】 셔 **촬영하다, 흡수하다**
□ 设	【shè】 셔 **계획하다, 세우다, 배치하다**
□ 射	【shè】 셔 **쏘다, 발사하다, 분사하다**
□ 设备	【shèbèi】 셔베이 **설비**
□ 舍不得	【shěbude】 셔부더 **아까워하다**
□ 奢侈	【shēchǐ】 셔츠 **사치스럽다**
□ 舍得	【shědé】 셔더 **기꺼이 주다, 아까워하지 않다**

355

□ 设法　　　〔shèfǎ〕셔파　방법을 강구하다

□ 社会　　　〔shèhuì〕셔훼이　사회

□ 射击　　　〔shèjī〕셔지　사격, 사격하다

□ 设计　　　〔shèjì〕셔지　설계

□ 涉及　　　〔shèjí〕셔지　언급되다, 관련되다

□ 设立　　　〔shèlì〕셔리　설립하다

□ 社论　　　〔shèlùn〕셔룬　사론, 사설

□ 神情　　　〔shéqíng〕셔칭　안색, 표정, 기색

□ 摄氏　　　〔shèshì〕셔스　섭씨

□ 设施　　　〔shèshī〕셔스　시설, 설비

□ 设置　　　〔shèshī〕셔스　설치하다

□ 舌头　　　〔shétou〕서터우　혀

□ 涉外　　　〔shèwài〕셔와이　섭외

□ 设想　　　〔shèxiǎng〕셔샹　상상하다, 고려하다

□ 摄影　　　〔shèyǐng〕셔잉　사진을 찍다, 영화를 촬영하다

□ 社员　　　〔shèyuán〕셔위엔　사원, 농민

□ 深　　　　〔shēn〕션　깊다

□ 伸　　　　〔shēn〕션　펴다, 내밀다

□ 神	〔shén〕	션	신, 정신, 안색
□ 审	〔shěn〕	션	심사하다, 심리하다
□ 渗	〔shèn〕	션	스며나오다, 새다
□ 深奥	〔shēn'ào〕	션아오	심오하다
□ 身边	〔shēnbiān〕	션비엔	신변
□ 身材	〔shēncái〕	션차이	몸집, 체격
□ 审查	〔shěnchá〕	션차	심사하다, 조사하다
□ 深沉	〔shēnchén〕	션천	깊다
□ 深处	〔shēnchù〕	션추	심처
□ 审定	〔shěndìng〕	션띵	검토해서 승인하다
□ 深度	〔shēndù〕	션뚜	심도
□ 甚而	〔shèn'er〕	션얼	심지어
□ 甚而至于	〔shèn'erzhìyú〕	션얼즈위	~조차도 ~못하다
□ 身分	〔shēnfen〕	션펀	신분
□ 深厚	〔shēnhòu〕	션허우	(감정이) 깊고 두텁다
□ 神话	〔shénhuà〕	션화	신화
□ 深化	〔shēnhuà〕	션화	심화하다(시키다)
□ 神经	〔shénjīng〕	션징	신경

□ 深刻	【shēnkè】 션커	심각하다
□ 审理	【shěnlǐ】 션리	심리하다, 심사처리하다
□ 什么	【shénme】 션머	무엇
□ 什么的	【shénmede】 션머더	등등, 기타
□ 审美	【shěnměi】 션메이	심미(적)
□ 神秘	【shénmì】 션미	신비하다, 불가사이하다
□ 审判	【shěnpàn】 션판	심판하다
□ 审批	【shěnpī】 션피	조사하여 승인하다
□ 神奇	【shénqí】 션치	신기하다, 놀랍다
□ 神气	【shénqì】 션치	표정, 안색, 태도
□ 神气	【shénqì】 션치	기운차다, 뽐내다
□ 深浅	【shēnqiǎn】 션치엔	깊이
□ 深切	【shēnqiè】 션치에	따뜻하고 친절하다, 매우 적절하다
□ 申请	【shēnqǐng】 션칭	신청하다
□ 深情	【shēnqíng】 션칭	깊은 정
□ 深入	【shēnrù】 션루	심입하다
□ 神色	【shénsè】 션서	안색, 표정
□ 神圣	【shénshèng】 션성	신성하다, 성스럽다

□ 绅士　　　〔shēnshì〕션스 **신사**

□ 伸手　　　〔shēnshǒu〕션셔우 **손을 뻗다**

□ 申述　　　〔shēnshù〕션슈 **진술하다**

□ 神态　　　〔shéntài〕션타이 **표정, 몸가짐**

□ 身体　　　〔shēntǐ〕션티 **신체**

□ 渗透　　　〔shèntòu〕션터우 **침투하다**

□ 神仙　　　〔shénxiān〕션시엔 **신선**

□ 深信　　　〔shēnxìn〕션씬 **깊이 믿다**

□ 审讯　　　〔shěnxùn〕션쉰 **심문하다**

□ 肾炎　　　〔shènyán〕션이엔 **신장염**

□ 深夜　　　〔shēnyè〕션예 **심야, 밤중**

□ 审议　　　〔shěnyì〕션이 **심의하다**

□ 呻吟　　　〔shēnyín〕션인 **신음하다**

□ 深远　　　〔shēnyuǎn〕션위엔 (영향·의의 등이) **깊고 크다**

□ 伸展　　　〔shēnzhǎn〕션잔 **뻗다, 넓히다**

□ 甚至　　　〔shènzhì〕션즈 **심지어, 조차**

□ 甚至　　　〔shènzhì〕션즈 **~조차도, ~마저**

□ 甚至于　　〔shènzhìyú〕션즈위 **~까지도, ~심지어**

□ 深重	〔shēnzhòng〕 선종	심중하다
□ 慎重	〔shènzhòng〕 선종	신중하다, 분별 있다
□ 身子	〔shēnzi〕 션즈	몸, 신체
□ 婶子	〔shěnzi〕 션즈	숙모, 아주머니
□ 生	〔shēng〕 성	생명, 살림, 학생, 낳다, 피우다
□ 升	〔shēng〕 성	올라가다, 승진시키다
□ 声	〔shēng〕 성	소리, 음조, (발언의 빈도) ~마다
□ 省	〔shěng〕 성	아끼다, 생략하다, 성(지방행정단위)
□ 剩	〔shèng〕 성	남다
□ 胜	〔shèng〕 성	승리하다, ~보다 낫다
□ 盛	〔shèng〕 성	융성하다, 왕성하다
□ 生病	〔shēngbìng〕 성삥	병이 들다
□ 生产	〔shēngchǎn〕 성찬	생산하다
□ 盛产	〔shèngchǎn〕 성찬	많이 나다, 풍부하다
□ 生产力	〔shēngchǎnlì〕 성찬리	생산력
□ 生产率	〔shēngchǎnlǜ〕 성찬뤼	생산율
□ 牲畜	〔shēngchù〕 성추	가축, 집짐승
□ 生词	〔shēngcí〕 성츠	새 단어

□ 生存　　　[shēngcún] 성춘 **생존하다**

□ 盛大　　　[shèngdà] 성따 **성대하다, 번창하다**

□ 圣诞节　　[shèngdànjié] 성딴지에 **성탄절**

□ 省得　　　[shěngde] 성더 **~하지 않기 위해서,
　　　　　　　　　　　~하지 않도록**

□ 声调　　　[shēngdiào] 성띠아오 **성조**

□ 生动　　　[shēngdòng] 성똥 **생동하다**

□ 生活　　　[shēnghuó] 성후어 **생활**

□ 生机　　　[shēngjī] 성지 **생기**

□ 盛开　　　[shèngkāi] 성카이 **활짝 피다**

□ 牲口　　　[shēngkou] 성커우 **가축(집짐승)의 총칭**

□ 生理　　　[shēnglǐ] 성리 **생리**

□ 胜利　　　[shènglì] 성리 **승리하다**

□ 省略　　　[shěnglüè] 성뤼에 **생략하다**

□ 生命　　　[shēngmìng] 성밍 **생명**

□ 声明　　　[shēngmíng] 성밍 **성명**

□ 生命力　　[shēngmìnglì] 성밍리 **생명력**

□ 生怕　　　[shēngpà] 성파 **~할까 봐 몹시 두려워하다**

□ 生气　　　[shēngqì] 성치 **화를 내다**

□ 生前	【shēngqián】 성치엔	생전
□ 盛情	【shèngqíng】 성칭	큰 친절, 깊은 호의
□ 生人	【shēngrén】 성런	낯선 사람
□ 生日	【shēngrì】 성르	생일
□ 声势	【shēngshì】 성스	성세, 위풍과 기세
□ 生疏	【shēngshū】 성수	생소하다
□ 生态	【shēngtài】 셩타이	생태
□ 生物	【shēngwù】 성우	생물
□ 生效	【shēngxiào】 성시아오	효력이 발생하다, 효과를 내다
□ 盛行	【shèngxíng】 성씽	성행하다
□ 升学	【shēngxué】 성쉬에	진학하다, 상급학교에 들어 가다
□ 生意	【shēngyì】 성이	장사, 영업
□ 声音	【shēngyīn】 성인	소리
□ 剩余	【shèngyǔ】 성위	잉여, 나머지
□ 声誉	【shēngyù】 성위	평판, 위신
□ 生育	【shēngyù】 성위	생육하다
□ 剩余	【shèngyú】 성위	나머지, 잉여
□ 生长	【shēngzhǎng】 성장	생장하다

□ 生殖　　　【shēngzhí】 셩즈 생식

□ 绳子　　　【shéngzi】 셩즈 끈, 밧줄

□ 失　　　　【shī】 스 잃다, 실수하다

□ 师　　　　【shī】 스 스승, 사부

□ 湿　　　　【shī】 스 젖다, 습하다

□ 师　　　　【shī】 스 최고사령관

□ 诗　　　　【shī】 스 시, 시가

□ 施　　　　【shī】 스 시행하다, 부여하다

□ 实　　　　【shí】 스 사실의, 충실하다

□ 食　　　　【shí】 스 먹다

□ 拾(十)　　【shí】 스 10, 십, 집다, 줍다, 모으다

□ 驶　　　　【shǐ】 스 운전하다, 달리다

□ 始　　　　【shǐ】 스 시작하다, 착수하다

□ 时　　　　【shí】 스 시간, 때

□ 识　　　　【shí】 스 알다, 식별하다

□ 屎　　　　【shǐ】 스 대변, 똥

□ 史　　　　【shǐ】 스 역사

□ 使　　　　【shǐ】 스 사용하다, 보내다, 시키다

□ 事	【shì】 스 일, 문제, 사건, 종사
□ 市	【shì】 스 시장, 도시
□ 式	【shì】 스 양식, 격식, 의식
□ 视	【shì】 스 보다, 살피다
□ 试	【shì】 스 시험하다, 해보다
□ 世	【shì】 스 세계, 시대, 생애
□ 是	【shì】 스 ~이다 (동사의 강조)
□ 室	【shì】 스 방
□ 试	【shì】 스 시험
□ 时而	【shí'ér】 스얼 때로, 이따금, 때로는
□ 失败	【shībài】 스빠이 실패
□ 势必	【shìbì】 스삐 반드시, 꼭
□ 事变	【shìbiàn】 스삐엔 사변
□ 别	【shíbié】 스비에 식별하다
□ 士兵	【shìbīng】 스빙 사병
□ 视察	【shìchá】 스차 시찰하다
□ 时常	【shícháng】 스창 자주, 늘, 항상
□ 市场	【shìchǎng】 스창 시장

□ 世代	〔shìdài〕 스따이	세대
□ 时代	〔shídài〕 스따이	**시대**
□ 适当	〔shìdàng〕 스땅	**적당히**
□ 似的	〔shìde〕 스더	**~와 같다**
□ 是的	〔shìde〕 스더	**맞다, 옳다**
□ 使得	〔shǐde〕 스더	**~하게 하다, ~한 결과를 낳다**
□ 失掉	〔shīdiào〕 스띠아오	**잃다, 놓치다**
□ 湿度	〔shīdù〕 스뚜	**습도**
□ 示范	〔shìfàn〕 스판	**시범하다**
□ 师范	〔shīfàn〕 스판	**사범**
□ 释放	〔shìfàng〕 스팡	**석방하다**
□ 施肥	〔shīféi〕 스페이	**비료를 쓰다**
□ 是非	〔shìfēi〕 스페이	**시비, 옳고 그름, 언쟁**
□ 十分	〔shífēn〕 스펀	**매우**
□ 是否	〔shìfǒu〕 스퍼우	**~인지 아닌지**
□ 师傅	〔shīfu〕 스푸	**(학문·기예 따위의) 스승, 사부**
□ 诗歌	〔shīgē〕 스거	**시가, 시**
□ 施工	〔shīgōng〕 스궁	**공사에 착수하다, 시공하다**

□ 事故　　　【shìgù】 스꾸 **사고**

□ 时光　　　【shíguāng】 스광 **시간, 세월**

□ 适合　　　【shìhé】 스허 **적합하다**

□ 时候　　　【shíhou】 스허우 **때**

□ 侍候　　　【shìhòu】 스허우 **시중들다**

□ 实话　　　【shíhuà】 스화 **바른말, 실화**

□ 石灰　　　【shíhuī】 스훼이 **석회**

□ 实惠　　　【shíhuì】 스훼이 **실리, 실속이 있다, 실용적이다**

□ 实际　　　【shíjì】 스지 **실제**

□ 事迹　　　【shìjì】 스지 **사적**

□ 世纪　　　【shìjì】 스지 **세기**

□ 时机　　　【shíjī】 스지 **기회, 좋은 순간**

□ 施加　　　【shījiā】 스지아 **(압력을) 가하다**

□ 时间　　　【shíjiān】 스지엔 **시간**

□ 事件　　　【shìjiàn】 스지엔 **사건**

□ 实践　　　【shíjiàn】 스지엔 **실천하다**

□ 使节　　　【shǐjié】 스지에 **사절**

□ 世界　　　【shìjiè】 스지에 **세계**

□ 时节	〔shíjie〕 스지에	계절, 철
□ 世界观	〔shìjièguān〕 스지에관	세계관
□ 使劲	〔shǐjìn〕 스진	힘을 다하다
□ 试卷	〔shìjuàn〕 스쥐엔	시험지
□ 视觉	〔shìjué〕 스쥐에	시각
□ 时刻	〔shíkè〕 스커	시각
□ 实况	〔shíkuàng〕 스쾅	실황, 실제상황
□ 实力	〔shílì〕 스리	실력
□ 视力	〔shìlì〕 스리	시력
□ 势力	〔shìlì〕 스리	세력
□ 事例	〔shìlì〕 스리	사례
□ 史料	〔shǐliào〕 스리아오	사료, 역사적 재료
□ 时髦	〔shímáo〕 스마오	유행(이다), 현대적(이다)
□ 失眠	〔shīmián〕 스미엔	불면(증), 잠을 이루지 못하다
□ 市民	〔shìmín〕 스민	시민
□ 使命	〔shǐmìng〕 스밍	사명
□ 食品	〔shípǐn〕 스핀	식품
□ 时期	〔shíqī〕 스치	시기

- 事情　　　【shìqíng】 스칭 사정

- 失去　　　【shīqù】 스취 잃어버리다

- 十全十美　【shíquánshíměi】 스취엔스메이 완벽하다

- 诗人　　　【shīrén】 스런 시인

- 湿润　　　【shīrùn】 스룬 상쾌하다, 쾌적하다

- 时事　　　【shíshì】 스스 시사

- 事实　　　【shìshí】 스스 사실

- 失事　　　【shīshì】 스스 불의의 사고를 당하다

- 时时　　　【shíshí】 스스 자극, 늘

- 逝世　　　【shìshì】 스스 서거하다

- 实施　　　【shíshī】 스스 실행하다, 실시하다

- 实事求是　【shíshìqiúshì】 스스치우스 실사구시

- 事态　　　【shìtài】 스타이 사태

- 食堂　　　【shítáng】 스탕 식당

- 尸体　　　【shītǐ】 스티 사체

- 实体　　　【shítǐ】 스티 실체

- 石头　　　【shítou】 스터우 돌

- 失望　　　【shīwàng】 스왕 실망하다

□ 示威	〔shìwēi〕 스웨이	**시위하다, 과시하다**
□ 实物	〔shíwù〕 스우	**실물**
□ 失误	〔shīwù〕 스우	**실수하다**
□ 事物	〔shìwù〕 스우	**사물**
□ 事务	〔shìwù〕 스우	**사무**
□ 食物	〔shíwù〕 스우	**음식물**
□ 实习	〔shíxí〕 스시	**실습하다**
□ 事先	〔shìxiān〕 스시엔	**미리, 사전에**
□ 实现	〔shíxiàn〕 스시엔	**실현하다**
□ 视线	〔shìxiàn〕 스시엔	**시선**
□ 事项	〔shìxiàng〕 스시앙	**사항**
□ 失效	〔shīxiào〕 스시아오	**효력을 잃다**
□ 似笑非笑	〔shìxiàofēixiào〕 스시아오페이시아오	**웃는 듯 만 듯하다**
□ 施行	〔shīxíng〕 스씽	**시행하다, 실시하다**
□ 试行	〔shìxíng〕 스씽	**시험으로 해보다**
□ 实行	〔shíxíng〕 스씽	**실행하다**
□ 失学	〔shīxué〕 스쉐에	**배움의 기회를 잃다**
□ 誓言	〔shìyán〕 스이엔	**맹세, 서약**

□ 实验	〔shíyàn〕 스이엔	실험
□ 试验	〔shìyàn〕 스이엔	시험
□ 式样	〔shìyang〕 스양	양식
□ 事业	〔shìyè〕 스예	사업
□ 视野	〔shìyě〕 스예	시야
□ 失业	〔shīyè〕 스예	실업
□ 适宜	〔shìyí〕 스이	적당하다, 적절하다
□ 示意图	〔shìyìtú〕 스이투	설명도, 약도
□ 适应	〔shìyìng〕 스잉	적응하다
□ 食用	〔shíyòng〕 스용	식용하다
□ 适用	〔shìyòng〕 스용	적용하다
□ 使用	〔shǐyòng〕 스용	사용하다
□ 试用	〔shìyòng〕 스용	실용이다
□ 实用	〔shíyòng〕 스용	실용적인
□ 石油	〔shíyóu〕 스여우	석유
□ 食欲	〔shíyù〕 스위	식욕
□ 失约	〔shīyuē〕 스위에	약속을 어기다, 위약하다
□ 实在	〔shízài〕 스자이	실제적이다

□ 施展	【shīzhǎn】 스잔	펼치다, 발휘하다
□ 师长	【shīzhǎng】 스장	사장
□ 市长	【shìzhǎng】 스장	시장
□ 实质	【shízhì】 스즈	실질
□ 试制	【shìzhì】 스즈	시험제작하다
□ 始终	【shǐzhōng】 스종	처음부터 끝까지 내내, 시종
□ 举世瞩目	【jǔshìzhǔmù】 쥐스주무	온 세상이 주목하다
□ 时装	【shízhuāng】 스주앙	유행복, 최신패션
□ 狮子	【shīzi】 스즈	사자
□ 失踪	【shīzōng】 스종	실종되다
□ 十足	【shízú】 스주	완전하다, 철저하다, 넘쳐흐르다
□ 收	【shōu】 셔우	받는다, 모으다, 끝맺다, 걷잡다
□ 守	【shǒu】 셔우	지키다, 돌보다, 준수하다
□ 首	【shǒu】 셔우	이어진 것에 쓰임
□ 授	【shòu】 셔우	주다, 가르치다
□ 瘦	【shòu】 셔우	여위다, 품이 작다
□ 售	【shòu】 셔우	팔다, 행하다
□ 受	【shòu】 셔우	받다, 입다, 견디다

□ 手表 　　【shǒubiǎo】 셔우비아오 **손목시계**

□ 收藏 　　【shōucáng】 셔우창 **수장하다, 수집·보존(하다)**

□ 收成 　　【shōucheng】 셔우청 **수확, 작황**

□ 首创 　　【shǒuchuàng】 셔우추앙 **창시하다**

□ 手电 　　【shǒudiàn】 셔우띠엔 **손전등**

□ 首都 　　【shǒudū】 셔우두 **수도**

□ 手段 　　【shǒuduàn】 셔우뚜안 **수단**

□ 手法 　　【shǒufǎ】 셔우파 **수법**

□ 守法 　　【shǒufǎ】 셔우파 **법률을 준수하다**

□ 收复 　　【shōufù】 셔우푸 **되찾다, 회복하다**

□ 收割 　　【shōugē】 셔우거 **수확하다**

□ 手工 　　【shǒugōng】 셔우궁 **수공**

□ 收购 　　【shōugòu】 셔우꺼우 **구입하다**

□ 收回 　　【shōuhuí】 셔우훼이 **회수하다, 취소하다**

□ 收获 　　【shōuhuò】 셔우후어 **수확**

□ 售货 　　【shòuhuò】 셔우후어 **판매하다**

□ 收集 　　【shōují】 셔우지 **수집하다**

□ 手巾 　　【shǒujīn】 셔우진 **수건, 타월**

□ 手绢　　　〖shǒujuàn〗셔우쮜엔 **손수건**

□ 首领　　　〖shǒulǐng〗셔우링 **수령, 영수**

□ 手榴弹　　〖shǒuliúdàn〗셔우리우딴 **수류탄**

□ 寿命　　　〖shòumìng〗셔우밍 **수명**

□ 首脑　　　〖shǒunǎo〗셔우나오 **수뇌**

□ 手帕　　　〖shǒupà〗셔우파 **손수건**

□ 手枪　　　〖shǒuqiāng〗셔우치앙 **권총**

□ 收入　　　〖shōurù〗셔우루 **수입**

□ 受伤　　　〖shòushāng〗셔우샹 **상처를 입다**

□ 手势　　　〖shǒushì〗셔우스 **손짓, 손시늉**

□ 收拾　　　〖shōushi〗셔우스 **치우다**

□ 手术　　　〖shǒushù〗셔우수 **수술**

□ 收缩　　　〖shōusuō〗셔우슈어 **수축하다, 축소하다**

□ 手套　　　〖shǒutào〗셔우타오 **장갑**

□ 守卫　　　〖shǒuwèi〗셔우웨이 **지키다, 방어하다**

□ 首先　　　〖shǒuxiān〗셔우시엔 **맨 먼저**

□ 首相　　　〖shǒuxiàng〗셔우시앙 **수상**

□ 手续　　　〖shǒuxù〗셔우쉬 **수속**

□ 首要　　【shǒuyào】셔우야오 **으뜸의, 주요한**

□ 收益　　【shōuyì】셔우이 **수익**

□ 手艺　　【shǒuyì】셔우이 **수예, 솜씨, 기량**

□ 收音机　【shōuyīnjī】셔우인지 **라디오**

□ 授予　　【shòuyǔ】셔우위 **수여하다**

□ 首长　　【shǒuzhǎng】셔우장 **수상**

□ 收支　　【shōuzhī】셔우즈 **수입과 지출**

□ 手指　　【shǒuzhǐ】셔우즈 **손가락**

□ 梳　　　【shū】수 **빗다**

□ 输　　　【shū】수 **수송하다, 나르다, 지다**

□ 熟　　　【shú】수리엔 **익다, 숙성하다, 숙련되다**

□ 数　　　【shǔ】수 **셈을 세다**

□ 属　　　【shǔ】수 **속, 부류, 가족**

□ 竖　　　【shù】수 **수직의, 직접의**

□ 数　　　【shù】수 **숫자**

□ 竖　　　【shù】수 **곤두세우다**

□ 树　　　【shù】수 **나무, 수목**

□ 书包　　【shūbāo】수바오 **책가방**

□ 书本	〔shūběn〕 수번	책
□ 蔬菜	〔shūcài〕 수차이	채소
□ 舒畅	〔shūchàng〕 수창	상쾌하다, 쾌적하다
□ 输出	〔shūchū〕 수추	수출하다
□ 书店	〔shūdiàn〕 수띠엔	서점
□ 数额	〔shù'é〕 수어	액수, 정액
□ 书法	〔shūfǎ〕 수파	서법
□ 束缚	〔shùfù〕 수푸	속박하다, 얽어매다
□ 舒服	〔shūfu〕 수푸	(육체나 정신이) 편안하다, 상쾌하다
□ 树干	〔shùgàn〕 수깐	나무줄기
□ 疏忽	〔shūhu〕 수후	경솔하다
□ 书记	〔shūjì〕 수지	서기
□ 书籍	〔shūjí〕 수지	서적
□ 暑假	〔shǔjià〕 수지아	여름방학
□ 书架	〔shūjià〕 수지아	서가
□ 数据	〔shùjù〕 수쮜	통계수치, 데이터
□ 树立	〔shùlì〕 수리	수립하다
□ 熟练	〔shúliàn〕 수리엔	숙련하다

- 数量　　[shùliàng] 수리앙 **수량**
- 树林　　[shùlín] 수린 **수림**
- 书面　　[shūmiàn] 수미엔 **서면**
- 数目　　[shùmù] 수무 **수, 수량**
- 树木　　[shùmù] 수무 **수목**
- 输入　　[shūrù] 수루 **수입하다**
- 舒适　　[shūshì] 수스 **편안하다**
- 叔叔　　[shūshu] 수수 **삼촌**
- 输送　　[shūsòng] 수쑹 **수송하다**
- 熟悉　　[shúxì] 수시 **익숙하다**
- 书写　　[shūxiě] 수시에 **쓰다, 서사하다**
- 书信　　[shūxìn] 수씬 **서신**
- 数学　　[shùxué] 수쉬에 **수학**
- 属于　　[shǔyú] 수위 **속하다**
- 舒展　　[shūzhǎn] 수잔 **쭉 펴다**
- 梳子　　[shūzi] 수즈 **빗**
- 数字　　[shùzi] 수즈 **숫자**
- 刷　　　[shuā] 수아 **닦다, 솔질하다**

□ 耍　　　　　【shuǎ】 수아 장난치다, 잔꾀를 부리다

□ 刷子　　　　【shuāzi】 수아즈 솔

□ 摔　　　　　【shuāi】 수아이 넘어지다, 내던지다

□ 甩　　　　　【shuǎi】 수아이 휘두르다, 팽개치다, 두고 가다

□ 衰老　　　　【shuāilǎo】 수아이라오 노쇠하다

□ 率领　　　　【shuàilǐng】 수아이링 인솔하다

□ 衰弱　　　　【shuāiruò】 수아이루어 쇠약하다

□ 拴　　　　　【shuān】 수안 붙들어 매다, 동여매다

□ 算数　　　　【shuànshù】 수안수 수를 세다

□ 双　　　　　【shuāng】 수앙 쌍을 이루는, 두 개의

□ 霜　　　　　【shuāng】 수앙 서리

□ 双方　　　　【shuāngfāng】 수앙팡 쌍방

□ 爽快　　　　【shuǎngkuài】 수앙콰이 상쾌하다

□ 谁　　　　　【shuí】 쉐이 누구

□ 税　　　　　【shuì】 쉐이 세금

□ 睡　　　　　【shuì】 쉐이 잠자다

□ 水稻　　　　【shuǐdào】 쉐이따오 벼

□ 水电　　　　【shuǐdiàn】 쉐이띠엔 수도와 전기

□ **水分**　【shuǐfēn】쉐이펀 **수분**

□ **水果**　【shuǐguǒ】쉐이구어 **과일**

□ **睡觉**　【shuìjiào】쉐이지아오 **잠을 자다**

□ **水库**　【shuǐkù】쉐이쿠 **저수지**

□ **水力**　【shuǐlì】쉐이리 **수력**

□ **水利**　【shuǐlì】쉐이리 **수리, 관계사업**

□ **睡眠**　【shuìmián】쉐이미엔 **수면, 잠**

□ **水泥**　【shuǐní】쉐이니 **시멘트**

□ **水平**　【shuǐpíng】쉐이핑 **수준**

□ **水产**　【shuǐchǎn】쉐이찬 **수산물**

□ **税收**　【shuìshōu】쉐이셔우 **세수**

□ **水土**　【shuǐtǔ】쉐이투 **수분과 토양, 기후 풍토**

□ **水源**　【shuǐyuán】쉐이위엔 **수원**

□ **水灾**　【shuǐzāi】쉐이자이 **수재**

□ **水蒸气**　【shuǐzhēngqì】쉐이정치 **수증기**

□ **顺**　【shùn】순 **가지런히 하다, 알맞다, 순서대로**

□ **顺便**　【shùnbiàn】순삐엔 **~하는 김에**

□ **顺利**　【shùnlì】순리 **순조롭다**

□ 顺手	〔shùnshǒu〕순서우	순조롭게, ~하는 김에, 순조롭다
□ 顺序	〔shùnxù〕순쉬	순서
□ 说	〔shuō〕슈어	말하다
□ 说不定	〔shuōbùdìng〕슈어부띵	아마도, 어쩌면
□ 说法	〔shuōfǎ〕슈어파	설법
□ 说服	〔shuōfú〕슈어푸	설복하다
□ 说谎	〔shuōhuǎng〕슈어후앙	거짓말하다
□ 说明	〔shuōmíng〕슈어밍	설명
□ 说情	〔shuōqíng〕슈어칭	사정하다, 인정에 호소하다
□ 思	〔sī〕쓰	생각하다
□ 撕	〔sī〕쓰	찢다, 째다, 뜯다
□ 私	〔sī〕쓰	사적인, 비밀의, 불법의
□ 丝	〔sī〕쓰	명주실, 극히 적은 양
□ 死	〔sǐ〕쓰	극단적이다, 막다르다, 죽다
□ 寺	〔sì〕쓰	절, 사원
□ 似	〔sì〕쓰	비슷하다, 닮다
□ 肆(四)	〔sì〕쓰	4, 사
□ 思潮	〔sīcháo〕쓰차오	사조

A B C D E F G H J K L M N O P Q R **S** T W X Y Z

□ 四处　　　【sìchù】 쓰추 사방, 도처, 여러 곳

□ 司法　　　【sīfǎ】 쓰파 사법

□ 四方　　　【sìfāng】 쓰팡 사방

□ 丝毫　　　【sīháo】 쓰하오 극히 적다

□ 似乎　　　【sìhu】 쓰후 마치 ~인듯하다

□ 四季　　　【sìjì】 쓰지 사계절

□ 司机　　　【sījī】 쓰지 기관사, 운전사, 조종사

□ 思考　　　【sīkǎo】 쓰카오 사고하다

□ 饲料　　　【sìliào】 쓰리아오 사료

□ 司令　　　【sīlìng】 쓰링 사령

□ 司令部　　【sīlìngbù】 쓰링뿌 사령부

□ 四面八方　【sìmiànbāfāng】 쓰미엔바팡 사방팔방

□ 思念　　　【sīniàn】 쓰니엔 그리워하다, 애타게 바라다

□ 思前思后　【sīqiánsīhòu】 쓰치엔쓰허 우 앞뒤를 따져 생각
　　　　　　　　　　　　　　　　　　　하다

□ 思情　　　【sīqíng】 쓰칭 은정

□ 私人　　　【sīrén】 쓰런 개인

□ 似是而非　【sìshìérfēi】 쓰스얼페이 옳은 것 같지만 틀리다

□ 思索　　　【sīsuǒ】 쓰쑤어 사색하다, 숙고하다

□ 死亡　　　【sǐwáng】 쓰왕 **사망하다**

□ 思维　　　【sīwéi】 쓰웨이 **사유**

□ 斯文　　　【sīwén】 쓰원 **점잖다**

□ 思想　　　【sīxiǎng】 쓰시앙 **사상**

□ 死刑　　　【sǐxíng】 쓰씽 **사형**

□ 思绪　　　【sīxù】 쓰쉬 **생각, 정서, 기분**

□ 饲养　　　【sìyǎng】 쓰양 **사육하다, 기르다**

□ 私营　　　【sīyíng】 쓰잉 **개인이 경영하다**

□ 私有　　　【sīyǒu】 쓰여우 **개인이 소유하다**

□ 私有制　　【sīyǒuzhì】 쓰여우즈 **사유제**

□ 四肢　　　【sìzhī】 쓰즈 **사지** (인체)

□ 四周　　　【sìzhōu】 쓰저우 **사방**

□ 私自　　　【sīzì】 쓰쯔 **남몰래, 무단으로**

□ 松　　　　【sōng】 쏭 **소나무, 헐겁다, 느슨하다**

□ 耸　　　　【sǒng】 쏭 **치솟다, (주의를) 끌다**

□ 送　　　　【sòng】 쏭 **보내다**

□ 送礼　　　【sònglǐ】 쏭리 **예물을 보내다**

□ 松树　　　【sōngshù】 쏭수 **소나무**

□ 送行	【sòngxíng】 쏭씽	배웅하다
□ 搜	【sōu】 써우	찾다, 모아들이다
□ 艘	【sōu】 써우	~척 (선박의 총칭)
□ 搜查	【sōuchá】 써우차	수사하다, 수색하다
□ 搜集	【sōují】 써우지	수집하다, 모으다
□ 嗾使	【sǒushǐ】 써우스	부추기다, 사주하다, 꾀다
□ 搜索	【sōusuǒ】 써우쑤어	수색하다
□ 俗	【sú】 쑤	통속적인, 세속의, 풍속
□ 素	【sù】 쑤	희색, 단순한, 야채, 요소
□ 束	【sù】 쑤	묶음, 다발, 송이, 단
□ 速成	【sùchéng】 쑤청	속성
□ 速度	【sùdù】 쑤뚜	속도
□ 俗话	【súhuà】 쑤화	속담, 속어
□ 塑料	【sùliào】 쑤리아오	플라스틱
□ 肃清	【sùqīng】 쑤칭	숙청하다
□ 宿舍	【sùshè】 쑤셔	숙사
□ 诉讼	【sùsòng】 쑤쏭	소송하다, 상소
□ 苏醒	【sūxǐng】 쑤씽	의식이 들다, 소생하다

□ 塑造	【sùzào】 쑤자오	빚어서 만들다	
□ 素质	【sùzhì】 쑤즈	소질, 재료	
□ 衰退	【suāituì】 쑤아이투에이	쇠퇴하다	
□ 酸	【suān】 쑤안	시다, 시큼하다	
□ 算	【suàn】 쑤안	계산하다	
□ 蒜	【suàn】 쑤안	마늘	
□ 算了	【suànle】 쑤안러	그만두다	
□ 算盘	【suànpán】 쑤안판	주판	
□ 算是	【suànshì】 쑤안스	마침내, 겨우	
□ 算术	【suànshù】 쑤안수	산술	
□ 算数	【suànshù】 쑤안수	말한 대로 하다	
□ 虽	【suī】 쒜이	비록 ~일지라도, ~할지라도	
□ 随	【suí】 쒜이	따라가다, ~하는 대로 맡기다	
□ 穗	【suì】 쒜이	이삭	
□ 岁	【suì】 쒜이	~년, ~세	
□ 碎	【suì】 쒜이	수다스럽다, 말 많다	
□ 随便	【suíbiàn】 쒜이삐엔	마음대로	
□ 隧道	【suìdào】 쒜이따오	터널, 지하통로	

- **随后** 〔suíhòu〕 쒜이허우 뒤이어, 곧, 이어
- **随即** 〔suíjí〕 쒜이지 즉시, 곧
- **虽然** 〔suīrán〕 쒜이란 비록
- **随时** 〔suíshí〕 쒜이스 수시로, 언제나
- **随时随地** 〔suíshísuídì〕 쒜이스쒜이띠 언제 어디서나
- **随手** 〔suíshǒu〕 쒜이셔우 하는 김에
- **岁数** 〔suìshu〕 쒜이수 나이
- **虽说** 〔suīshuō〕 쒜이슈어 ~이지만~, 비록 ~일지라도
- **随意** 〔suíyì〕 쒜이이 뜻대로, 생각대로
- **岁月** 〔suìyuè〕 쒜이위에 세월
- **随着** 〔suízhe〕 쒜이저 ~따라서, ~을 본떠서
- **损** 〔sǔn〕 쑨 줄이다, 손해를 주다
- **笋** 〔sǔn〕 쑨 죽순
- **损害** 〔sǔnhài〕 쑨하이 손해보다
- **损耗** 〔sǔnhào〕 쑨하오 손상, 소모되다, 낭비하다
- **损坏** 〔sǔnhuài〕 쑨화이 손해를 입히다, 파손시키다
- **孙女** 〔sūnnǚ〕 쑨뉘 손녀
- **损伤** 〔sǔnshāng〕 쑨상 손상되다

损失	【sǔnshī】 쑨스 손실
孙子	【sūnzi】 쑨즈 손자
缩	【suō】 쑤어 줄어들다, 축소하다, 움츠리다
所	【suǒ】 쑤어 장소, 곳, ~하게 되다, ~하는
锁	【suǒ】 쑤어 자물쇠, 잠그다, 감치다
所得	【suǒdé】 쑤어더 소득, 얻은 것
所得税	【suǒdéshuì】 쑤어더쉐이 소득세
缩短	【suōduǎn】 쑤어뚜안 단축하다
锁链	【suǒliàn】 쑤어리엔 쇠사슬
锁钥	【suǒyuè】 쑤어위에 열쇠
所属	【suǒshǔ】 쑤어수 소속하다
所谓	【suǒwèi】 쑤어웨이 소위, 이른바
所喜	【suǒxǐ】 쑤어시 기쁘게도, 다행스럽게도
琐细	【suǒxì】 쑤어시 자질구레하다, 사소하다
缩小	【suōxiǎo】 쑤어시아오 축소하다
索性	【suǒxìng】 쑤어씽 서슴지 않고, 아예
所以	【suǒyǐ】 쑤어이 때문에
索引	【suǒyǐn】 쑤어인 색인, 찾아보기

□ **所有**　　【suǒyǒu】 쑤어여우 **일체의, 모든**

□ **所有权**　【suǒyǒuqián】 쑤어여우치엔 **소유권**

□ **所有制**　【suǒyǒuzhì】 쑤어여우즈 **소유제**

□ **所在**　　【suǒzài】 쑤어자이 **소재지**

□ 它 　　　【tā】 타 그것, 저것

□ 塌 　　　【tā】 타 붕괴하다, 꺼지다, 가라앉히다

□ 她 　　　【tā】 타 그녀

□ 他 　　　【tā】 타 그, 그대

□ 塔 　　　【tǎ】 타 탑

□ 踏 　　　【tà】 타 밟다, 답사하다

□ 他们 　　　【tāmen】 타먼 그들

□ 她们 　　　【tāmen】 타먼 그녀들

□ 它们 　　　【tāmen】 타먼 그것들

□ 他人 　　　【tārén】 타런 타인

□ 塌实 　　　【tāshi】 타스 착실하다, 마음이 놓다

□ 台 　　　【tái】 타이 받침대, 무대

□ 抬 　　　【tái】 타이 들다, 들어올리다

□ 太 　　　【tài】 타이 너무, 매우

□ 态度 　　　【tàidu】 타이뚜 태도

387

□ 台风　　　【táifēng】타이펑 태풍

□ 台阶　　　【táijiē】타이지에 층계, 섬돌

□ 太空　　　【tàikōng】타이콩 우주, 매우 높은 하늘

□ 太平　　　【tàipíng】타이핑 태평스럽다

□ 泰然　　　【tàirán】타이란 태연하다

□ 太太　　　【tàitai】타이타이 부인

□ 太阳　　　【tàiyang】타이양 태양

□ 太阳能　　【tàiyángnéng】타이양넝 태양 에너지

□ 滩　　　　【tān】탄 여울, 모래톱

□ 摊　　　　【tān】탄 노점, 가두판매점, 무더기

□ 贪　　　　【tān】탄 탐내다, 동경하다

□ 谈　　　　【tán】탄 말하다, 이야기하다

□ 痰　　　　【tán】탄 담, 가래

□ 潭　　　　【tán】탄 깊은 못

□ 坛　　　　【tán】탄 단, 제단

□ 弹　　　　【tán】탄 타다, 가볍게 치다, 쏘다

□ 炭　　　　【tàn】탄 목탄, 숯

□ 叹　　　　【tàn】탄 한숨 쉬다, 감탄하다

388

□ 探　　　　　〔tàn〕 탄 찾다, 방문하다

□ 坦白　　　　〔tǎnbái〕 탄바이 솔직하게 말하다

□ 探测　　　　〔tàncè〕 탄처 탐측하다, 관측하다

□ 谈话　　　　〔tánhuà〕 탄화 대화를 하다

□ 瘫痪　　　　〔tānhuàn〕 탄환 반신불수(되다), 중풍(들다)

□ 坦克　　　　〔tǎnkè〕 탄커 탱크

□ 谈论　　　　〔tánlùn〕 탄룬 담론하다

□ 谈判　　　　〔tánpàn〕 탄판 담판

□ 叹气　　　　〔tànqì〕 탄치 한숨 쉬다, 한숨소리

□ 探亲　　　　〔tànqīn〕 탄친 친척(가족)을 방문하다

□ 坦实　　　　〔tǎnshí〕 탄스 솔직담백하다

□ 探索　　　　〔tànsuǒ〕 탄슈어 탐색하다, 찾다

□ 探讨　　　　〔tàntǎo〕 탄타오 연구토론하다

□ 谈天　　　　〔tántiān〕 탄티엔 한담하다

□ 探头探脑　〔tàntóutànnǎo〕 탄터우틴나오 머리를 내밀고
　　　　　　　　　　　　　　　　주위를 살피다

□ 探望　　　　〔tànwàng〕 탄왕 (상황·변화를) 살피다, 방문하다

□ 贪污　　　　〔tānwū〕 탄우 횡령하다

□ 毯子　　　　〔tǎnzi〕 탄즈 담요

□ 汤	【tāng】 탕	뜨거운 물, 끓는 물, 국물
□ 糖	【táng】 탕	설탕
□ 塘	【táng】 탕	제방, 저습지, 탕
□ 躺	【tǎng】 탕	눕다, 기대다
□ 烫	【tàng】 탕	매우 뜨겁다, 데다, 데우다
□ 趟	【tàng】 탕	사람, 차의 왕래 횟수
□ 糖果	【tángguǒ】 탕구어	사탕과자, 캔디
□ 倘若	【tǎngruò】 탕루어	만약 ~이면
□ 掏	【tāo】 타오	꺼내다, 파내다
□ 桃	【táo】 타오	복숭아
□ 逃	【táo】 타오	달아내다, 도피하다
□ 讨	【tǎo】 타오	토벌하다, 책망하다, 빌다
□ 套	【tào】 터우	세트, 벌, 붙들어 매다, 모방하다
□ 逃避	【táobì】 타오삐	도피하다
□ 陶瓷	【táocí】 타오츠	도자기
□ 桃花	【táohuā】 타오화	복숭아꽃
□ 逃荒	【táohuāng】 타오후앙	재난으로 피난가다
□ 讨论	【tǎolùn】 타오룬	토론하다

□ **讨价还价** 〔tǎojiàhuánjià〕 타오지아환 지아 **여러 가지 조건을 따지고 들다**

□ **逃跑** 〔táopǎo〕 타오파오 **도망가다, 달아나다**

□ **淘气** 〔táoqì〕 타오치 **장난이 심하다**

□ **淘汰** 〔táotài〕 타오타이 **도태하다**

□ **讨嫌** 〔tǎoxián〕 타오시엔 **미움을 받다(사다)**

□ **讨厌** 〔tǎoyàn〕 타오이엔 **싫다, 귀찮다**

□ **逃走** 〔táozǒu〕 타오저우 **도망가다**

□ **特** 〔tè〕 터 **특별히**

□ **特别** 〔tèbié〕 터비에 **특별히, 특별하다**

□ **特产** 〔tèchǎn〕 터찬 **특산**

□ **特此** 〔tècǐ〕 터츠 **지극히**

□ **特地** 〔tèdì〕 터띠 **특히, 각별히**

□ **特点** 〔tèdiǎn〕 터디엔 **특점**

□ **特定** 〔tèdìng〕 터띵 **특정한, 특별히 지정한, 일정한**

□ **特区** 〔tèqū〕 터취 **특구**

□ **特权** 〔tèquán〕 터취엔 **특권**

□ **特色** 〔tèsè〕 터써 **특색**

□ **特殊** 〔tèshū〕 터수 **특수하다, 특별하다**

A
B
C
D
E
F
G
H
J
K
L
M
N
O
P
Q
R
S
T
W
X
Y
Z

□ 特务	【tèwu】 터우	특무, 스파이
□ 特性	【tèxìng】 터씽	특성
□ 特意	【tèyì】 터이	특별히, 일부러
□ 特征	【tèzhēng】 터정	특징, 특별히 소집하다
□ 疼	【téng】 텅	아프다, 아끼다
□ 藤	【téng】 텅	등나무, 넝쿨
□ 腾	【téng】 텅	질주하다, 오르다, 비우다
□ 疼痛	【téngtòng】 텅통	아프다
□ 踢	【tī】 티	차다
□ 蹄	【tí】 티	발굽
□ 题	【tí】 티	제목, 문제
□ 提	【tí】 티	올리다, 휴대하다, 앞당기다
□ 体	【tǐ】 티	몸, 물체
□ 替	【tì】 티	대신하다, ~을 위하여
□ 剃	【tì】 티	(머리를) 깎다
□ 提案	【tí'àn】 티안	제안
□ 提拔	【tíbá】 티바	발탁하다, 등용하다
□ 提包	【tíbāo】 티바오	손가방, 핸드백

□ 题材	〔tícái〕 티차이	제재, 글감
□ 体操	〔tǐcāo〕 티차오	체조
□ 提倡	〔tíchàng〕 티창	제창하다
□ 替代	〔tìdài〕 티따이	대체하다
□ 提纲	〔tígāng〕 티강	제강
□ 提高	〔tígāo〕 티가오	제고하다
□ 提供	〔tígòng〕 티꽁	제공하다
□ 替换	〔tìhuàn〕 티환	교대하다, 교체하다, 바꾸다
□ 体会	〔tǐhuì〕 티훼이	체득, 이해, 체험하여 터득하다
□ 体积	〔tǐjī〕 티지	체적, 부피
□ 提交	〔tíjiāo〕 티지아오	제출하다
□ 体力	〔tǐlì〕 티리	체력
□ 提炼	〔tíliàn〕 티지엔	정련하다
□ 体谅	〔tǐliàng〕 티리앙	양해하다
□ 体面	〔tǐmiàn〕 티미엔	체면, 체면이 서다
□ 提名	〔tímíng〕 티밍	지명하다, 추천하다
□ 题目	〔tímù〕 티무	제목
□ 提前	〔tíqián〕 티치엔	앞당기다

□ **提取** 【tíqǔ】 티취 **뽑다**

□ **提升** 【tíshēng】 티성 **올리다, 제고하다**

□ **提示** 【tíshì】 티스 **제시하다**

□ **体贴** 【tǐtiē】 티티에 **자상하게 돌보다**

□ **提问** 【tíwèn】 티원 **질문하다**

□ **体温** 【tǐwēn】 티원 **체온**

□ **体系** 【tǐxì】 티시 **체계**

□ **体现** 【tǐxiàn】 티시엔 **구현하다, 구체적으로 드러내다**

□ **提醒** 【tíxǐng】 티씽 **일깨우다, 조심시키다**

□ **体验** 【tǐyàn】 티이엔 **체험하다**

□ **提要** 【tíyào】 티야오 **요점, 요점을 제시하다**

□ **提议** 【tíyì】 티이 **제의**

□ **体育** 【tǐyù】 티위 **체육**

□ **体育场** 【tǐyùchǎng】 티위창 **체육장**

□ **体育馆** 【tǐyùguǎn】 티위관 **체육관**

□ **提早** 【tízǎo】 티자오 **시간을 앞당기다**

□ **体制** 【tǐzhì】 티즈 **체제**

□ **体质** 【tǐzhì】 티즈 **체질**

□ **体重**	〔tǐzhòng〕	티종	**체중**
□ **天**	〔tiān〕	티엔	**하늘**
□ **添**	〔tiān〕	티엔	**보태다, 첨가하다**
□ **田**	〔tián〕	티엔	**논, 밭**
□ **甜**	〔tián〕	티엔	**달다**
□ **填**	〔tián〕	티엔	**써넣다, 매우다**
□ **填补**	〔tiánbǔ〕	티엔부	**매우다, 보충하다**
□ **天才**	〔tiāncái〕	티엔차이	**천재**
□ **天长地久**	〔tiānchángdìjiǔ〕	티엔창띠지우	**하늘과 땅처럼 영원하다**
□ **天地**	〔tiāndì〕	티엔띠	**천지**
□ **田地**	〔tiándì〕	티엔띠	**논밭, 경작지**
□ **田间**	〔tiánjiān〕	티엔지엔	**경작지, 농촌**
□ **田径**	〔tiánjìng〕	티엔징	**육상경기**
□ **天空**	〔tiānkōng〕	티엔콩	**하늘**
□ **天气**	〔tiānqì〕	티엔치	**날씨**
□ **天然**	〔tiānrán〕	티엔란	**천연**
□ **天然气**	〔tiānránqì〕	티엔란치	**천연가스**
□ **天色**	〔tiānsè〕	티엔써	**하늘빛**

□ 天上　　　【tiānshàng】 티엔샹 **하늘**

□ 天生　　　【tiānshēng】 티엔성 **천생이다, 타고나다**

□ 天塌　　　【tiāntā】 티엔타 **하늘이 무너져 내리다**

□ 天堂　　　【tiāntáng】 티엔탕 **천당**

□ 天文　　　【tiānwén】 티엔원 **천문**

□ 天下　　　【tiānxià】 티엔시아 **천하**

□ 天线　　　【tiānxiàn】 티엔시엔 **안테나**

□ 填写　　　【tiánxiě】 티엔시에 **써넣다, 기입하다**

□ 田野　　　【tiányě】 티엔예 **전야, 들판, 들**

□ 天真　　　【tiānzhēn】 티엔전 **천진하다, 순진하다, 꾸밈없다**

□ 天主教　　【tiānzhǔjiào】 티엔주지아오 **천주교**

□ 条　　　　【tiáo】 티아오 **마리, 가지**

□ 挑　　　　【tiǎo】 티아오 **들어 올리다, 돋우다**

□ 跳　　　　【tiào】 티아오 **뛰다, 건너뛰다**

□ 挑拨　　　【tiǎobō】 티아오보 **부추기다, 추동하다**

□ 跳动　　　【tiàodòng】 티아오똥 **높뛰다, 고동치다**

□ 跳高　　　【tiàogāo】 티아오가오 **높이뛰기**

□ 调和　　　【tiáohé】 티아오허 **조화롭다**

□ 调剂	〔tiáojì〕 티아오지	조제하다, 조정하다
□ 条件	〔tiáojiàn〕 티아오지엔	조건
□ 调节	〔tiáojié〕 티아오지에	조절하다
□ 调解	〔tiáojiě〕 티아오지에	조정하다, 중재하다
□ 条款	〔tiáokuǎn〕 티아오콴	조항, 조목
□ 条理	〔tiáolǐ〕 티아오리	조리, 순서
□ 条例	〔tiáolì〕 티아오리	조례
□ 调皮	〔tiáopí〕 티아오피	장난치다, 말을 잘 듣지 않다
□ 条文	〔tiáowén〕 티아오원	조목, 항목
□ 跳舞	〔tiàowǔ〕 티아오우	춤추다
□ 挑衅	〔tiǎoxìn〕 티아오씬	도발하다
□ 挑选	〔tiāoxuǎn〕 티아오쉬엔	골라내다, 고르다
□ 跳远	〔tiàoyuǎn〕 티아오위엔	멀리뛰기
□ 条约	〔tiáoyuē〕 티아오위에	조약
□ 跳跃	〔tiàoyuè〕 티아오위에	도약하다
□ 挑战	〔tiǎozhàn〕 티아오잔	도전하다
□ 调整	〔tiáozhěng〕 티아오정	조절하다
□ 条子	〔tiáozi〕 티아오즈	조각, 쪽지

A
B
C
D
E
F
G
H
J
K
L
M
N
O
P
Q
R
S
T
W
X
Y
Z

- 贴　　　【tiē】 티에　붙이다, 붙다

- 铁　　　【tiě】 티에　철

- 铁道　　【tiědào】 티에따오　철도

- 铁饭碗　【tiěfànwǎn】 티에판완　평생직장(철밥통)

- 铁路　　【tiělù】 티에루　철로

- 听　　　【tīng】 팅　듣다

- 厅　　　【tīng】 팅　청, 큰방, 홀

- 挺　　　【tǐng】 팅　곧게 펴다, 견디다

- 停　　　【tíng】 팅　서다, 멈추다

- 挺　　　【tǐng】 팅　크고 곧다, 매우, 대단히

- 艇　　　【tǐng】 팅　보트

- 挺拔　　【tǐngbá】 팅바　크고 곧다, 굳세고 힘있다

- 停泊　　【tíngbó】 팅보　정박하다, 머물다

- 停顿　　【tíngdùn】 팅뚠　멈추다, 중지되다

- 听话　　【tīnghuà】 팅화　말을 잘 듣다

- 听见　　【tīngjiàn】 팅지엔　들리다

- 听讲　　【tīngjiǎng】 팅지앙　강의 듣다

- 挺立　　【tǐnglì】 팅리　똑바로 서다, 우뚝 서다

□ 停留	〔tíngliú〕	팅리우	머물다, 멈추다
□ 听取	〔tīngqǔ〕	팅취	청취하다, 듣다
□ 听说	〔tīngshuō〕	팅슈어	듣건대 ~이라 한다
□ 停滞	〔tíngzhì〕	팅즈	정체하다, 침체하다
□ 听写	〔tīngxiě〕	팅시에	받아쓰다
□ 停止	〔tíngzhǐ〕	팅즈	정지하다
□ 听众	〔tīngzhòng〕	팅종	청중
□ 亭子	〔tíngzi〕	팅즈	정자
□ 通	〔tōng〕	통	논리적이다, 통하다, 쑤시다
□ 铜	〔tóng〕	통	동, 구리 (광물)
□ 同	〔tóng〕	통	같다, ~와, ~과, ~함께
□ 筒	〔tǒng〕	통	통
□ 桶	〔tǒng〕	통	통
□ 痛	〔tòng〕	통	아프다
□ 捅	〔tǒng〕	통	쑤시다, 폭로하다
□ 同伴	〔tóngbàn〕	통빤	길동무, 동료, 짝
□ 同胞	〔tóngbāo〕	통바오	동포
□ 通报	〔tōngbào〕	통빠오	통보, 통보하다

A
B
C
D
E
F
G
H
J
K
L
M
N
O
P
Q
R
S
T
W
X
Y
Z

□ 同步　　　【tóngbù】통뿌 함께하다

□ 通常　　　【tōngcháng】통창 통상, 일반, 보통

□ 统筹　　　【tǒngchóu】통처우 총괄하다

□ 通道　　　【tōngdào】통따오 통로

□ 同等　　　【tóngděng】통덩 동등하다

□ 通风　　　【tōngfēng】통펑 통풍하다

□ 通告　　　【tōnggào】통까오 통고, 통고하다

□ 通过　　　【tōngguò】통꾸어 통과되다, ~을 통하여

□ 同行　　　【tónghang】통항 동행

□ 通航　　　【tōngháng】통항 취항하다, 항행하다

□ 痛恨　　　【tònghèn】통헌 증오하다

□ 通红　　　【tōnghóng】통홍 새빨갛다

□ 统计　　　【tǒngjì】통지 통계, 통계를 하다

□ 痛苦　　　【tòngkǔ】통쿠 고통스럽다

□ 痛快　　　【tòngkuai】통콰이 통쾌하다

□ 同类　　　【tónglèi】통레이 같은 종류

□ 同盟　　　【tóngméng】통멍 동맹

□ 童年　　　【tóngnián】통니엔 어린 시절, 동년

□ 同年	〖tóngnián〗 통니엔	동년, 같은 해
□ 同期	〖tóngqī〗 통치	동기
□ 同情	〖tóngqíng〗 통칭	동정하다
□ 通商	〖tōngshāng〗 통상	통상을 하다, 무역을 하다
□ 同时	〖tóngshí〗 통스	동시에
□ 同事	〖tóngshì〗 통스	동업자
□ 通顺	〖tōngshùn〗 통순	순탄하다
□ 通俗	〖tōngsú〗 통수	통속적이다
□ 统统	〖tǒngtong〗 통통	모두, 몽땅
□ 同屋	〖tóngwū〗 통우	동숙자
□ 通信	〖tōngxìn〗 통씬	통신하다, 편지를 내다
□ 通行	〖tōngxíng〗 통씽	통행하다
□ 同学	〖tóngxué〗 통쉬에	동창
□ 通讯	〖tōngxùn〗 통쉰	통신
□ 通讯社	〖tōngxùnshè〗 통쉰셔	통신사
□ 同样	〖tōngyàng〗 통양	같다
□ 同一	〖tóngyī〗 통이	동일하다
□ 同意	〖tóngyì〗 통이	동의하다

□ 统一	【tǒngyī】 통이	**통일하다**
□ 通用	【tōngyòng】 통용	**통용하다**
□ 统战	【tǒngzhàn】 통잔	**통일전선**
□ 同志	【tóngzhì】 통즈	**동지**
□ 统治	【tǒngzhì】 통즈	**통치**
□ 通知	【tōngzhī】 통즈	**통지하다**
□ 偷	【tōu】 터우	**훔치다**
□ 投	【tóu】 터우	**투입하다**
□ 头	【tóu】 터우	**제일의, 첫째의, 머리**
□ 透	【tòu】 터우	**충분히, 완전히, 꿰뚫다, 침투하다**
□ 投标	【tóubiāo】 터우비아오	**경쟁에 입찰하다**
□ 投产	【tóuchǎn】 터우찬	**생산에 들어가다**
□ 透彻	【tòuchè】 터우처	**투철하다, 날카롭다**
□ 头发	【tóufà】 터우파	**머리털**
□ 投放	【tóufàng】 터우팡	**(시장에) 내놓다**
□ 投机	【tóujī】 터우지	**투기하다, 의견이 맞다**
□ 投机倒把	【tóujīdǎobǎ】 터우지다오바	**투기매매를 하다**
□ 透明	【tòumíng】 터우밍	**투명하다**

□ 头脑	【tóunǎo】 터우나오	두뇌, 뇌, 지력
□ 投票	【tóupiào】 터우피아오	투표하다
□ 偷窃	【tōuqiè】 터우치에	훔치다
□ 投入	【tóurù】 터우루	투입하다
□ 偷税	【tōushuì】 터우쉐이	탈세하다
□ 偷偷	【tōutōu】 터우터우	남몰래
□ 投降	【tóuxiáng】 터우시앙	투항하다
□ 投掷	【tóuzhì】 터우즈	투척하다, 던지다
□ 投资	【tóuzī】 터우즈	투자하다
□ 头子	【tóuzi】 터우즈	두목, 우두머리
□ 凸	【tū】 투	볼록하다, 양각하다
□ 秃	【tū】 투	대머리, 벌거벗다, 무디다
□ 图	【tú】 투	그림, 도표
□ 涂	【tú】 투	칠하다, 지우다
□ 土	【tǔ】 투	토속적이다, 촌스럽다
□ 吐	【tù】 투	뱉다, 기우다
□ 图案	【tú'àn】 투안	도안
□ 图表	【túbiǎo】 투비아오	도표

□ 突出　　　【tūchū】투추 돌출하다

□ 徒弟　　　【túdì】투띠 견습생, 제자

□ 土地　　　【tǔdì】투띠 토지

□ 土豆　　　【tǔdòu】투떠우 감자

□ 图画　　　【túhuà】투화 도화

□ 突击　　　【tūjī】투지 돌격하다

□ 途径　　　【tújìng】투징 경로, 절차, 순서, 수단

□ 图片　　　【túpiàn】투피엔 사진·그림·탁본 등의 총칭

□ 突破　　　【tūpò】투퍼 돌파, 돌파하다

□ 突然　　　【tūrán】투란 돌연히

□ 土壤　　　【tǔrǎng】투랑 토양, 흙

□ 屠杀　　　【túshā】투샤 도살하다

□ 图书馆　　【túshūguǎn】투수관 도서관

□ 图像　　　【túxiàng】투시앙 영상

□ 图形　　　【túxíng】투씽 도형

□ 图纸　　　【túzhǐ】투즈 도표, 도화지

□ 兔子　　　【tùzi】투즈 토끼

□ 团　　　　【tuán】투안 단체, 집단, ~뭉치, ~덩어리

□ 团结	【tuánjié】 투안지에	단결
□ 团体	【tuántǐ】 투안티	단체
□ 团聚	【tuányuán】 투안위엔	한자리에 모이다
□ 团员	【tuányuán】 투안위엔	단원
□ 团圆	【tuányuán】 투안위엔	둥글다
□ 团长	【tuánzhǎng】 투안장	단장
□ 推	【tuī】 투에이	밀다
□ 腿	【tuǐ】 투에이	다리
□ 退	【tuì】 투에이	물러나다, 철회하다
□ 退步	【tuìbù】 투에이뿌	퇴보하다
□ 推测	【tuīcè】 투에이처	추측하다
□ 推迟	【tuīchí】 투에이츠	미루다, 연기하다
□ 退出	【tuìchū】 투에이추	퇴출하다
□ 推辞	【tuīcí】 투에이츠	거절하다, 사절하다
□ 推动	【tuīdòng】 투에이똥	밀고 나아가다, 추진하다
□ 推翻	【tuīfān】 투에이판	거꾸러뜨리다
□ 推广	【tuīguǎng】 투에이광	확충하다
□ 退还	【tuìhuán】 투에이환	돌려주다

□ 推荐　　　【tuījiàn】투에이지엔 **추천하다, 천거하다**

□ 推进　　　【tuījìn】투에이진 **추진하다**

□ 推来推去　【tuīláituīqù】투에이라이투에이취 **서로가 미루다**

□ 推理　　　【tuīlǐ】투에이리 **추리**

□ 推论　　　【tuīlùn】투에이룬 **추론하다**

□ 推算　　　【tuīsuàn】투에이쑤안 **추산하다**

□ 推销　　　【tuīxiāo】투에이시아오 **널리 팔다**

□ 推行　　　【tuīxíng】투에이씽 **추진하다**

□ 退休　　　【tuìxiū】투에이시우 **퇴직하다**

□ 推选　　　【tuīxuǎn】투에이쉬엔 **추천하여 선발하다**

□ 吞　　　　【tūn】툰 **삼키다, 점유하다**

□ 屯　　　　【tún】툰 **마을, 모으다**

□ 拖　　　　【tuō】투어 **잡아끌다, 지연하다**

□ 托　　　　【tuō】투어 **받치다, 부탁하다, 의존하다**

□ 脱　　　　【tuō】투어 **벗다**

□ 驮　　　　【tuó】투어 **등에 지다, 싣다**

□ 妥　　　　【tuǒ】투어 **타당하다, 타결되다**

□ 妥当　　　【tuǒdàng】투어당 **타당하다, 알맞다**

□ 托儿所　　【tuō'érsuǒ】 투어얼슈어 **탁아소**

□ 拖拉机　　【tuōlājī】 투어라지 **트랙터**

□ 脱离　　　【tuōlí】 투어리 **이탈하다**

□ 脱落　　　【tuōluò】 투어루어 **탈락하다**

□ 唾沫　　　【tuòmo】 투어모 **침**

□ 妥善　　　【tuǒshàn】 투어샨 **타당하다, 알맞다**

□ 妥协　　　【tuǒxié】 투어시에 **타협하다**

□ 拖延　　　【tuōyán】 투어이엔 **지연하다, 끌다, 연기하다**

□ 椭圆　　　【tuǒyuán】 투어위엔 **타원, 타원체**

① 猴
hóu 허우

② 象
xiàng 시앙

③ 熊猫
xiōngmāo 시옹마오

④ 鹿
lù 루

⑤ 蛇
shé 셔

① 원숭이　② 코끼리　③ 판다　④ 사슴　⑤ 뱀

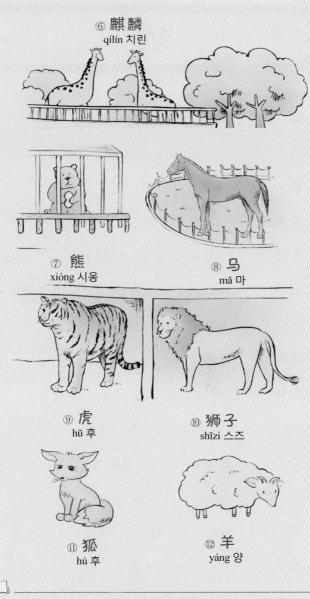

⑥ 麒麟
qílín 치린

⑦ 熊
xióng 시옹

⑧ 马
mǎ 마

⑨ 虎
hū 후

⑩ 狮子
shīzi 스즈

⑪ 狐
hú 후

⑫ 羊
yáng 양

---

⑥ 기린　⑦ 곰　⑧ 말　⑨ 호랑이　⑩ 사자　⑪ 여우　⑫ 양

□ 哇   【wā】 와 앙앙, 엉엉 (울음소리)

□ 挖   【wā】 와 파다, 파서 뚫다

□ 瓦   【wǎ】 와 기와

□ 挖苦   【wāku】 와쿠 비꼬다, 빈정대다, 조롱하다

□ 瓦匠   【wǎjiang】 와지앙 미장이

□ 瓦解   【wǎjiě】 와지에 와해되다(시키다), 붕괴하다(시키다)

□ 挖掘   【wājué】 와쥐에 발굴하다

□ 瓦斯   【wǎsī】 와쓰 가스(gas)

□ 瓦特   【wǎtè】 와터 와트(watt)

□ 娃娃   【wáwa】 와와 아기, 어린애

□ 洼陷   【wāxiàn】 와시엔 움푹 꺼져 들어가다

□ 袜子   【wàzi】 와즈 양말

□ 歪   【wāi】 와이 비뚤다, 그릇되다

□ 外   【wài】 와이 밖, 외

□ 外边   【wàibiān】 와이비엔 밖

□ **外表**	【wàibiǎo】 와이비아오	**겉모습**
□ **外宾**	【wàibīn】 와이빈	**외국손님, 외빈**
□ **外部**	【wàibù】 와뿌	**외부**
□ **外出**	【wàichū】 와이추	**외출하다**
□ **外地**	【wàidì】 와이띠	**외지**
□ **外电**	【wàidiàn】 와이띠엔	**외신**
□ **外观**	【wàiguān】 와이관	**외관**
□ **外国**	【wàiguó】 와이구어	**외국**
□ **外行**	【wàihang】 와이항	**문외한, 비전문가**
□ **外汇**	【wàihuì】 와이훼이	**외화**
□ **外交**	【wàijiāo】 와이지아오	**외교**
□ **外界**	【wàijiè】 와이지에	**외계**
□ **外科**	【wàikē】 와이커	**외과**
□ **外力**	【wàilì】 와이리	**바깥 힘, 외부 힘**
□ **外流**	【wàiliú】 와이리우	**빠져나가다, 유출되다**
□ **外面**	【wàimian】 와이미엔	**겉면**
□ **外婆**	【wàipó】 와이퍼	**외할머니**
□ **歪曲**	【wāiqū】 와이취	**왜곡하다**

□ 外事	【wàishì】 와이스	외교 사무, 외교에 관계된 일
□ 外头	【wàitou】 와이터우	밖, 바깥, 바깥쪽
□ 外文	【wàiwén】 와이원	외국어
□ 外向型	【wàixiàngxíng】 와이시앙씽	외향적, 외향형
□ 外形	【wàixíng】 와이씽	외형
□ 外衣	【wàiyī】 와이이	외투, 겉옷
□ 外语	【wàiyǔ】 와이위	외국어
□ 外资	【wàizī】 와이즈	외자
□ 外祖父	【wàizǔfù】 와이주푸	외할아버지
□ 外祖母	【wàizǔmǔ】 와이주무	외할머니
□ 弯	【wān】 완	구부리다
□ 湾	【wān】 완	물굽이, 만
□ 丸	【wán】 완	알
□ 玩	【wán】 완	놀다
□ 完	【wán】 완	끝나다, 완성하다
□ 碗	【wǎn】 완	사발
□ 挽	【wǎn】 완	걷어 올리다, 잡아당기다
□ 晚	【wǎn】 완	늦다

□ **晚报**	【wǎnbào】 완빠오	석간신문
□ **完备**	【wánbèi】 완뻬이	**완비하다**
□ **完毕**	【wánbì】 완삐	끝나다, **완비하다**
□ **晚餐**	【wǎncān】 완찬	저녁밥, 만찬
□ **完成**	【wánchéng】 완청	**완성하다**
□ **完蛋**	【wándàn】 완딴	끝장나다, 거덜나다
□ **豌豆**	【wāndòu】 완떠우	**완두(콩)**
□ **晚饭**	【wǎnfàn】 완판	**저녁밥**
□ **万分**	【wànfēn】 완펀	극히, 매우
□ **顽固**	【wángù】 완꾸	**완고하다**
□ **晚会**	【wǎnhuì】 완훼이	**야회**
□ **挽救**	【wǎnjiù】 완지우	**구해내다**
□ **玩具**	【wánjù】 완쥐	**완구**
□ **晚年**	【wǎnnián】 완니엔	만년
□ **玩弄**	【wánnòng】 완농	희롱하다, 가지고 놀다
□ **顽强**	【wánqiáng】 완치앙	**완강하다**
□ **弯曲**	【wānqū】 완취	꼬불꼬불하다, 구불구불하다
□ **完全**	【wánquán】 완취엔	**완전히**

□ 完善	【wánshàn】 완샨 완전하다, 완벽하다
□ 晚上	【wǎnshang】 완샹 저녁
□ 万岁	【wànsuì】 완쒜이 만세!
□ 万万	【wànwàn】 완완 절대로 (부정문)
□ 惋惜	【wǎnxī】 완시 안타까워하다, 아쉬워하다
□ 玩笑	【wánxiào】 완시아오 농담, 우스갯소리
□ 万一	【wànyī】 완이 만일~하면, 만에 하나라도
□ 玩意儿	【wányìr】 완일 장난감
□ 完整	【wánzhěng】 완정 완전하다
□ 王	【wáng】 왕 왕
□ 亡	【wáng】 왕 도망하다, 잃다, 망하다
□ 网	【wǎng】 왕 그물, 망, 네트
□ 往	【wǎng】 왕 ~로, ~쪽으로, 가다, 지나다
□ 忘	【wàng】 왕 잊어버리다
□ 望	【wàng】 왕 바라보다, 희망하다
□ 往返	【wǎngfǎn】 왕판 왕복하다
□ 王国	【wángguó】 왕구어 왕국
□ 往后	【wǎnghòu】 왕허우 금후, 앞으로

□ 忘记	【wàngjì】	왕지	잊다
□ 往来	【wǎnglái】	왕라이	내왕하다
□ 往年	【wǎngnián】	왕니엔	왕년
□ 网球	【wǎngqiú】	왕치우	테니스
□ 忘却	【wàngquè】	왕취에	망각하다
□ 往日	【wǎngrì】	왕르	지난날
□ 往常	【wǎngshì】	왕창	평상시, 평소
□ 往事	【wǎngshì】	왕스	과거, 옛일
□ 妄图	【wàngtú】	왕투	함부로 꾀하다
□ 往往	【wǎngwǎng】	왕왕	자주, 종종
□ 妄想	【wàngxiǎng】	왕시앙	망상, 공상, 망상하다
□ 汪洋	【wāngyang】	왕양	바다가 넓고 크다
□ 望远镜	【wàngyuǎnjìng】	왕위엔징	망원경
□ 围	【wéi】	웨이	둘러싸다, 에워싸다
□ 尾	【wěi】	웨이	꼬리
□ 未	【wèi】	웨이	아직 ~하지 않다
□ 味	【wèi】	웨이	맛, 냄새
□ 胃	【wèi】	웨이	위

- 畏 　【wèi】 웨이 **두려워하다, 존경하다**
- 喂 　【wèi】 웨이 **야, 여보세요, 먹여주다**
- 位 　【wèi】 웨이 **~분**
- 为 　【wèi】 웨이 **~에게, ~을 위하여**
- 尾巴 　【wěiba】 웨이바 **꼬리, 꽁무니**
- 违背 　【wéibèi】 웨이뻬이 **위배하다, 어기다**
- 未必 　【wèibì】 웨이삐 **꼭 그렇다고는 할 수 없다**
- 微不足道 　【wēibùzúdào】 웨이뿌주따오 **보잘것없다**
- 维持 　【wéichí】 웨이츠 **유지하다**
- 伟大 　【wěidà】 웨이따 **위대하다**
- 味道 　【wèidao】 웨이따오 **맛**
- 惟独 　【wéidú】 웨이두 **유독**
- 违法 　【wéifǎ】 웨이파 **위법하다, 법을 어기다**
- 违犯 　【wéifàn】 웨이판 **위반하다, 위범하다**
- 违反 　【wéifǎn】 웨이판 **위반하다**
- 威风 　【wēifēng】 웨이펑 **위풍**
- 桅杆 　【wéigān】 웨이간 **돛대**
- 围攻 　【wéigōng】 웨이궁 **포위공격하다**

□ 微观	【wēiguān】	웨이관	미시적
□ 危害	【wēihài】	웨이하이	해를 끼치다
□ 为何	【wèihé】	웨이허	무엇 때문에, 왜
□ 维护	【wéihù】	웨이후	보호하다
□ 危急	【wēijí】	웨이지	위급하다, 급박하다
□ 危机	【wēijī】	웨이지	위기
□ 围巾	【wéijīn】	웨이진	목도리, 스카프
□ 畏惧	【wèijù】	웨이쥐	두려워하다
□ 未来	【wèilái】	웨이라이	미래
□ 为了	【wèile】	웨이러	~을 위하여
□ 威力	【wēilì】	웨이리	위력
□ 未免	【wèimiǎn】	웨이미엔	오히려, 너무
□ 为难	【wéinán】	웨이난	난처하게 하다
□ 围棋	【wéiqí】	웨이치	바둑
□ 为期	【wéiqī】	웨이치	~을 기한으로 하다
□ 委屈	【wěiqu】	웨이취	원망하다, 억울하다
□ 围绕	【wéirào】	웨이라오	둘러싸다
□ 为什么	【wèishénme】	웨이션머	무엇 때문에, 왜

A
B
C
D
E
F
G
H
J
K
L
M
N
O
P
Q
R
S
T
W
X
Y
Z

417

□ 卫生	【wèishēng】 웨이셩 **위생**
□ 维生素	【wéishēngsù】 웨이셩수 **비타민**
□ 为首	【wéishǒu】 웨이셔우 **~을 우두머리로 삼다**
□ 委托	【wěituō】 웨이투어 **위탁하다**
□ 威望	【wēiwàng】 웨이왕 **위엄과 명망**
□ 慰问	【wèiwèn】 웨이원 **위문하다**
□ 唯物论	【wéiwùlùn】 웨이우룬 **유물론**
□ 唯物主义	【wéiwùzhǔyì】 웨이우주이 **유물주의**
□ 危险	【wēixiǎn】 웨이시엔 **위험하다**
□ 微笑	【wēixiào】 웨이시아오 **미소짓다**
□ 微小	【wēixiǎo】 웨이시아오 **미소하다, 극소하다**
□ 威胁	【wēixié】 웨이시에 **위협하다**
□ 威信	【wēixìn】 웨이씬 **위신**
□ 唯心论	【wéixīnlùn】 웨이씬룬 **유심론**
□ 唯心主义	【wéixīnzhǔyì】 웨이씬주이 **유심주의**
□ 卫星	【wèixīng】 웨이씽 **위성**
□ 维修	【wéixiū】 웨이시우 **보수하다, 수리하다**
□ 惟一	【wéiyī】 웨이이 **유일하다**

□ 位于	〖wèiyú〗 웨이위	~에 위치하다
□ 委员	〖wěiyuán〗 웨이위엔	위원
□ 伪造	〖wěizào〗 웨이자오	위조하다
□ 位置	〖wèizhi〗 웨이즈	위치
□ 为止	〖wéizhǐ〗 위즈	~까지
□ 温	〖wēn〗 원	따뜻하다, 따스하다, 데우다
□ 文	〖wén〗 원	문자, 문장
□ 闻	〖wén〗 원	듣다, 맡다
□ 稳	〖wěn〗 원	안정되다, 믿음직하다
□ 吻	〖wěn〗 원	입술, 부리, 키스하다, 입맞춤하다
□ 问答	〖wèndá〗 원다	문답
□ 温带	〖wēndài〗 원따이	온대
□ 稳当	〖wěndang〗 원당	온당하다
□ 稳定	〖wěndìng〗 원띵	안정되다
□ 温度	〖wēndù〗 원뚜	온도
□ 温度计	〖wēndùjì〗 원뚜지	온도계
□ 问好	〖wènhǎo〗 원하오	안부를 묻다, 문안드리다
□ 温和	〖wēnhé〗 원허	온화하다

□ 问候	【wènhòu】 원허우	안부를 묻다
□ 文化	【wénhuà】 원화	문화
□ 文言	【wényán】 원이엔	문언, 중국고문
□ 文件	【wénjiàn】 원지엔	문서, 문건
□ 文件	【wénjiàn】 원지엔	문건
□ 文盲	【wénmáng】 원망	문맹
□ 闻名	【wénmíng】 원밍	이름이 높다, 유명하다
□ 文明	【wénmíng】 원밍	문명
□ 温暖	【wēnnuǎn】 원누안	온난하다
□ 文凭	【wénpíng】 원핑	졸업장
□ 文人	【wénrén】 원런	문인
□ 温柔	【wēnróu】 원러우	부드럽다, 순하다
□ 问世	【wènshì】 원스	(저작물 따위가) 세상에 나오다
□ 问题	【wèntí】 원티	문제
□ 稳妥	【wěntuǒ】 원투어	타당하다, 믿음직하다
□ 文物	【wénwù】 원우	문물
□ 文献	【wénxiàn】 원시엔	문헌
□ 文学	【wénxué】 원쉬에	문학

420

□ 文学家	【wénxuéjiā】 원쉬에지아	문학가
□ 文雅	【wényǎ】 원야	우아하다
□ 瘟疫	【wēnyì】 원이	급성 전염병, 유행병, 돌림병
□ 文艺	【wényì】 원이	문예
□ 文艺界	【wényìjiè】 원이지에	문예계
□ 文章	【wénzhāng】 원장	문장
□ 文字	【wénzì】 원즈	문자
□ 蚊子	【wénzi】 원즈	모기
□ 嗡	【wēng】 웡	붕붕, 앵앵(곤충 따위가 나는 소리)
□ 窝	【wō】 워	둥지, 소굴, 움푹한 곳
□ 握	【wò】 워	잡다, 쥐다, 장악하다
□ 卧	【wò】 워	눕다, 웅크리다
□ 我们	【wǒmen】 워먼	우리
□ 窝囊	【wōnang】 워낭	겁이 많다, 무능하다
□ 卧室	【wòshì】 워스	침실
□ 握手	【wòshǒu】 워셔우	악수하다
□ 污	【wū】 우	더럽다, 부정하다
□ 屋	【wū】 우	방, 집

□ 无	【wú】	우 없다
□ 伍(五)	【wǔ】	우 5, 오
□ 舞	【wǔ】	우 춤추다
□ 勿	【wù】	우 금지를 나타냄
□ 误	【wù】	우 잘못하다, 실수하다, 놓치다
□ 悟	【wù】	우 깨닫다, 자각하다
□ 雾	【wù】	우 안개
□ 物	【wù】	우 물건, 물자
□ 务必	【wùbì】	우삐 반드시, 꼭
□ 无比	【wúbǐ】	우비 비할 바 없다, 아주 뛰어나다
□ 误差	【wùchā】	우차 오차
□ 无偿	【wúcháng】	우창 무상(의)
□ 无耻	【wúchǐ】	우츠 무치하다
□ 无从	【wúcóng】	우총 ~할 길이 없다
□ 污点	【wūdiǎn】	우띠엔 오점, (옷에 묻은) 때
□ 误点	【wùdiǎn】	우띠엔 시간을 어기다. 연착하다
□ 无法	【wúfǎ】	우파 ~할 방법이 없다
□ 午饭	【wǔfàn】	우판 점심밥

□ 无非	【wúfēi】 우페이	~가 아닌 것이 없다, 반드시 ~이다
□ 无话可说	【wúhuàkěshuō】 우화커슈어	자기 이익을 도모하다
□ 舞会	【wǔhuì】 우훼이	무도회
□ 误会	【wùhuì】 우훼이	오해, 오해하다
□ 物价	【wùjià】 우지아	물가
□ 误解	【wùjiě】 우지에	오해, 오해하다
□ 无可奉告	【wúkěfènggào】 우커펑까오	알릴 것이 없다
□ 无可奈何	【wúkěnàihé】 우커나이허	어찌할 도리가 없다, 막무가내다
□ 无理	【wúlǐ】 우리	무리하다
□ 武力	【wǔlì】 우리	무력
□ 物理	【wùlǐ】 우리	물리
□ 物力	【wùlì】 우리	물력, 물자
□ 无聊	【wúliáo】 우리아오	무료하다, 시사하다
□ 无论	【wúlùn】 우룬	막론하고, ~에 불구하고
□ 无论如何	【wúlùnrúhé】 우룬루허	어떻게 되었든 관계없이
□ 诬蔑	【wūmiè】 우미에	모욕하다, 중상하다
□ 污蔑	【wūmiè】 우미에	더럽히다, 간음하다
□ 无能为力	【wúnéngwéilì】 우넝웨이리	어쩔 수가 없다

A
B
C
D
E
F
G
H
J
K
L
M
N
O
P
Q
R
S
T
W
X
Y
Z

□ 侮弄　　　【wǔnòng】우농　깔보고 조롱하다. 모욕하다

□ 舞弄　　　【wǔnòng】우농　마음대로 다루다, 갖고 놀다

□ 物品　　　【wùpǐn】우핀　물품

□ 婆　　　　【wūpó】우퍼　무녀

□ 无期　　　【wúqī】우치　무기한의, 기한이 없는

□ 武器　　　【wǔqì】우치　무기

□ 雾气　　　【wùqì】우치　안개

□ 无情　　　【wúqíng】우칭　무정하다

□ 无情无义　【wúqíngwúyì】우싱우이　정도 의리도 없다

□ 无穷　　　【wúqióng】우치옹　무궁하다

□ 污染　　　【wūrǎn】우란　오염되다

□ 侮辱　　　【wūrǔ】우루　모욕하다, 창피주다

□ 武术　　　【wǔshu】우슈　무술

□ 无所谓　　【wúsuǒwèi】우쑤어웨이　말할 수 없다, 아무렇지도 않다

□ 无所作为　【wúsuǒzuòwéi】우쑤어쭈어웨이　아무것도 하려하지 않다

□ 舞台　　　【wǔtái】우타이　무대

□ 物体　　　【wùtǐ】우티　물체

□ 舞厅　　　【wǔtīng】우팅　무도장

□ 梧桐　　　〔wútong〕 우통 오동나무

□ 无微不至　〔wúwēibúzhì〕 우웨이부즈 주도면밀하다

□ 诬陷　　　〔wūxiàn〕 우시엔 모함하다

□ 无限　　　〔wúxiàn〕 우시엔 무한하다

□ 无线电　　〔wúxiàndiàn〕 우시엔띠엔 무선전신

□ 无效　　　〔wúxiào〕 우시아오 무효, 무효다, 효력이 없다

□ 乌鸦　　　〔wūyā〕 우야 까마귀

□ 呜咽　　　〔wūyè〕 우예 목메어 울다, 훌쩍이다

□ 武艺　　　〔wǔyì〕 우이 무예

□ 无疑　　　〔wúyí〕 우이 의심할 바 없다

□ 无意　　　〔wúyì〕 우이 무의식중에 ~할 생각이 없다

□ 乌云　　　〔wūyún〕 우윈 먹구름

□ 误诊　　　〔wùzhěn〕 우전 오진하다

□ 无知　　　〔wúzhī〕 우즈 무지하다

□ 物质　　　〔wùzhì〕 우즈 물질

□ 武装　　　〔wǔzhuāng〕 우주앙 무장

□ 物资　　　〔wùzī〕 우즈 물자

□ 屋子　　　〔wūzi〕 우즈 방

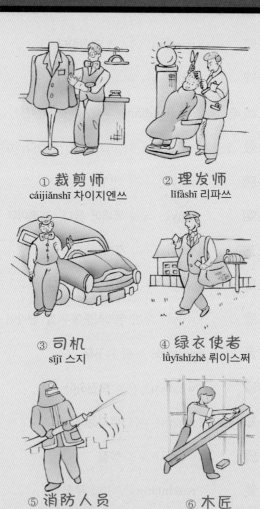

① 裁剪师
cáijiǎnshī 차이지엔쓰

② 理发师
lǐfàshī 리파쓰

③ 司机
sījī 스지

④ 绿衣使者
lǜyīshǐzhě 뤼이스쩌

⑤ 消防人员
xiāofángrényuán
씨아오팡런위엔

⑥ 木匠
mùjiang 무지앙

① 재단사 ② 이발사 ③ 운전사 ④ 우체부 ⑤ 소방관 ⑥ 목수

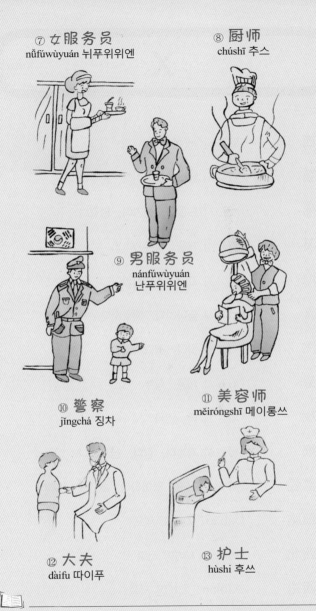

⑦ **女服务员**
nǚfúwùyuán 뉘푸위위엔

⑧ **厨师**
chúshī 추스

⑨ **男服务员**
nánfúwùyuán
난푸위위엔

⑩ **警察**
jǐngchá 징차

⑪ **美容师**
měiróngshī 메이롱쓰

⑫ **大夫**
dàifu 따이푸

⑬ **护士**
hùshi 후쓰

---

⑦ 여종업원 ⑧ 요리사 ⑨ 남종업원 ⑩ 경찰 ⑪ 미용사
⑫ 의사 ⑬ 간호사

□ 西 　　【xī】 시 서(쪽)

□ 吸 　　【xī】 시 빨다, 들이쉬다, 흡수하다

□ 稀 　　【xī】 시 드물다, 성기다, 멀겋다

□ 溪 　　【xī】 시 개울, 작은 시내

□ 熄 　　【xī】 시 끄다, 소멸시키다

□ 喜 　　【xǐ】 시 좋아하다, 애호하다

□ 洗 　　【xǐ】 시 씻다, 세탁하다

□ 系 　　【xì】 시 계통, 학부

□ 戏 　　【xì】 시 극, 연극

□ 细 　　【xì】 시 가늘다, 잘다, 섬세하다

□ 喜爱 　　【xǐ'ài】 시아이 좋아하다, 호감을 가지다

□ 细胞 　　【xìbāo】 시바오 세포

□ 西北 　　【xīběi】 시베이 서북

□ 西边 　　【xībiān】 시비엔 서쪽

□ 稀薄 　　【xībó】 시보 (공기 따위의 농도가) 희박하다

428

□ 西部　　　〔xībù〕 시뿌 서부

□ 西餐　　　〔xīcān〕 시찬 서양음식

□ 吸尘器　　〔xīchénqì〕 시천치 흡진기, (전기) 청소기

□ 洗涤　　　〔xǐdí〕 시띠 씻다, 세정하다

□ 吸毒　　　〔xīdú〕 시뚜 흡입하다

□ 西方　　　〔xīfāng〕 시팡 서쪽

□ 媳妇　　　〔xífu〕 시푸 며느리

□ 西服　　　〔xīfú〕 시푸 양복

□ 膝盖　　　〔xīgài〕 시까이 무릎

□ 西瓜　　　〔xīguā〕 시과 수박

□ 习惯　　　〔xíguàn〕 시꽌 습관

□ 西红柿　　〔xīhóngshì〕 시홍스 토마토

□ 喜欢　　　〔xǐhuān〕 시환 좋아하다

□ 袭击　　　〔xíjī〕 시지 습격하다, 기습하다

□ 细节　　　〔xìjié〕 시지에 자세한 사정, 세부, 사소한 부분

□ 戏剧　　　〔xìjù〕 시쮜 희극

□ 细菌　　　〔xìjūn〕 시쥔 세균

□ 系列　　　〔xìliè〕 시리에 계열, 시리즈

- 西面 【xīmiàn】 시미엔 서쪽

- 熄灭 【xīmiè】 시메 불을 끄다

- 喜鹊 【xǐquè】 시취에 까치

- 稀少 【xīshǎo】 시샤오 희소하다, 적다, 드물다

- 牺牲 【xīshēng】 시성 희생하다

- 喜事 【xǐshì】 시스 희사

- 吸收 【xīshōu】 시셔우 흡수하다

- 稀疏 【xīshū】 시수 드물다, 성기다, 희소하다

- 习俗 【xísú】 시수 습속, 습관과 풍속

- 习题 【xítí】 시티 연습문제

- 系统 【xìtǒng】 시통 계통

- 希望 【xīwàng】 시왕 희망

- 席位 【xíwèi】 시웨이 의석, 좌석, 자리

- 细小 【xìxiǎo】 시시아오 사소하다, 하찮다

- 细心 【xìxīn】 시씬 세심하다

- 喜讯 【xǐxùn】 시쉰 희소식, 기쁜 소식

- 吸烟 【xīyān】 시이엔 담배를 피우다

- 夕阳 【xīyáng】 시양 석양, 낙조

□ 西洋	【xīyáng】	시양	서양
□ 洗衣机	【xǐyījī】	시이지	세탁기
□ 西医	【xīyī】	시이	서양의사, 서의
□ 吸引	【xīyǐn】	시인	흡인하다, 빨아당기다
□ 喜悦	【xǐyuè】	시위에	기쁘다, 즐겁다
□ 洗澡	【xǐzǎo】	시자오	몸을 씻다
□ 细致	【xìzhì】	시즈	세밀하다, 신중하다
□ 狭隘	【xiá'ài】	시아아이	협애하다, 폭이 좁다
□ 虾	【xiā】	시아	새우
□ 瞎	【xiā】	시아	근거없이, 마구, 눈이 멀다
□ 弦	【xiá】	시아	현, 활시위
□ 霞	【xiá】	시아	노을
□ 峡	【xiá】	시아	협곡, 골짜기
□ 下	【xià】	시아	~한번
□ 吓	【xià】	시아	놀라게 하다
□ 夏	【xià】	시아	여름
□ 下班	【xiàbān】	시아반	퇴근하다
□ 下达	【xiàdá】	시아다	하달하다

□ 下放	【xiàfàng】 시아팡	아래로 내려오다
□ 峡谷	【xiágǔ】 시아구	협곡
□ 下级	【xiàjí】 시아지	하급
□ 夏季	【xiàjì】 시아지	여름철, 하계
□ 下降	【xiàjiàng】 시아지앙	하강하다, 낮아지다
□ 下课	【xiàkè】 시아커	수업이 끝나다
□ 下来	【xiàlái】 시아라이	내려오다
□ 下令	【xiàlìng】 시아링	명령을 내리다
□ 下落	【xiàluò】 시아루어	행방, 간곳
□ 下面	【xiàmian】 시아미엔	아래쪽
□ 下台	【xiàtái】 시아타이	내려오다, 공직에서 물러나다
□ 夏天	【xiàtiān】 시아티엔	여름
□ 下午	【xiàwǔ】 시아우	오후
□ 下乡	【xiàxiāng】 시아샹	아래로 내려가다, 하향하다
□ 狭小	【xiáxiǎo】 시아시아오	좁고 작다, (범위나 등이) 협소하다
□ 下旬	【xiàxún】 시아쉰	하순
□ 下游	【xiàyóu】 시아여우	하류
□ 狭窄	【xiázhǎi】 시아자이	좁다, 편협하다

□ 先	〔xiān〕 시엔	먼저, 미리, 일찍, 처음
□ 鲜	〔xiān〕 시엔	신선하다, 맛이 좋다
□ 掀	〔xiān〕 시엔	높이 쳐들다, 들어올리다
□ 嫌	〔xián〕 시엔	싫어하다, 꺼리다
□ 咸	〔xián〕 시엔	짜다
□ 闲	〔xián〕 시엔	한가하다
□ 显	〔xiǎn〕 시엔	드러내다, 보이다
□ 献	〔xiàn〕 시엔	바치다, 드리다
□ 现	〔xiàn〕 시엔	드러내다
□ 限	〔xiàn〕 시엔	제한하다
□ 县	〔xiàn〕 시엔	현 (중국행정구 이름)
□ 陷	〔xiàn〕 시엔	빠지다, 함락당하다, 파이다
□ 线	〔xiàn〕 시엔	실
□ 现场	〔xiànchǎng〕 시엔창	현장
□ 现成	〔xiànchéng〕 시엔청	이미 만들어지다
□ 现代	〔xiàndài〕 시엔따이	현대
□ 现代化	〔xiàndàihuà〕 시엔따이화	현대화, 현대화되다
□ 显得	〔xiǎnde〕 시엔더	드러나다, ～보이다

- 限度　　　【xiàndù】 시엔뚜 한도

- 显而易见　【xiǎnéryìjiàn】 시엔얼이지엔 명백히 알 수 있다

- 宪法　　　【xiànfǎ】 시엔파 헌법

- 先锋　　　【xiānfēng】 시엔펑 선봉

- 陷害　　　【xiànhài】 시엔하이 (곤경에) 빠지게 하다

- 鲜红　　　【xiānhóng】 시엔홍 새빨갛다

- 先后　　　【xiānhòu】 시엔허우 선후

- 鲜花　　　【xiānhuā】 시엔화 생화

- 闲话　　　【xiánhuà】 시엔화 한담, 잡담

- 贤惠　　　【xiánhuì】 시엔훼이 어질고 총명하다(여자)

- 衔接　　　【xiánjiē】 시엔지에 잇다, 맞물리다

- 现金　　　【xiànjīn】 시엔진 현금

- 先进　　　【xiānjìn】 시엔진 선진적이다, 진보적이다

- 线路　　　【xiànlù】 시엔루 선, 회로

- 鲜明　　　【xiānmíng】 시엔밍 선명하다

- 羡慕　　　【xiànmù】 시엔무 선망하다

- 仙女　　　【xiānnǚ】 시엔뉘 선녀

- 限期　　　【xiànqī】 시엔치 기한

☐ 掀起　　【xiānqǐ】 시엔치 일다, 일으키다

☐ 先前　　【xiānqián】 시엔치엔 이전, 종전

☐ 现钱　　【xiànqián】 시엔치엔 현금

☐ 显然　　【xiǎnrán】 시엔란 명백하다

☐ 陷入　　【xiànrù】 시엔루 빠지다(불리한 상황)

☐ 献身　　【xiànshēn】 시엔션 헌신하다

☐ 先生　　【xiānsheng】 시엔셩 선생

☐ 现实　　【xiànshí】 시엔스 현실

☐ 显示　　【xiǎnshì】 시엔스 과시하다

☐ 线索　　【xiànsuǒ】 시엔쑤어 선색

☐ 纤维　　【xiānwéi】 시엔웨이 섬유, 섬유질

☐ 显微镜　　【xiǎnwēijìng】 시엔웨이징 현미경

☐ 现象　　【xiànxiàng】 시엔시앙 현상

☐ 先行　　【xiānxíng】 시엔씽 선행하다, 선행적이다

☐ 现行　　【xiànxíng】 시엔씽 현행

☐ 鲜血　　【xiānxuè】 시엔쉬에 선혈

☐ 鲜艳　　【xiānyàn】 시엔이엔 산뜻하고 아름답다

☐ 嫌疑　　【xiányí】 시엔이 의심, 혐의

□ 限于	〖xiànyú〗 시엔위	~한하다
□ 现在	〖xiànzài〗 시엔자이	현재
□ 限制	〖xiànzhì〗 시엔즈	제한하다
□ 显著	〖xiǎnzhù〗 시엔주	현저하다
□ 相	〖xiāng〗 시앙	서로, 상호간
□ 箱	〖xiāng〗 시앙	상자, 트렁크, 통
□ 香	〖xiāng〗 시앙	향기롭다
□ 乡	〖xiāng〗 시앙	촌, 시골
□ 镶	〖xiāng〗 시앙	박아 넣다, 테를 두르다
□ 响	〖xiǎng〗 시앙	소리가 크다, 시끄럽다
□ 想	〖xiǎng〗 시앙	생각하다, 추측하다, 바라다
□ 向	〖xiàng〗 시앙	향하다, 편들다
□ 象	〖xiàng〗 시앙	코끼리, 모습
□ 像	〖xiàng〗 시앙	닮다, ~인 것 같다, ~처럼
□ 巷	〖xiàng〗 시앙	골목
□ 项	〖xiàng〗 시앙	~항목
□ 相比	〖xiāngbǐ〗 시앙비	비교하다
□ 相差	〖xiāngchà〗 시앙차	서로 차이가 나다, 서로 다르다

□ 香肠	〔xiāngcháng〕 시앙창	소시지
□ 乡村	〔xiāngcūn〕 시앙춘	향촌
□ 相当	〔xiāngdāng〕 시앙당	상당히
□ 向导	〔xiàngdǎo〕 시앙따오	가이드
□ 相等	〔xiāngděng〕 시앙덩	동등하다
□ 相对	〔xiāngduì〕 시앙뚜에이	상대적이다, 서로 마주하다
□ 想法	〔xiǎngfǎ〕 시앙파	생각
□ 相反	〔xiāngfǎn〕 시앙판	상반되다
□ 相符	〔xiāngfú〕 시앙푸	서로 부합하다
□ 享福	〔xiǎngfú〕 시앙푸	복을 누리다
□ 相关	〔xiāngguān〕 시앙관	관련되다
□ 相互	〔xiānghù〕 시앙후	상호
□ 相继	〔xiāngjì〕 시앙지	잇달아, 연이어
□ 香蕉	〔xiāngjiāo〕 시앙지아오	바나나
□ 相交	〔xiāngjiāo〕 시앙지아오	교차되다, 사귀다
□ 橡胶	〔xiàngjiāo〕 시앙지아오	고무
□ 向来	〔xiànglái〕 시앙라이	늘, 줄곧, 언제나
□ 享乐	〔xiǎnglè〕 시앙러	향락, 향락하다(부정의 의미)

A
B
C
D
E
F
G
H
J
K
L
M
N
O
P
Q
R
S
T
W
X
Y
Z

□ 项链　　【xiàngliàn】 시앙리엔 목걸이

□ 响亮　　【xiǎngliàng】 시아앙리앙 소리가 크고 맑다

□ 项目　　【xiàngmù】 시앙무 항목

□ 想念　　【xiǎngniàn】 시앙니엔 그리다

□ 橡皮　　【xiàngpí】 시앙피 지우개

□ 想片　　【xiàngpiàn】 시앙피엔 사진

□ 象棋　　【xiàngqí】 시앙치 장기

□ 乡亲　　【xiāngqīn】 시앙친 고향사람

□ 响声　　【xiǎngshēng】 시앙성 소리, 소음

□ 相声　　【xiàngsheng】 시앙성 재담, 만담

□ 相识　　【xiāngshí】 시앙스 서로 알다

□ 享受　　【xiǎngshòu】 시앙셔우 향수, 향수하다, 누리다

□ 相似　　【xiāngsì】 시앙스 비슷하다

□ 相通　　【xiāngtōng】 시앙통 상통하다

□ 相同　　【xiāngtóng】 시앙통 동일하다

□ 向往　　【xiàngwǎng】 시앙왕 동경하다, 지향하다

□ 香味　　【xiāngwèi】 시앙웨이 향기

□ 晌午　　【xiǎngwǔ】 시앙우 점심때

□ 详细	【xiángxì】 시앙시	**상세히**
□ 乡下	【xiāngxià】 시앙시아	**마을(지방)**
□ 想象	【xiǎngxiàng】 시앙시앙	**상상, 상상하다**
□ 想像	【xiǎngxiàng】 시앙시앙	**상상하다**
□ 相信	【xiāngxìn】 시앙씬	**믿다**
□ 香烟	【xiāngyān】 시앙이엔	**담배**
□ 像样	【xiàngyàng】 시앙양	**닮다**
□ 相应	【xiāngyìng】 시앙잉	**상응하다, 호응하다**
□ 响应	【xiǎngyìng】 시앙잉	**호응하다**
□ 享有	【xiǎngyǒu】 시앙여우	**향유하다, 즐기다**
□ 香皂	【xiāngzào】 시앙자오	**세숫비누**
□ 象征	【xiàngzhēng】 시앙정	**상징, 증표**
□ 箱子	【xiāngzi】 시앙즈	**상자**
□ 削	【xiāo】 시아오	**깎다, 자르다**
□ 消	【xiāo】 시아오	**소실되다, 소일하다**
□ 销	【xiāo】 시아오	**취소하다, 팔다**
□ 笑	【xiào】 시아오	**웃다**
□ 小便	【xiǎobiàn】 시아오삐엔	**소변**

□ 消除　　【xiāochū】시아오추 해소하다, 제거하다

□ 晓得　　【xiǎode】시아오더 알다

□ 消毒　　【xiāodú】시아오두 소독하다

□ 消费　　【xiāofèi】시아오페이 소비하다

□ 小鬼　　【xiǎoguǐ】시아오궤이 꼬마, 요놈, 요자식

□ 效果　　【xiàoguǒ】시아오구어 효과

□ 小孩儿　【xiǎoháir】시아오할 어린아이

□ 消耗　　【xiāohào】시아오하오 소모(하다), 소비(하다)

□ 消化　　【xiāohuà】시아오화 소화하다

□ 笑话　　【xiàohuà】시아오화 농담

□ 销毁　　【xiāohuǐ】시아오훼이 소각하여 없애다

□ 校徽　　【xiàohuī】시아오훼이 학교의 휘장(배지)

□ 小伙子　【xiǎohuǒzi】시아오후어즈 총각

□ 消极　　【xiāojí】시아오지 소극적이다, 부정적이다

□ 小姐　　【xiǎojiě】시아오지에 아가씨

□ 效力　　【xiàolì】시아오리 효력

□ 销路　　【xiāolù】시아오루 판로

□ 效率　　【xiàolǜ】시아오뤼 효율

□ **小麦** 〔xiǎomài〕 시아오마이 밀, 소맥

□ **小米** 〔xiǎomǐ〕 시아오미 좁쌀

□ **消灭** 〔xiāomiè〕 시아오미에 소멸하다

□ **小朋友** 〔xiǎopéngyou〕 시아오펑여우 꼬마친구, 어린이

□ **笑容** 〔xiàoróng〕 시아오롱 웃는 얼굴, 웃음 띤 표정

□ **消失** 〔xiāoshī〕 시아오스 사라지다

□ **小时** 〔xiǎoshí〕 시아오스 시간

□ **销售** 〔xiāoshòu〕 시아오셔우 판매하다

□ **小数** 〔xiǎoshù〕 시아오수 소수

□ **小数点** 〔xiǎoshùdiǎn〕 시아오수디엔 소수점

□ **孝顺** 〔xiàoshùn〕 시아오순 효도하다, 효성스럽다

□ **小说** 〔xiǎoshuō〕 시아오슈어 소설

□ **小提琴** 〔xiǎotíqín〕 시아오티친 바이올린

□ **消息** 〔xiāoxi〕 시아오시 소식

□ **肖像** 〔xiàoxiàng〕 시아오시앙 초상

□ **小心** 〔xiǎoxīn〕 시아오씬 조심하다

□ **小心翼翼** 〔xiǎoxīnyìyì〕 시아오씬이이 경건하게 조심하다

□ **小型** 〔xiǎoxíng〕 시아오씽 소형의, 소규모의

A
B
C
D
E
F
G
H
J
K
L
M
N
O
P
Q
R
S
T
W
X
Y
Z

□ 小学	【xiǎoxué】 시아오쉬에	**소학**
□ 小学生	【xiǎoxuéshēng】 시아오쉬에성	**소학생**
□ 效益	【xiàoyì】 시아오이	**효과와 이익**
□ 校园	【xiàoyuán】 시아오위엔	**교정**
□ 校长	【xiàozhǎng】 시아오장	**교장**
□ 小子	【xiǎozi】 시아오즈	**아들(놈)**
□ 小组	【xiǎozǔ】 시아오주	**소조**
□ 歇	【xiē】 시에	**쉬다**
□ 些	【xiē】 시에	**조금, 약간**
□ 邪	【xié】 시에	**그릇되다, 사악하다**
□ 斜	【xié】 시에	**기울다, 비스듬하다**
□ 鞋	【xié】 시에	**신**
□ 写	【xiě】 시에	**쓰다**
□ 泄	【xiè】 시에	**배출하다, 방출하다**
□ 卸	【xiè】 시에	**짐을 내리다, 벗다**
□ 屑	【xiè】 시에	**부스러기, 찌꺼기**
□ 屑	【xiè】 시에	**하찮아하다, 경멸하다**
□ 泻	【xiè】 시에	**설사하다**

□ 挟持	【xiéchí】	시에츠	위협하여 붙들다
□ 携带	【xiédài】	시에따이	휴대하다
□ 协定	【xiédìng】	시에띵	협정
□ 协会	【xiéhuì】	시에훼이	협회
□ 谢绝	【xièjué】	시에쥐에	사절하다
□ 泄露	【xièlù】	시에루	폭로하다, 드러내다
□ 泄气	【xièqì】	시에치	풀이 죽다, 기가 죽다
□ 协商	【xiéshāng】	시에샹	협상하다
□ 协调	【xiétiáo】	시에티아오	조화하다
□ 谢谢	【xièxie】	시에시에	감사합니다
□ 协议	【xiéyì】	시에이	협의
□ 协助	【xiézhù】	시에주	협조하다
□ 写作	【xiězuò】	시에쭈어	글을 쓰다
□ 协作	【xiézuò】	시에쭈어	협조하다
□ 心爱	【xīn'ài】	씬아이	애지중지하다
□ 心	【xīn】	씬	심
□ 新	【xīn】	씬	새롭다, 신선하다
□ 锌	【xīn】	씬	아연

□ 信　　　　　【xìn】 씬 믿다, 편지, 신용

□ 新陈代谢　【xīnchéndàixiè】 씬천따이시에 신진대사

□ 信贷　　　【xìndài】 씬따이 신용대부

□ 心得　　　【xīndé】 씬더 심득

□ 新房　　　【xīnfang】 씬팡 새집

□ 信封　　　【xìnfēng】 씬펑 편지봉투

□ 信号　　　【xìnhào】 씬하오 신호

□ 信件　　　【xìnjiàn】 씬지엔 편지

□ 薪金　　　【xīnjīn】 씬진 봉급

□ 新近　　　【xīnjìn】 씬진 최근, 요즘

□ 辛苦　　　【xīnkǔ】 씬쿠 고생하다

□ 信赖　　　【xìnlài】 씬라이 신뢰하다

□ 新郎　　　【xīnláng】 씬랑 신랑

□ 心里　　　【xīnlǐ】 씬리 마음속

□ 心理　　　【xīnlǐ】 씬리 심리

□ 心灵　　　【xīnlíng】 씬링 심령, 영혼

□ 心目　　　【xīnmù】 씬무 심목

□ 信念　　　【xìnniàn】 씬니엔 신념

□ 新年　　　〔xīnnián〕씬니엔 새해

□ 新娘　　　〔xīnniáng〕씬니앙 새색시

□ 辛勤　　　〔xīnqín〕씬친 부지런하다, 근면하다

□ 心情　　　〔xīnqíng〕씬칭 심정

□ 新人　　　〔xīnrén〕씬런 신인

□ 信任　　　〔xìnrèn〕씬런 신임하다

□ 新式　　　〔xīnshì〕씬스 신식, 신식이다

□ 欣赏　　　〔xīnshǎng〕씬샹 즐기다, 감상하다

□ 新生　　　〔xīnshēng〕씬셩 갓 태어나다

□ 新生　　　〔xīnshēng〕씬셩 새 생명, 신입생

□ 心事　　　〔xīnshì〕씬스 심사

□ 薪水　　　〔xīnshuǐ〕씬쉐이 봉급

□ 心思　　　〔xīnsi〕씬쓰 심사

□ 心疼　　　〔xīnténg〕씬텅 아까워하다, 몹시 사랑하다

□ 心头　　　〔xīntóu〕씬터우 마음속, 정신

□ 新闻　　　〔xīnwén〕씬원 신문

□ 信息　　　〔xìnxī〕씬시 소식, 정보

□ 新鲜　　　〔xīnxiān〕씬시엔 신선하다

- 信心 　　　【xìnxīn】 씬씬 자신

- 欣欣向荣 　【xīnxīnxiàngróng】 씬씬시앙롱 활기차게 전하다

- 新兴 　　　【xīnxīng】 씬씽 신흥의, 새로 일어난

- 新型 　　　【xīnxíng】 씬씽 신형, 신식

- 心血 　　　【xīnxuè】 씬쉬에 심혈

- 信仰 　　　【xìnyǎng】 씬양 신앙하다

- 心眼儿 　　【xīnyǎnr】 씬이엘 속마음, 슬기, 의심

- 心意 　　　【xīnyì】 씬이 성의

- 新颖 　　　【xīnyǐng】 씬잉 참신하다

- 信用 　　　【xìnyòng】 씬용 신용

- 信誉 　　　【xìnyù】 씬위 신용과 명예, 위신, 신망

- 心愿 　　　【xīnyuàn】 씬위엔 바람, 염원

- 心脏 　　　【xīnzàng】 씬짱 심장

- 心中 　　　【xīnzhōng】 씬종 심중

- 幸而 　　　【xìng'er】 씽얼 다행히, 운 좋게

- 星 　　　　【xīng】 씽 별

- 兴 　　　　【xīng】 씽 흥성하다

- 腥 　　　　【xīng】 씽 비리다

446

□ 行　　　　　【xíng】 씽 걷다, 여행하다, 여행, 행위

□ 型　　　　　【xíng】 씽 본, 양식, 틀

□ 刑　　　　　【xíng】 씽 형벌, 형구

□ 形　　　　　【xíng】 씽 형벌, 형구

□ 醒　　　　　【xǐng】 씽 깨어나다, 의식을 되찾다

□ 杏　　　　　【xìng】 씽 살구나무

□ 姓　　　　　【xìng】 씽 성씨

□ 兴办　　　　【xīngbàn】 씽빤 창설하다, 일으키다

□ 性别　　　　【xìngbié】 씽비에 성별

□ 刑场　　　　【xíngchǎng】 씽창 사형장

□ 形成　　　　【xíngchéng】 씽청 형성하다

□ 行动　　　　【xíngdòng】 씽뚱 행동하다

□ 刑法　　　　【xíngfǎ】 씽파 형법

□ 兴奋　　　　【xìngfèn】 씽펀 흥분되다

□ 幸福　　　　【xìngfú】 씽푸 행복

□ 兴高采烈　　【xìnggāocǎiliè】 씽까오차이 리에 매우 흥겹다,
　　　　　　　　　　　　　　　　　　대단히 기뻐하다

□ 性格　　　　【xìnggé】 씽거 성격

□ 型号　　　　【xínghào】 씽하오 형호

A B C D E F G H J K L M N O P Q R S T W X Y Z

□ 幸好　　　【xìnghǎo】씽하오 다행히, 요행히

□ 行贿　　　【xínghuì】씽훼이 뇌물을 주다

□ 兴建　　　【xīngjiàn】씽지엔 건설하다, 건축하다

□ 行径　　　【xíngjìng】씽징 행실, 거동

□ 行军　　　【xíngjūn】씽쥔 행군하다

□ 幸亏　　　【xìngkuī】씽퀘이 다행히, 요행히

□ 行李　　　【xíngli】씽리 짐

□ 性命　　　【xìngmìng】씽밍 생명

□ 姓名　　　【xìngmíng】씽밍 성명

□ 性能　　　【xìngnéng】씽넝 성능

□ 星期　　　【xīngqī】씽치 요일

□ 兴起　　　【xīngqǐ】씽치 흥기하다, 세차게 일어나다

□ 星期日　　【xīngqīrì】씽치르 일요일

□ 星期天　　【xīngqītiān】씽치티엔 일요일

□ 性情　　　【xìngqíng】씽칭 성격, 성미, 성정

□ 兴趣　　　【xìngqù】씽취 흥취

□ 行人　　　【xíngrén】씽런 행인

□ 形容　　　【xíngróng】씽롱 형용하다, 묘사하다

448

□ 行使	〔xíngshǐ〕 씽스 행사하다
□ 刑事	〔xíngshì〕 씽스 형사
□ 行驶	〔xíngshǐ〕 씽스 운항하다, 다니다
□ 形式	〔xíngshì〕 씽스 형식
□ 形势	〔xíngshì〕 씽스 형세
□ 形态	〔xíngtài〕 씽타이 형태, 모양
□ 兴旺	〔xīngwàng〕 씽왕 왕성하다, 번창하다
□ 行为	〔xíngwéi〕 씽웨이 행위
□ 形象	〔xíngxiàng〕 씽시앙 형상
□ 行星	〔xíngxīng〕 씽씽 행성
□ 星星	〔xīngxing〕 씽씽 별
□ 幸运	〔xìngyùn〕 씽윈 운이 좋다
□ 行政	〔xíngzhèng〕 씽정 행정
□ 性质	〔xìngzhì〕 씽즈 성질
□ 形状	〔xíngzhuàng〕 씽주앙 모양
□ 兄	〔xiōng〕 시옹 형
□ 凶	〔xiōng〕 시옹 흉하다
□ 胸	〔xiōng〕 시옹 가슴

□ 熊	【xióng】 시옹	곰
□ 雄	【xióng】 시옹	웅대하다, 강력하다, 수컷의
□ 凶暴	【xiōngbào】 시옹빠오	(성격·행동이) 흉포(흉악)하다
□ 凶残	【xiōngcán】 시옹찬	흉악하고 잔인하다
□ 兄弟	【xiōngdì】 시옹띠	형제
□ 凶恶	【xiōng'è】 시옹어	(성격·행위·용모 따위가) 흉악하다
□ 凶狠	【xiōnghěn】 시옹헌	악랄하다, 사납고 거칠다
□ 雄厚	【xiónghòu】 시옹허우	충분하다
□ 胸怀	【xiōnghuái】 시옹화이	생각, 포부
□ 熊猫	【xiōngmāo】 시옹마오	판다
□ 胸膛	【xiōngtang】 시옹탕	가슴, 흉부
□ 雄伟	【xióngwěi】 시옹웨이	우람하다
□ 汹涌	【xiōngyǒng】 시옹용	용솟음치다
□ 兄长	【xiōngzhǎng】 시옹장	형님, (남자) 선배에 대한 높임말
□ 雄壮	【xióngzhuàng】 시옹주앙	힘차다, 웅장하다
□ 修	【xiū】 시우	수리하다, 손질하다
□ 嗅	【xiù】 시우	냄새를 맡다
□ 锈	【xiù】 시우	녹, 녹슬다

□ 绣	〔xiù〕 시우	수놓다	
□ 羞耻	〔xiūchǐ〕 시우츠	수치스럽다, 부끄럽다	
□ 修订	〔xiūdìng〕 시우딩	(계획을) 수정하다	
□ 修复	〔xiūfù〕 시우푸	복원하다, 수리하다	
□ 修改	〔xiūgǎi〕 시우가이	바로잡아 고치다, 개정하다	
□ 修建	〔xiūjiàn〕 시우지엔	건조하다, 건설하다, 시공하다	
□ 秀丽	〔xiùlì〕 시우리	수려하다, 아름답다	
□ 修理	〔xiūlǐ〕 시우리	수리하다	
□ 休息	〔xiūxi〕 시우시	휴식하다	
□ 修养	〔xiūyǎng〕 시우양	수양	
□ 休养	〔xiūyǎng〕 시우양	휴양하다	
□ 修正	〔xiūzhèng〕 시우정	수정하다, 고치다	
□ 修筑	〔xiūzhù〕 시우주	세우다, 건설하다, 건축하다	
□ 袖子	〔xiùzi〕 시우즈	소매	
□ 虚	〔xū〕 쉬	허약하다	
□ 需	〔xū〕 쉬	필요하다	
□ 须	〔xū〕 쉬	반드시 ~해야 한다	
□ 许	〔xǔ〕 쉬	허락하다, 승낙하다, 아마도	

□ 蓄	【xù】 쉬 쌓아두다, 저장하다
□ 续	【xù】 쉬 계속하다, 잇다
□ 畜产品	【xùchǎnpǐn】 쉬찬핀 축산품
□ 絮叨	【xùdao】 쉬다오 잔소리하다
□ 许多	【xǔduō】 쉬뚜어 매우 많은
□ 虚假	【xūjiǎ】 쉬지아 허위(의), 거짓(의)
□ 酗酒	【xùjiǔ】 쉬지우 주정하다, 취해서 난폭하게 굴다
□ 许可	【xǔkě】 쉬커 허가하다
□ 畜牧	【xùmù】 쉬무 목축
□ 需求	【xūqiú】 쉬치우 수요, 요구
□ 叙述	【xùshù】 쉬수 서술하다
□ 叙谈	【xùtán】 쉬탄 말하다
□ 虚伪	【xūwěi】 쉬웨이 허위적이다, 위선적이다
□ 虚心	【xūxīn】 쉬씬 허심하다
□ 徐徐	【xúxú】 쉬쉬 천천히
□ 序言	【xùyán】 쉬이엔 서언
□ 需要	【xūyào】 쉬야오 수요하다
□ 须知	【xūzhī】 쉬즈 주의사항, 알지 않으면 안 된다

□ 旋　　　　〔xuán〕 쉬엔 회전하다, 돌다

□ 选　　　　〔xuǎn〕 쉬엔 선출하다, 뽑다, 선택하다

□ 选拔　　　〔xuǎnbá〕 쉬엔바 선발하다

□ 宣布　　　〔xuānbù〕 쉬엔뿌 선포하다

□ 宣称　　　〔xuānchēng〕 쉬엔청 언명하다, 공언하다

□ 宣传　　　〔xuānchuán〕 쉬엔추안 선전하다

□ 选定　　　〔xuǎndìng〕 쉬엔띵 선정하다

□ 宣读　　　〔xuāndú〕 쉬엔두 대중 앞에서 낭독하다

□ 宣告　　　〔xuāngào〕 쉬엔까오 선고하다

□ 悬挂　　　〔xuánguà〕 쉬엔꾸아 걸다, 매달다

□ 选集　　　〔xuǎnjí〕 쉬엔지 선집

□ 选举　　　〔xuǎnjǔ〕 쉬엔쥐 선거하다

□ 旋律　　　〔xuánlǜ〕 쉬엔뤼 선율

□ 选民　　　〔xuǎnmín〕 쉬엔민 선거인, 유권자

□ 悬念　　　〔xuánniàn〕 쉬엔니엔 마음에 걸리다

□ 选取　　　〔xuǎnqǔ〕 쉬엔취 선택하다

□ 宣誓　　　〔xuānshì〕 쉬엔스 선서하다

□ 选手　　　〔xuǎnshǒu〕 쉬엔셔우 선수

- □ **选修** 【xuǎnxiū】 쉬엔시우 **선택과목으로 이수하다**

- □ **悬崖** 【xuányá】 쉬엔야 **벼랑, 낭떠러지**

- □ **宣言** 【xuānyán】 쉬엔이엔 **선언**

- □ **宣扬** 【xuānyáng】 쉬엔양 **선양하다, 널리 알리다**

- □ **选用** 【xuǎnyòng】 쉬엔용 **선택하여 쓰다**

- □ **选择** 【xuǎnzé】 쉬엔저 **선택**

- □ **旋转** 【xuánzhuǎn】 쉬엔주안 **후하게 대접하다**

- □ **学** 【xué】 쉬에 **배우다, 흉내다, 학문, 학과, 학교**

- □ **穴** 【xué】 쉬에 **소굴, 구멍**

- □ **雪** 【xuě】 쉬에 **눈**

- □ **血** 【xuě】 쉬에 **피**

- □ **雪白** 【xuěbái】 쉬에바이 **눈처럼 희다**

- □ **学费** 【xuéfèi】 쉬에페이 **학비**

- □ **血管** 【xuèguǎn】 쉬에관 **혈관**

- □ **血汗** 【xuèhàn】 쉬에한 **피땀**

- □ **雪花** 【xuěhuā】 쉬에화 **눈송이**

- □ **学会** 【xuéhuì】 쉬에훼이 **배워서 알다, 학회, 학술단체**

- □ **削减** 【xuējiǎn】 쉬에지엔 **삭감하다**

□ 学科	【xuékē】 쉬에커	학과
□ 学历	【xuélì】 쉬에리	학력
□ 学年	【xuénián】 쉬에니엔	학년
□ 学派	【xuépài】 쉬에파이	학파
□ 学期	【xuéqī】 쉬에치	학기
□ 削弱	【xuēruò】 쉬에루어	쇠약하다
□ 学生	【xuéshēng】 쉬에성	학생
□ 学时	【xuéshí】 쉬에스	시간(수업시간)
□ 学术	【xuéshù】 쉬에수	학술
□ 学说	【xuéshūo】 쉬에슈어	학설
□ 学位	【xuéwèi】 쉬에웨이	학위
□ 学问	【xuéwen】 쉬에원	학문
□ 学习	【xuéxí】 쉬에시	학습
□ 学校	【xuéxiào】 쉬에시아오	학교
□ 血压	【xuèyā】 쉬에야	혈압
□ 血液	【xuěyè】 쉬에예	혈액
□ 学员	【xuéyuán】 쉬에위엔	학원
□ 学院	【xuéyuàn】 쉬에위엔	학원

□ 学者　　　【xuézhě】쉬에저 학자

□ 学制　　　【xuézhì】쉬에즈 학제

□ 靴子　　　【xuēzi】쉬에즈 장화

□ 寻　　　　【xún】쉰 찾다, 추구하다

□ 训　　　　【xùn】쉰 타이르다, 가르치다

□ 讯　　　　【xùn】쉰 소식

□ 训斥　　　【xùnchì】쉰츠 훈계하다, 엄하게 타이르며 꾸짖다

□ 训服　　　【xùnfú】쉰푸 길들이다, 온순하다

□ 驯服　　　【xùnfú】쉰푸 (동물이) 온순하다, 순종하다

□ 殉国　　　【xùnguó】쉰구어 순국하다

□ 循环　　　【xúnhuán】쉰환 순환하다

□ 训练　　　【xùnliàn】쉰리엔 훈련하다

□ 巡逻　　　【xúnluó】쉰루어 순찰하다

□ 寻求　　　【xúnqiú】쉰치우 찾다, 구하다

□ 熏染　　　【xūnrǎn】쉰란 (주로 나쁜 것에) 물들다

□ 巡视　　　【xúnshì】쉰스 순시하다, 사방을 살피다

□ 训示　　　【xùnshì】쉰스 훈시, 훈시하다

□ 训释　　　【xùnshì】쉰스 해석하다, 풀이하다

□ **逊色**　　　〔xùnsè〕쉰써 손색, 뒤떨어지다

□ **迅速**　　　〔xùnsù〕쉰수 신속히

□ **询问**　　　〔xúnwèn〕쉰원 질문하다, 알아보다

□ **熏心**　　　〔xūnxīn〕쉰씬 마음을 어지럽게 하다

□ **寻衅**　　　〔xúnxìn〕쉰씬 트집을 잡아서 싸움을 걸다

□ **循序渐进**　〔xúnxùjiànjìn〕쉰쉬지엔진 점차 앞으로
　　　　　　　　　　　　　나가다

□ **寻找**　　　〔xúnzhǎo〕쉰자오 찾다

□ **驯至**　　　〔xùnzhì〕쉰즈 점차 ~에 이르다

□ **殉职**　　　〔xùnzhí〕쉰즈 순직하다

□ 压　　【yā】야 누르다, 방치하다

□ 呀　　【yā】야 아, 야(놀람)

□ 押　　【yā】야 저당하다, 구류하다, 호송하다

□ 牙　　【yá】야 이, 치아

□ 芽　　【yá】야 눈, 싹(식물)

□ 崖　　【yá】야 벼랑, 절벽

□ 哑　　【yǎ】야 소리가 나지 않다, 목이 쉬다

□ 轧　　【yà】야 깔아뭉개다

□ 哑巴　　【yǎbá】야바 벙어리

□ 牙齿　　【yáchǐ】야츠 치아, 이빨

□ 牙倒　　【yádǎo】야따오 이가 흔들리다(시큰거리다)

□ 压倒　　【yādǎo】야따오 압도하다, 우세하다, 능가하다

□ 牙膏　　【yágāo】야가오 치약

□ 压管　　【yāguǎn】야관 억누르다, 압박하여 구속하다

□ 雅观　　【yǎguān】야관 (겉모양이) 우아하다, 고상하다

押金	【yājīn】 야진 보증금, 담보금
押禁	【yājìn】 야진 수감하다, 구금하다
亚军	【yàjūn】 야쥔 준우승, 2위
牙科	【yákē】 야커 치과
压力	【yālì】 야리 압력
哑谜	【yǎmí】 야미 수수께끼
鸦片	【yāpiàn】 야피엔 아편
压迫	【yāpò】 야포 억압하다
牙刷	【yáshuā】 야수아 칫솔
压缩	【yāsuō】 야쑤어 압축하다, 줄이다
压抑	【yāyì】 야이 억누르다, 억제하다
牙龈	【yáyín】 야인 잇몸
押韵	【yāyùn】 야윈 운을 달다
压制	【yāzhì】 야즈 억압(하다), 압제(하다), 억제(하다)
鸭子	【yāzi】 야즈 오리
烟	【yān】 이엔 담배, 연기
淹	【yān】 이엔 물에 잠기다, 빠지다
言	【yán】 이엔 말, 말하다

□ 盐　　　　【yán】 이엔 소금

□ 严　　　　【yán】 이엔 엄하다

□ 沿　　　　【yán】 이엔 ~을 따르다

□ 眼　　　　【yǎn】 이엔 눈

□ 掩　　　　【yǎn】 이엔 덮다, 가리다

□ 演　　　　【yǎn】 이엔 연기를 하다, 발전하다

□ 咽　　　　【yàn】 이엔 삼키다

□ 验　　　　【yàn】 이엔 조사하다, 효과가 있다

□ 沿岸　　　【yán'àn】 이엔안 연안

□ 演变　　　【yǎnbiàn】 이엔삐엔 변화하여 발전하다

□ 烟草　　　【yāncǎo】 이엔차오 담배, 연초

□ 演唱　　　【yǎnchàng】 이엔창 노래하다

□ 延长　　　【yáncháng】 이엔창 연장하다

□ 演出　　　【yǎnchū】 이엔추 연출하다

□ 烟囱　　　【yāncōng】 이엔총 굴뚝

□ 掩盖　　　【yǎngài】 이엔까이 덮어씌우다

□ 严格　　　【yángé】 이엔거 엄격하다

□ 眼光　　　【yǎnguāng】 이엔광 눈길, 안목

□ 沿海　　　【yánhǎi】 이엔하이 **연해**

□ 严寒　　　【yánhán】 이엔한 **엄한, 혹한, 추위가 심하다**

□ 掩护　　　【yǎnhù】 이엔후 **엄호하다, 보호하다**

□ 延缓　　　【yánhuǎn】 이엔환 **늦추다, 연기하다**

□ 宴会　　　【yànhuì】 이엔훼이 **연회**

□ 演讲　　　【yǎnjiǎng】 이엔지앙 **강연하다**

□ 严禁　　　【yánjìn】 이엔진 **엄금하다**

□ 眼睛　　　【yǎnjīng】 이엔징 **눈**

□ 眼镜　　　【yǎnjìng】 이엔징 **안경**

□ 研究　　　【yánjiū】 이엔지우 **연구하다**

□ 研究生　　【yánjiūshēng】 이엔지우성 **연구생**

□ 研究所　　【yánjiūsuǒ】 이엔지우쑤어 **연구소**

□ 烟卷　　　【yānjuǎn】 이엔쥐엔 **담배**

□ 严峻　　　【yánjùn】 이엔쮠 **위엄이 있다, 가혹하다**

□ 眼看　　　【yǎnkàn】 이엔칸 **곧, 순식간에, 빤히 보면서**

□ 眼泪　　　【yǎnlèi】 이엔레이 **눈물**

□ 眼力　　　【yǎnlì】 이엔리 **시력, 안목**

□ 严厉　　　【yánlì】 이엔리 **준엄하다, 호되다**

461

□ 言论	【yánlùn】 이엔룬	언론
□ 严密	【yánmì】 이엔미	엄밀하다
□ 淹没	【yānmò】 이엔모	침몰하다, 물에 잠기다
□ 延期	【yánqī】 이엔치	연기하다
□ 眼前	【yǎnqián】 이엔치엔	눈앞
□ 宴请	【yànqǐng】 이엔칭	잔치를 베풀어 손님을 초대하다
□ 炎热	【yánrè】 이엔러	무덥다
□ 眼色	【yǎnsè】 이엔셔	눈짓
□ 颜色	【yǎnsè】 이엔셔	색깔
□ 延伸	【yánshēn】 이엔션	뻗어나가다
□ 眼神	【yǎnshén】 이엔션	눈의 표정
□ 掩饰	【yǎnshì】 이엔스	덮어 숨기다
□ 岩石	【yánshí】 이엔스	암석
□ 验收	【yànshōu】 이엔셔우	검수하다
□ 演说	【yǎnshuō】 이엔슈어	연설, 연설하다
□ 严肃	【yánsù】 이엔수	엄숙하다
□ 演算	【yǎnsuàn】 이엔쑤안	연산하다
□ 烟雾	【yānwù】 이엔우	연무, 수증기

□ 演习	【yǎnxí】 이엔시	연습하다, 훈련하다
□ 宴席	【yànxí】 이엔시	연회석
□ 眼下	【yǎnxià】 이엔시아	눈앞, 이제
□ 延续	【yánxù】 이엔쉬	연장하다
□ 言语	【yányǔ】 이엔위	언어
□ 演员	【yǎnyuán】 이엔위엔	배우
□ 验证	【yànzhèng】 이엔정	검증하다
□ 研制	【yánzhì】 이엔즈	연구제작하다
□ 严重	【yánzhòng】 이엔종	엄중하다
□ 燕子	【yànzi】 이엔즈	제비
□ 演奏	【yǎnzòu】 이엔쩌우	연주하다
□ 羊	【yáng】 양	양
□ 洋	【yáng】 양	방대하다, 성대하다
□ 扬	【yáng】 양	위로 올리다, 널리 알리다
□ 阳	【yáng】 양	양, 태양, 겉
□ 仰	【yǎng】 양	머리 쳐들다, 경모하다
□ 氧	【yǎng】 양	산소
□ 痒	【yǎng】 양	가렵다

□ 养	【yǎng】 양 양육하다, 수양하다, 보수하다
□ 样	【yàng】 양 종류, 형태의, 무엇이든
□ 养成	【yǎngchéng】 양청 ~로 되게 하다
□ 养分	【yǎngfèn】 양펀 양분
□ 阳光	【yángguāng】 양광 햇빛
□ 氧化	【yǎnghuà】 양화 산화하다
□ 养活	【yǎnghuó】 양후어 먹여 살리다
□ 养料	【yǎngliào】 양리아오 양분
□ 样品	【yàngpǐn】 양핀 견본, 샘플
□ 氧气	【yǎngqì】 양치 산소
□ 杨树	【yángshù】 양수 백양나무
□ 养育	【yǎngyù】 양위 양육하다
□ 养殖	【yǎngzhí】 양즈 양식하다
□ 样子	【yàngzi】 양즈 모양
□ 沿儿	【yánr】 이엘 가장자리
□ 邀	【yāo】 야오 초청하다, 얻다
□ 腰	【yāo】 야오 허리
□ 摇	【yáo】 야오 흔들다

□ 窑	[yáo] 야오	가마, 탄갱, 굴
□ 咬	[yǎo] 야오	깨물다, 이를 악물다
□ 要	[yào] 야오	필요로 하다, 만약, ~하려하다
□ 药	[yào] 야오	약
□ 摇摆	[yáobǎi] 야오바이	흔들거리다, 동요하다
□ 要不	[yàobu] 야오뿌	~하든지, ~하든지, ~혹은
□ 要不然	[yàoburán] 야오부란	그렇지 않으면
□ 要不是	[yàobushì] 야오부스	그렇지 않으면, 그렇지 않았더라면
□ 药材	[yàocái] 야오차이	약재
□ 要点	[yàodiǎn] 야오디엔	요점
□ 药方	[yàofāng] 야오팡	처방
□ 妖怪	[yāoguài] 야오꽈이	요괴
□ 要好	[yàohǎo] 야오하오	사이가 좋다, 친밀하다
□ 摇晃	[yáohuàng] 야오후앙	흔들다
□ 要紧	[yàojǐn] 야오진	요긴하다, 중요하다
□ 遥控	[yáokòng] 야오콩	원격조종
□ 要领	[yàolǐng] 야오링	요령
□ 要么	[yàome] 야오머	~하든지 ~하든지, 그렇지 않으면

465

□ 要命	【yàomìng】 야오밍	생명을 잃게 하다
□ 药品	【yàopǐn】 야오핀	약품
□ 邀请	【yāoqǐng】 야오칭	요청, 요청하다
□ 要求	【yāoqiú】 야오치우	요구
□ 要是	【yàoshì】 야오스	만일 ~이라면
□ 钥匙	【yàoshi】 야오스	열쇠, 키
□ 药水儿	【yàoshuǐr】 야오쉴	약물
□ 要素	【yàosù】 야오수	요소
□ 药物	【yàowù】 야오우	약물
□ 耀眼	【yàoyǎn】 야오이엔	눈부시다
□ 谣言	【yáoyán】 야오이엔	요언
□ 遥远	【yáoyuǎn】 야오위엔	아득히 멀다
□ 野	【yě】 예	제멋대로 하다
□ 也	【yě】 예	또, 하더라도, 조차도
□ 液	【yè】 예	액체
□ 夜	【yè】 예	바늘, 침
□ 页	【yè】 예	페이지, 쪽
□ 夜班	【yèbān】 예반	야근

□ **夜间** 〔yèjiān〕 예지엔 **야간**

□ **冶金** 〔yějīn〕 예진 **야금**

□ **夜里** 〔yèlǐ〕 예리 **밤중**

□ **冶炼** 〔yěliàn〕 예리엔 **제련하다, 용해하다**

□ **野蛮** 〔yěmán〕 예만 **야만스럽다, 미개하다**

□ **野生** 〔yěshēng〕 예성 **야생, 야생하다**

□ **野兽** 〔yěshòu〕 예셔우 **야수**

□ **液体** 〔yètǐ〕 예티 **액체**

□ **野外** 〔yěwài〕 예와이 **야외**

□ **夜晚** 〔yèwǎn〕 예완 **밤**

□ **业务** 〔yèwù〕 예우 **업무**

□ **也许** 〔yěxǔ〕 예쉬 **아마**

□ **爷爷** 〔yéye〕 예예 **할아버지**

□ **业余** 〔yèyú〕 예위 **아마추어의, 여가의**

□ **叶子** 〔yèzi〕 예즈 **잎**

□ **议案** 〔yì'àn〕 이안 **의안, 안건**

□ **一** 〔yī〕 이 **곧, 바로**

□ **壹(一)** 〔yī〕 이 **1, 일**

□ 依	【yī】 이	의지하다, 따르다
□ 医	【yī】 이	의사, 의학
□ 移	【yí】 이	옮기다
□ 姨	【yí】 이	이모
□ 乙	【yǐ】 이	두 번째
□ 倚	【yǐ】 이	기대다, 믿다
□ 以	【yǐ】 이	~에 따라, ~로
□ 已	【yǐ】 이	이미
□ 亦	【yì】 이	또한, 역시
□ 易	【yì】 이	쉽다, 용이하다
□ 忆	【yì】 이	상기하다, 회상하다
□ 亿	【yì】 이	억
□ 翼	【yì】 이	날개
□ 一半	【yíbàn】 이빤	절반
□ 一般	【yìbān】 이반	일반적이다, 같다, 어슷비슷하다
□ 一辈子	【yíbèizi】 이뻬이즈	한평생, 일생
□ 一边	【yìbiān】 이비엔	한쪽
□ 以便	【yǐbiàn】 이삐엔	~하도록, ~하기 위하여

□ **一边一边** 〖yìbiānyìbiān〗 이삐엔이삐엔 ~하자, ~역시

□ **仪表** 〖yíbiǎo〗 이비아오 외모, 풍채, 거동

□ **遗产** 〖yíchǎn〗 이찬 유산

□ **异常** 〖yìcháng〗 이창 이상하다

□ **议程** 〖yìchéng〗 이청 의정

□ **遗传** 〖yíchuán〗 이추안 유전되다

□ **依次** 〖yīcì〗 이츠 순서에 따라

□ **一带** 〖yídài〗 이따이 일대 (지역)

□ **一旦** 〖yídàn〗 이딴 잠깐, 잠시, 일단

□ **一道** 〖yídào〗 이따오 같이

□ **一点儿** 〖yìdiǎnr〗 이띠알 조금

□ **一定** 〖yídìng〗 이띵 반드시

□ **一定** 〖yídìng〗 이띵 한결같다

□ **议定书** 〖yìdìngshū〗 이띵수 의정서

□ **移动** 〖yídòng〗 이똥 이동하다

□ **一度** 〖yídù〗 이뚜 한번, 한차례

□ **一帆风顺** 〖yìfānfēngshùn〗 이판펑순 순풍에 돛을 단 듯하다

□ **衣服** 〖yīfu〗 이푸 옷

- 一概　　　【yígài】 이까이 전부, 일절

- 一概而论　【yígàiérlùn】 이까이얼룬 일률적으로 논하다

- 一干二净　【yīgānérjìng】 이간얼징 깨끗이, 모조리

- 一共　　　【yígòng】 이꿍 모두

- 一贯　　　【yíguàn】 이꽌 일관하다

- 遗憾　　　【yíhàn】 이한 유감스럽다

- 一行　　　【yìháng】 이항 일단, 일행

- 一哄而散　【yíhòngérsàn】 이홍얼싼 소리를 지르며 뿔뿔이 흩어지다

- 以后　　　【yǐhòu】 이허우 이후

- 议会　　　【yìhuì】 이훼이 의회

- 一会儿　　【yíhuìr】 이훨 잠깐, 금방, 곧

- 疑惑　　　【yíhuò】 이후어 의혹을 품다

- 以及　　　【yǐjí】 이지 및, 그런

- 一技之长　【yíjìzhīcháng】 이지즈창 한 가지 뛰어난 재주

- 意见　　　【yìjiàn】 이지엔 의견

- 已经　　　【yǐjīng】 이징 이미

- 依旧　　　【yījiù】 이지우 여전히

- 依据　　　【yījù】 이쥐 근거, 증거

□ 依据	【yījù】 이쮜	의거하다, 근거로 하다
□ 一举	【yìjǔ】 이쮜	일거로
□ 依靠	【yīkào】 이카오	의지하다
□ 一口气	【yìkǒuqì】 이커우치	단숨에
□ 一块儿	【yíkuàir】 이콰일	함께
□ 依赖	【yīlài】 이라이	의뢰하다
□ 以来	【yǐlái】 이라이	이래
□ 毅力	【yìlì】 이리	기력, 기백, 끈기
□ 一连	【yīlián】 이리엔	계속해서, 연이어
□ 医疗	【yíliáo】 이리아오	의료
□ 意料	【yìliào】 이리아오	짐작하다, 예상하다
□ 医疗	【yīliáo】 이리아오	치료하다
□ 遗留	【yíliú】 이리우	남겨놓다, 남아있다
□ 一律	【yílǜ】 이뤼	일률적이다, 하나같다
□ 一路顺风	【yílùshùnfēng】 이루순펑	가시는 길이 순조로우시길!
□ 议论	【yìlùn】 이룬	의논하다
□ 以免	【yǐmiǎn】 이미엔	~하지 않도록, ~않기 위해서
□ 移民	【yímín】 이민	이민

471

□ 疑难	【yínán】 이난 의심스럽고 판단이 어렵다
□ 以内	【yǐnèi】 이네이 이내
□ 一旁	【yìpáng】 이팡 한쪽
□ 一齐	【yìqí】 이치 일제히, 동시에, 가지런하다
□ 一起	【yìqǐ】 이치 함께
□ 仪器	【yíqì】 이치 계기
□ 以前	【yǐqián】 이치엔 이전
□ 一切	【yíqiè】 이치에 일체
□ 毅然	【yìrán】 이란 의연히, 단호히, 의연하다
□ 依然	【yīrán】 이란 여전히, 의연히
□ 衣裳	【yīshàng】 이샹 옷, 의상
□ 以上	【yǐshàng】 이샹 이상
□ 一身	【yìshēn】 이션 온몸, 전신
□ 以身作则	【yǐshēnzuòzé】 이션쭈어저 솔선수범하다, 몸소 모범을 보이다
□ 医生	【yīshēng】 이성 의원
□ 一生	【yìshēng】 이성 일생
□ 遗失	【yíshī】 이스 잃다, 분실하다
□ 意识	【yìshi】 이스 의식

□ 一时	【yìshí】	이스	일시
□ 一手	【yìshǒu】	이셔우	재간, 수단, 방법
□ 艺术	【yìshù】	이수	예술
□ 意思	【yìsi】	이스	의미
□ 伊斯兰教	【yīsīlánjiào】	이스란지아오	이슬람교
□ 遗体	【yítǐ】	이티	시체, 유해
□ 一同	【yītóng】	이퉁	같이
□ 一头	【yìtóu】	이터우	곧, 돌연히
□ 意图	【yìtú】	이투	의도
□ 意外	【yìwài】	이와이	뜻밖에
□ 以外	【yǐwài】	이와이	이외
□ 亿万	【yìwàn】	이완	억만
□ 以往	【yǐwǎng】	이왕	이왕, 과거
□ 以为	【yǐwéi】	이웨이	여기다
□ 意味着	【yìwèizhe】	이웨이저	의미하다, 뜻하다
□ 疑问	【yíwèn】	이원	의문
□ 义务	【yìwù】	이우	의무
□ 医务	【yīwù】	이우	의무, 의료 업무

- 医务室　【yīwùshì】 이우스 의무실

- 一系列　【yíxìliè】 이시리에 일련의

- 以下　【yǐxià】 이시아 이하

- 一下　【yīxià】 이시아 단번에, 일시에

- 一下　【yíxià】 이시아 좀, 일제히

- 一下子　【yíxiàzi】 이시아쯔 단번에, 일시에

- 一向　【yīxiàng】 이시앙 줄곧, 내내

- 意向　【yìxiàng】 이시앙 의향, 의도, 목적

- 一些　【yìxiē】 이시에 약간

- 疑心　【yíxīn】 이씬 의심, 의심하다

- 一心　【yìxīn】 이씬 일심, 한마음

- 医学　【yīxué】 이쉬에 의학

- 疑讶　【yíyà】 이야 의아하게 생각하다

- 一样　【yíyàng】 이양 같다

- 医药　【yīyào】 이야오 의약

- 意义　【yìyì】 이이 뜻, 의미

- 一一　【yīyī】 이이 일일이

- 议员　【yìyuán】 이위엔 의원

474

□ 译员　　　【yìyuán】이위엔 통역원

□ 医院　　　【yīyuàn】이위엔 병원

□ 一再　　　【yīzài】이자이 거듭, 수차, 계속

□ 依照　　　【yīzhào】이자오 ~을 따르다, ~에 비추다

□ 一阵　　　【yízhèn】이전 한바탕, 한동안

□ 一直　　　【yìzhí】이즈 줄곧

□ 遗址　　　【yízhǐ】이즈 유적지, 옛터

□ 一致　　　【yīzhì】이즈 일치하다

□ 医治　　　【yīzhì】이즈 치료하다

□ 抑制　　　【yìzhì】이즈 억제하다

□ 意志　　　【yìzhì】이즈 의지

□ 以至　　　【yǐzhì】이즈 어떤 결과를 초래하다

□ 以至于　　【yǐzhìyú】이즈위 그냥(줄곧) ~하다

□ 椅子　　　【yǐzi】이즈 의자

□ 一也　　　【yīyě】이예 ~하자, ~곧

□ 一个劲儿　【yígèjìnr】이꺼질 줄곧, 내내

□ 音　　　　【yīn】인 소리, 음

□ 因　　　　【yīn】인 이유, 까닭

□ 殷　　　　【yīn】 인 두텁다, 공손하다

□ 阴　　　　【yīn】 인 흐리다, 엉큼하다

□ 银　　　　【yín】 인 은

□ 引　　　　【yǐn】 인 이끌어내다, 초래하다, 인용하다

□ 饮　　　　【yǐn】 인 마시다, 마음속에 품다

□ 印　　　　【yìn】 인 찍다, 인화하다

□ 阴暗　　　【yīn'àn】 인안 어둡다

□ 隐蔽　　　【yǐnbì】 인삐 은폐하다

□ 隐藏　　　【yǐncáng】 인창 숨기다

□ 因此　　　【yīncǐ】 인츠 이 때문에, 그래서, 그러므로

□ 引导　　　【yǐndǎo】 인다오 안내하다, 인도하다

□ 因而　　　【yīn'ér】 인얼 그러므로

□ 银行　　　【yínháng】 인항 은행

□ 淫秽　　　【yínhuì】 인훼이 음란하다

□ 引进　　　【yǐnjìn】 인진 끌어들이다, 도입하다

□ 饮料　　　【yǐnliào】 인리아오 음료

□ 隐瞒　　　【yǐnmán】 인만 숨기다, 속이다

□ 阴谋　　　【yīnmóu】 인머우 음모

□ 银幕　　　〔yínmù〕 인무 영사막, 스크린

□ 引起　　　〔yǐnqǐ〕 인치 야기하다

□ 殷切　　　〔yīnqiè〕 인치에 간절하다

□ 印染　　　〔yìnrǎn〕 인란 날염하다

□ 引人注目　〔yǐnrénzhùmù〕 인런주무 사람을 주목케 하다

□ 引入　　　〔yǐnrù〕 인루 끌어들이다, 끌어넣다

□ 饮食　　　〔yǐnshí〕 인스 음식

□ 印刷　　　〔yìnshua〕 인수아 인쇄

□ 饮水思源　〔yǐnshuǐsīyuán〕 인쉐이스위엔 근본을 잊지 않다

□ 因素　　　〔yīnsù〕 인수 구성요소, 원인, 조건

□ 阴天　　　〔yīntiān〕 인티엔 흐린 날

□ 因为　　　〔yīnwèi〕 인웨이 ~때문에, ~의하여

□ 音响　　　〔yīnxiǎng〕 인시앙 음향

□ 印象　　　〔yìnxiàng〕 인시앙 인상

□ 引用　　　〔yǐnyòng〕 인용 인용하다

□ 引诱　　　〔yǐnyòu〕 인여우 유인하다

□ 音乐　　　〔yīnyuè〕 인위에 음악

□ 隐约　　　〔yǐnyuē〕 인위에 분명하지 않다, 은은하다

- 应　　　【yīng】잉 응답하다

- 迎　　　【yíng】잉 영접하다, ~로 향하여

- 鹰　　　【yīng】잉 매

- 营　　　【yíng】잉 군영, 대대

- 赢　　　【yíng】잉 이기다, 얻다

- 硬　　　【yìng】잉 억지로

- 映　　　【yìng】잉 비추다, 비치다

- 应　　　【yìng】잉 대답하다, 응하다, 순응하다

- 硬　　　【yìng】잉 굳다, 단단하다

- 婴儿　　【yīng'ér】잉얼 영아, 갓난애

- 英镑　　【yīngbang】잉빵 파운드 (영국화폐단위)

- 应酬　　【yìngchou】잉처우 응대하다, 교제하다

- 应当　　【yīngdāng】잉당 응당

- 赢得　　【yíngdé】잉더 이기다, 얻다

- 应付　　【yīngfu】잉푸 응부하다

- 应该　　【yīnggāi】잉가이 마땅히 ~해야 한다

- 樱花　　【yīnghuā】잉화 벚꽃

- 硬件　　【yìngjiàn】잉지엔 하드웨어

478

□ 迎接	【yíngjiē】 잉지에	**영접하다**
□ 英俊	【yīngjùn】 잉쥔	**영준하다, 재능이 출중하다**
□ 赢利	【yínglì】 잉리	**이익, 이득, 이윤, 이익을 보다**
□ 迎面	【yíngmiàn】 잉미엔	**얼굴을 마주하다**
□ 英明	【yīngmíng】 잉밍	**영명하다**
□ 影片	【yǐngpiàn】 잉피엔	**영화필름**
□ 英文	【yīngwén】 잉원	**영문**
□ 影响	【yǐngxiǎng】 잉시앙	**영향**
□ 英雄	【yīngxióng】 잉시옹	**영웅**
□ 营养	【yíngyǎng】 잉양	**영양**
□ 应邀	【yìngyāo】 잉야오	**초청에 응하다**
□ 营业	【yíngyè】 잉예	**영업하다**
□ 英勇	【yīngyǒng】 잉용	**용감하다, 영특하고 용맹하다**
□ 应用	【yìngyòng】 잉용	**응용하다**
□ 英语	【yīngyǔ】 잉위	**영어**
□ 蝇子	【yíngzi】 잉즈	**파리**
□ 影子	【yǐngzi】 잉즈	**그림자**
□ 哟	【yō】 요	**아니, 앗, 야(탄식하는 소리)**

□ 涌　　　　〔yǒng〕 용 솟아나다, 내밀다

□ 用　　　　〔yòng〕 용 쓰다, 사용하다

□ 拥抱　　　〔yōngbào〕 용빠오 포옹하다

□ 用不着　　〔yòngbuzháo〕 용부자오 필요 없다, 쓸데없다

□ 用处　　　〔yòngchù〕 용추 사용처, 쓰는 곳, 쓸모

□ 永垂不朽　〔yǒngchuíbùxiǔ〕 용췌이뿌시우 영생불멸하다

□ 用法　　　〔yòngfǎ〕 용파 용법

□ 勇敢　　　〔yǒnggǎn〕 용간 용감하다

□ 用工　　　〔yònggōng〕 용궁 힘써 배우다

□ 拥护　　　〔yōnghù〕 용후 옹호하다

□ 拥挤　　　〔yōngjǐ〕 용지 붐비다, 혼잡하다

□ 永久　　　〔yǒngjiǔ〕 용지우 영구하다

□ 用具　　　〔yòngjù〕 용쥐 용구

□ 用来　　　〔yònglái〕 용라이 ~에 쓰(이)다

□ 用力　　　〔yònglì〕 용리 힘을 내다

□ 用品　　　〔yòngpǐn〕 용핀 용품

□ 勇气　　　〔yǒngqì〕 용치 용기

□ 用人　　　〔yòngrén〕 용런 사람을 쓰다

480

□ 勇士	【yǒngshì】	용스	용사
□ 用户	【yònghù】	용후	사용자, 가입자
□ 庸俗	【yōngsú】	용수	범속하다, 비범하다
□ 用途	【yòngtú】	용투	용도
□ 用心	【yòngxīn】	용씬	마음을 쓰다, 심혈을 기울이다
□ 用意	【yòngyì】	용이	의도, 속셈
□ 拥有	【yōngyǒu】	용여우	보유하다, 가지다
□ 勇于	【yǒngyú】	용위	용감하다, 과감하다
□ 永远	【yǒngyuǎn】	용위엔	영원히
□ 踊跃	【yǒngyuè】	용웨	열렬하다, 활기가 있다
□ 友爱	【yǒu'ài】	여우아이	우애, 우애하다
□ 幼儿园	【yòu'éryuán】	여우얼위엔	유치원
□ 由	【yóu】	여우	~때문에, ~으로써, ~에
□ 游	【yóu】	여우	헤엄치다
□ 油	【yóu】	여우	기름
□ 铀	【yóu】	여우	우라늄
□ 有	【yǒu】	여우	있다, 소유하다
□ 诱	【yòu】	여우	유인하다, 꾀다

A
B
C
D
E
F
G
H
J
K
L
M
N
O
P
Q
R
S
T
W
X
Y
Z

□ 右	【yòu】 여우	오른쪽
□ 又	【yòu】 여우	또, 동시에, ~도
□ 幼	【yòu】 여우	어리다
□ 邮包	【yóubāo】 여우바오	우편소포, 우편낭
□ 右边	【yòubiān】 여우비엔	오른쪽
□ 油菜	【yóucài】 여우차이	유채
□ 由此可见	【yóucǐkějiàn】 여우츠커지엔	이로써 볼 수 있다, 알 수 있다
□ 有待	【yǒudài】 여우따이	기다리다
□ 有的	【yǒude】 여우더	어떤 것
□ 有的是	【yǒudeshì】 여우더스	숱하다, 많이 있다
□ 邮电	【yóudiàn】 여우띠엔	체신
□ 优点	【yōudiǎn】 여우디엔	우점
□ 邮购	【yóugòu】 여우꺼우	통신구매하다
□ 有关	【yǒuguān】 여우관	관계있다
□ 有害	【yǒuhài】 여우하이	유해하다
□ 友好	【yǒuhǎo】 여우하오	우호적이다
□ 油画	【yóuhuà】 여우화	유화
□ 优惠	【yōuhuì】 여우훼이	우대하다, 특혜하다

□ 诱惑	【yòuhuò】 여우후어	유혹되다
□ 游击	【yóujī】 여우지	유격하다
□ 邮寄	【yóujì】 여우지	우송하다
□ 有机	【yǒujī】 여우지	유기의, 유기적
□ 幽静	【yōujìng】 여우징	그윽하고 고요하다
□ 悠久	【yōujiǔ】 여우지우	유구하다
□ 邮局	【yóujú】 여우쥐	우체국
□ 游客	【yóukè】 여우커	유람객, 여행자
□ 游览	【yǒulán】 여우란	유람하다
□ 有利	【yǒulì】 여우리	유리하다
□ 有力	【yǒulì】 여우리	유력하다
□ 优良	【yōuliáng】 여우리앙	우량하다
□ 有两下子	【yǒuliǎngxiàzi】 여우리앙시아즈	능력이 있다, 본때가 있다
□ 油料	【yóuliào】 여우리아오	유료
□ 忧虑	【yōulǜ】 여우뤼	걱정하다, 근심하다
□ 优美	【yōuměi】 여우메이	우아하고 아름답다
□ 有名	【yǒumíng】 여우밍	유명하다
□ 幽默	【yōumò】 여우모	유머러스하다

□ 邮票　　　【yōupiào】여우피아오 **우표**

□ 油漆　　　【yóuqī】여우치 **페인트**

□ 尤其　　　【yóuqí】여우치 **특히**

□ 友情　　　【yǒuqíng】여우칭 **우정**

□ 有趣　　　【yǒuqù】여우취 **재미있다**

□ 游人　　　【yóurén】여우런 **유람인**

□ 友人　　　【yǒurén】여우런 **벗, 친우, 우인**

□ 犹如　　　【yóurú】여우루 **~와 같다**

□ 优胜　　　【yōushèng】여우성 **우승하다**

□ 有声有色　【yǒushēngyǒusè】여우성여우써 **생생하다,
　　　　　　　　　　　　　　　　　　　실감나다**

□ 优势　　　【yōushì】여우스 **우세**

□ 有时　　　【yǒushí】여우스 **때때로**

□ 有时侯　　【yǒushíhou】여우스허우 **어떤 때는**

□ 油田　　　【yóutián】여우티엔 **유전**

□ 游戏　　　【yóuxì】여우시 **유희**

□ 优先　　　【yōuxiān】여우시엔 **우선적이다**

□ 有限　　　【yǒuxiàn】여우시엔 **유한하다, 한계가 있다**

□ 有效　　　【yǒuxiào】여우시아오 **유효하다**

484

□ **有些**   【yǒuxiē】 여우시에 **일부, 어떤**

□ **游行**   【yóuxíng】 여우씽 **사위(하다), 데모(하다)**

□ **优秀**   【yōuxiù】 여우시우 **우수하다**

□ **有益**   【yǒuyì】 여우이 **유익하다**

□ **优异**   【yōuyì】 여우이 **특히 우수하다**

□ **友谊**   【yǒuyì】 여우이 **우의**

□ **有意**   【yǒuyì】 여우이 **일부러, 고의적으로**

□ **有意**   【yǒuyì】 여우이 **~할 생각이 있다**

□ **有(一)点儿** 【yǒu (yī)diǎnr】 여우(이)디알 **좀, 약간**

□ **有意思**   【yǒuyìsi】 여우이스 **재미있다, 즐겁다**

□ **有(一)些** 【yǒu (yì)xiē】 여우(이)시에 **일부**

□ **有用**   【yǒuyòng】 여우용 **쓸모있다, 유용하다**

□ **游泳**   【yóuyǒng】 여우용 **수영하다**

□ **游泳池**   【yóuyǒngchí】 여우용츠 **수영장**

□ **忧郁**   【yōuyù】 여우위 **우울하다**

□ **由于**   【yóuyú】 여우위 **~때문에, ~로 인하여**

□ **犹豫**   【yóuyù】 여우위 **망설이다, 주저하다**

□ **优越**   【yōuyuè】 여우위에 **우월하다**

□ 邮政	【yóuzhèng】 여우정	우편행정
□ 优质	【yōuzhì】 여우즈	우수한 품질, 양질
□ 幼稚	【yòuzhì】 여우즈	유치하다
□ 游资	【yóuzī】 여우쯔	유람 비용
□ 余	【yú】 위	남다, 남기다, 남짓, ~여, 여가
□ 于	【yú】 위	~에, ~에게, ~로부터
□ 雨	【yǔ】 위	비
□ 予	【yǔ】 위	주다, 해주다
□ 与	【yǔ】 위	~와(과)
□ 鱼	【yǔ】 위	물고기
□ 欲	【yù】 위	~하고 싶어 하다, 바라다
□ 遇	【yù】 위	만나다
□ 愈	【yù】 위	낫다, 치유하다, 더욱, 더욱더
□ 寓	【yù】 위	거주하다, 함축하다
□ 玉	【yù】 위	옥
□ 预报	【yùbào】 위빠오	예보, 예보하다
□ 预备	【yùbèi】 위뻬이	준비하다
□ 预测	【yùcè】 위처	예측하다

□ 愚蠢	【yúchǔn】 위춘	우둔하다, 어리석다
□ 与此同时	【yǔcǐtóngshí】 위츠통스	~이와 동시에
□ 遇到	【yùdào】 위따오	마주치다
□ 语调	【yǔdiào】 위띠아오	어조
□ 预订	【yùdìng】 위띵	예약하다, 주문하다
□ 预定	【yùdìng】 위띵	예정하다
□ 语法	【yǔfǎ】 위파	문법
□ 预防	【yùfáng】 위팡	예방하다
□ 预告	【yùgào】 위까오	예고, 예고하다
□ 与会	【yùhuì】 위훼이	회의에 참가하다
□ 预计	【yùjì】 위지	예상하다, 전망하다
□ 预见	【yùjiàn】 위지엔	예견하다
□ 遇见	【yùjiàn】 위지엔	만나다
□ 愉快	【yúkuài】 위콰이	유쾌하다
□ 娱乐	【yúlè】 위러	오락
□ 预料	【yùliào】 위리아오	예상하다, 예측하다
□ 舆论	【yúlùn】 위룬	여론
□ 羽毛	【yǔmáo】 위마오	깃털

A
B
C
D
E
F
G
H
J
K
L
M
N
O
P
Q
R
S
T
W
X
Y
Z

□ 羽毛球　　【yúmáoqiú】 위마오치우 **배드민턴**

□ 愚昧　　　【yúmèi】 위메이 **우매하다**

□ 玉米　　　【yùmǐ】 위메이 **옥수수**

□ 渔民　　　【yúmín】 위민 **어민**

□ 预期　　　【yùqī】 위치 **예견하다**

□ 语气　　　【yǔqì】 위치 **말투**

□ 与其　　　【yǔqí】 위치 **~하기보다는**

□ 预赛　　　【yùsài】 위싸이 **예선경기**

□ 雨伞　　　【yǔsǎn】 위싼 **우산**

□ 浴室　　　【yùshì】 위스 **욕실**

□ 于是　　　【yúshì】 위스 **그래서**

□ 榆树　　　【yúshù】 위수 **느릅나무**

□ 雨水　　　【yǔshuǐ】 위쉐이 **우수, 빗물**

□ 预算　　　【yùsuàn】 위쑤안 **예산**

□ 欲望　　　【yùwàng】 위왕 **욕망**

□ 语文　　　【yǔwén】 위원 **어문**

□ 预习　　　【yùxí】 위시 **예습**

□ 预先　　　【yùxiān】 위시엔 **미리, 사전에**

□ 预言　　【yùyán】위이엔 **예언**

□ 寓言　　【yùyán】위이엔 **우화, 우언**

□ 预言　　【yùyán】위이엔 **예언하다**

□ 语言　　【yǔyán】위이엔 **언어**

□ 渔业　　【yúyè】위예 **어업**

□ 予以　　【yǔyǐ】위이 **~을 주다, ~되다**

□ 雨衣　　【yǔyī】위이 **비옷**

□ 语音　　【yǔyīn】위인 **어음**

□ 预约　　【yùyuē】위위에 **예약하다**

□ 宇宙　　【yǔzhòu】위저우 **우주**

□ 预祝　　【yùzhù】위주 **미리 축하하다**

□ 愈~愈~　【yù~yù】위~위 **~할수록**

□ 冤　　　【yuān】위엔 **억울함, 원한**

□ 员　　　【yuán】위엔 **일군, 성원, 명**

□ 圆　　　【yuán】위엔 **원, 동그라미**

□ 原　　　【yuán】위엔 **원래의, 이전의**

□ 源　　　【yuán】위엔 **원천, 발원지**

□ 元　　　【yuán】위엔 **~위엔** (중국화폐단위)

□	园	【yuán】위엔 원, 놀이터, 텃밭
□	圆	【yuán】위엔 둥글다, 원만하다, 원만하게 하다
□	远	【yuǎn】위엔 멀다
□	怨	【yuàn】위엔 원한, 불만, 원망하다, 탓하다
□	愿	【yuàn】위엔 ~하려고 하다, 원하다
□	院	【yuàn】위엔 뜰, 공공장소, 기관
□	原材料	【yuáncáiliào】위엔차이리아오 원자재
□	远大	【yuǎndà】위엔따 원대하다
□	元旦	【yuándàn】위엔딴 원단
□	远方	【yuǎnfāng】위엔팡 먼 곳
□	原告	【yuángào】위엔까오 원고
□	缘故	【yuángù】위엔꾸 연고, 까닭, 이유
□	元件	【yuánjiàn】위엔지엔 부분품, 소자, 요소
□	远景	【yuǎnjǐng】위엔징 먼 경치, 청사진
□	原来	【yuánlái】위엔라이 원래, 본래
□	原理	【yuánlǐ】위엔리 원리
□	原谅	【yuánliàng】위엔리양 양해하다
□	原料	【yuánliào】위엔리아오 원료

□ 园林　　【yuánlín】 위엔린 조경, 정원

□ 圆满　　【yuánmǎn】 위엔만 원만하다, 훌륭하다

□ 源泉　　【yuánquán】 위엔취엔 원천

□ 猿人　　【yuánrén】 위엔런 원인

□ 原始　　【yuánshǐ】 위엔스 최초의, 원시의

□ 元首　　【yuánshǒu】 위엔셔우 원수

□ 元素　　【yuánsù】 위엔수 원소

□ 愿望　　【yuànwàng】 위엔왕 소원

□ 冤枉　　【yuānwang】 위엔왕 억울하다, 헛되다, 값없다

□ 原先　　【yuánxiān】 위엔시엔 원래, 본래

□ 元宵　　【yuánxiāo】 위엔시아오 정월 대보름

□ 愿意　　【yuànyì】 위엔이 원하다

□ 原因　　【yuányīn】 위엔인 원인

□ 原油　　【yuányóu】 위엔여우 원유

□ 原则　　【yuánzé】 위엔저 원칙

□ 院长　　【yuànzhǎng】 위엔장 원장

□ 援助　　【yuánzhù】 위엔주 원조, 원조하다

□ 圆珠笔　【yuánzhūbǐ】 위엔주비 볼펜

□ 原子　　　【yuánzi】위엔즈 **원자**

□ 院子　　　【yuànzi】위엔즈 **뜰**

□ 原子弹　　【yuánzǐdàn】위엔즈딴 **원자탄**

□ 原子能　　【yuánzǐnéng】위엔즈넝 **원자력**

□ 曰　　　　【yuē】위에 **말하다, 부르다**

□ 约　　　　【yuē】위에 **간단히, 대체로, 약속하다, 청하다**

□ 越　　　　【yuè】위에 **넘다, 뛰어넘다**

□ 岳　　　　【yuè】위에 **높은 산, 아내의 부모나 백숙**

□ 跃　　　　【yuè】위에 **뛰다**

□ 阅　　　　【yuè】위에 **보다, 검열하다**

□ 越冬　　　【yuèdōng】위에동 **월동하다**

□ 阅读　　　【yuèdú】위에두 **열독하다, 읽다**

□ 乐队　　　【yuèduì】위에뚜에이 **악대**

□ 岳父　　　【yuèfù】위에푸 **악부, 장인**

□ 月光　　　【yuèguāng】위에광 **달빛**

□ 越过　　　【yuèguò】위에꾸어 **넘다, 지나가다**

□ 约会　　　【yuēhuì】위에훼이 **약속**

□ 跃进　　　【yuèjìn】위에진 **약진하다**

492

□ 越来越	【yuèláiyuè】 위에라이위에 ~을 제외하고는, 그밖에 (또)
□ 阅览室	【yuèlǎnshì】 위에란스 **열람실**
□ 月亮	【yuèliàng】 위에리앙 **달**
□ 乐器	【yuèqì】 위에치 **악기**
□ 月球	【yuèqiú】 위에치우 **월구**
□ 乐曲	【yuèqǔ】 위에취 **악곡**
□ 约束	【yuēshù】 위에수 **구속하다, 얽매다**
□ 越~越~	【~yuè ~yuè】 ~위에 ~위에 ~**하면 할수록 더욱 ~하다**
□ 晕	【yūn】 윈 **어지럽다, 쇼크하다**
□ 匀	【yún】 윈 **고르다, 균등하다**
□ 云	【yún】 윈 **구름**
□ 运	【yùn】 윈 **운송하다, 옮기다**
□ 云彩	【yúncai】 윈차이 **구름**
□ 蕴藏	【yùncháng】 윈창 **매장되다**
□ 匀称	【yúnchèn】 윈천 **균형이 잡히다, 고르다**
□ 晕倒	【yūndǎo】 윈따오 **기절하여 쓰러지다, 졸도하다**
□ 运动	【yùndòng】 윈뚱 **운동하다**
□ 运动会	【yùndònghuì】 윈뚱훼이 **운동회**

□ **运动员** 【yùndòngyuǎn】 윈똥위엔 **운동원**

□ **熨斗** 【yùndǒu】 윈떠우 **다리미, 인두**

□ **孕妇** 【yùnfù】 윈푸 **임산부**

□ **云集** 【yúnjí】 윈지 **구름같이 모여 들다, 운집하다**

□ **晕机** 【yùnjī】 윈지 **비행기 멀미를 하다**

□ **酝酿** 【yùnniàng】 윈니앙 **술을 빚다, 내포하다, 미리 준비하다**

□ **运气** 【yùnqi】 윈치 **운수, 운명, 운세, 운이 좋다**

□ **运河** 【yùnhé】 윈허 **운하**

□ **运输** 【yùnshū】 윈수 **운수, 운수하다, 수송하다**

□ **运送** 【yùnsòng】 윈쑹 **운송하다**

□ **运算** 【yùnsuàn】 윈쑤안 **운산하다, 연산하다**

□ **运行** 【yùnxíng】 윈씽 **운행하다**

□ **允许** 【yǔnxǔ】 윈쉬 **허락하다**

□ **运用** 【yùnyòng】 윈용 **응용하다**

□ **孕育** 【yùnyù】 윈위 **배태하다, 낳아 기르다**

□ **匀整** 【yúnzhěng】 윈정 **균정하다, 고르고 정연하다**

□ **运转** 【yùnzhuǎn】 윈주안 **돌다, 가동하다**

□ 杂	【zá】 짜	잡되다, 뒤섞이다
□ 砸	【zá】 자	찧다, 때려 부수다, 망치다
□ 杂技	【zájì】 짜지	곡예
□ 杂交	【zájiāo】 짜지아오	교잡(하다), 교배(하다)
□ 杂乱	【záluàn】 짜루안	난잡하다
□ 杂文	【záwén】 짜원	잡문
□ 杂质	【zázhì】 짜즈	불순물, 이물
□ 杂志	【zázhì】 짜즈	잡지
□ 杂音	【záyīn】 짜인	잡음
□ 灾	【zāi】 자이	재해, 재앙
□ 载	【zāi】 자이	재배하다
□ 宰	【zǎi】 자이	도살하다, 재상
□ 载	【zǎi】 자이	(짐을) 싣다, 가득하다
□ 在	【zài】 자이	지금, 있다, ~하는 데 있다, ~에
□ 再	【zài】 자이	또, 거듭, 더, 계속해서

- □ 灾害　【zāihài】자이하이 **재해**

- □ 在乎　【zàihu】자이후 **마음에 두다, 문제 삼다**

- □ 灾荒　【zāihuāng】자이후앙 **(재해로 인한) 흉작, 기근**

- □ 再见　【zàijiàn】자이지엔 **다시 만납시다**

- □ 灾难　【zāinàn】자이난 **재난**

- □ 栽培　【zāipéi】자이페이 **재배하다**

- □ 再三　【zàisān】자이싼 **재삼, 거듭거듭**

- □ 再生产　【zàishēngchǎn】자이셩찬 **재생산**

- □ 再说　【zàishuō】자이슈어 **다시 한번 말하다, ~한 뒤에 정하다**

- □ 在意　【zàiyì】자이이 **마음에 두다**

- □ 在于　【zàiyu】자이위 **~에 있다**

- □ 在座　【zàizuò】자이쭈어 **자리에 앉아 있다**

- □ 咱　【zán】잔 **우리, 나**

- □ 攒　【zǎn】잔 **축적하다, 모으다**

- □ 暂　【zàn】잔 **잠시, 잠깐, 당분간**

- □ 赞成　【zànchéng】잔청 **찬성하다**

- □ 赞美　【zànměi】짠메이 **찬미하다, 찬양하다**

- □ 咱们　【zánmen】잔먼 **우리**

496

□ 暂且	〔zànqiě〕 잔치에	잠시, 당분간
□ 暂时	〔zànshí〕 잔스	일시적, 잠시
□ 赞叹	〔zàntàn〕 잔탄	찬탄하다, 감탄하여 찬양하다
□ 赞同	〔zàntóng〕 짠통	찬동하다
□ 赞扬	〔zànyang〕 짠양	찬양하다
□ 赞助	〔zànzhù〕 짠주	찬조, 지지
□ 脏	〔zāng〕 장	더럽다
□ 葬	〔zàng〕 장	매장하다, 장사지내다
□ 葬礼	〔zànglǐ〕 장리	장례
□ 遭	〔zāo〕 자오	당하다, 만나다
□ 糟	〔zāo〕 자오	부실하다, 절이다, 담그다
□ 凿	〔záo〕 자오	끌, 파다, 뚫다
□ 枣	〔zǎo〕 자오	대추
□ 早	〔zǎo〕 자오	일찍 하다
□ 灶	〔zào〕 자오	부뚜막
□ 造	〔zào〕 자오	짓다, 제조하다, 날조하다
□ 早晨	〔zǎochen〕 자오천	아침
□ 遭到	〔zāodào〕 자오따오	당하다

□ 早点	【zǎodiǎn】 자오디엔	간단한 아침식사
□ 造反	【zàofǎn】 자오판	반란을 일으키다
□ 早饭	【zǎofàn】 자오판	아침밥
□ 糟糕	【zāogāo】 자오가오	크게 잘못하다
□ 造价	【zàojià】 자오지아	건설비, 제조비
□ 造句	【zàojù】 자오쥐	단문을 짓다
□ 早期	【zǎoqī】 자오치	조기
□ 早日	【zǎorì】 자오르	하루빨리
□ 早上	【zǎoshang】 자오상	아침
□ 遭受	【zāoshòu】 자오셔우	당하다
□ 糟蹋	【zāotà】 자오타	못쓰게 만들다, 유린하다
□ 早晚	【zǎowǎn】 자오완	조만간, 아침저녁, 조석
□ 造型	【zàoxíng】 자오씽	조형
□ 遭殃	【zāoyāng】 자오양	재난을 당하다
□ 早已	【zǎoyǐ】 자오이	이미, 벌써
□ 噪音	【zàoyīn】 자오인	소음, 잡음
□ 遭遇	【zāoyù】 자오위	비참한 운명
□ 遭遇	【zāoyù】 자오위	조우하다, 맞닥뜨리다

□ 则　　　〔zé〕 저 ~하면, ~하다 (인간관계)

□ 责备　　〔zébèi〕 저뻬이 **책망하다, 탓하다**

□ 责怪　　〔zéguài〕 저꽈이 **책망하다, 원망하다, 나무라다**

□ 责任　　〔zérèn〕 저런 **책임**

□ 责任制　〔zérènzhì〕 저런즈 **책임제**

□ 贼　　　〔zéi〕 쩨이 **도둑, 역적**

□ 贼心　　〔zéixīn〕 쩨이씬 **도둑놈 심보, 사악한 생각, 흉계**

□ 怎　　　〔zěn〕 전 **왜, 어째서, 어찌하여**

□ 怎么　　〔zěnme〕 전머 **어떻게**

□ 怎么样　〔zěnmeyàng〕 전머양 **어떠한가, 별로**

□ 怎么着　〔zěnmezhe〕 전머저 **어떻게**

□ 增　　　〔zēng〕 정 **늘다, 증가하다, 많아지다**

□ 增产　　〔zēngchǎn〕 정찬 **증산하다**

□ 增加　　〔zēngjiā〕 정지아 **증가하다**

□ 增进　　〔zēngjìn〕 정진 **증진하다**

□ 增强　　〔zēngqiáng〕 정치앙 **증강하다**

□ 赠送　　〔zèngsòng〕 정쏭 **증정하다, 증여하다**

□ 增添　　〔zēngtiān〕 정티엔 **보태다**

□ 怎样	【zěnyàng】 전양	어떻게
□ 增长	【zēngzhǎng】 정장	증장하다
□ 扎	【zhā】 자	찌르다
□ 渣	【zhā】 자	찌꺼기, 부스러기
□ 炸	【zhá】 자	튀기다
□ 闸	【zhá】 자	수문, (차) 제동기
□ 眨	【zhǎ】 자	깜박이다
□ 炸	【zhà】 자	터지다, 폭파시키다, 왈칵하다
□ 榨	【zhà】 자	짜다
□ 炸弹	【zhàdàn】 자딴	폭탄
□ 诈骗	【zhàpiàn】 자피엔	사취하다, 속이다
□ 扎实	【zhāshi】 자스	튼튼하다, 착실하다
□ 炸药	【zhàyào】 자야오	폭약
□ 摘	【zhāi】 자이	따다, 벗다, 발췌하다
□ 窄	【zhǎi】 자이	좁다
□ 债	【zhài】 자이	빚, 부채
□ 寨	【zhài】 자이	옛날병영, 산골마을
□ 债务	【zhàiwù】 자이우	채무

□ 摘要　　　　〔zhāiyào〕자이야오 **적요**

□ 沾　　　　　〔zhān〕잔 **적시다, 묻다, 덕을 보이다**

□ 粘　　　　　〔zhān〕잔 **붙이다**

□ 斩　　　　　〔zhǎn〕잔 **자르다**

□ 盏　　　　　〔zhǎn〕잔 **등, 개**

□ 战　　　　　〔zhàn〕잔 **싸우다, 떨다**

□ 站　　　　　〔zhàn〕잔 **서다, 멈추다**

□ 占　　　　　〔zhàn〕잔 **점령하다, 차지하다**

□ 站　　　　　〔zhàn〕잔 **역, 정류소**

□ 战场　　　　〔zhànchǎng〕잔창 **싸움터**

□ 展出　　　　〔zhǎnchū〕잔추 **전시하다**

□ 斩钉截铁　　〔zhǎndīngjiétiě〕잔딩지에티에 **결단성 있고 단호하다**

□ 战斗　　　　〔zhàndòu〕잔떠우 **전투**

□ 站岗　　　　〔zhàngǎng〕잔강 **보초서다**

□ 沾光　　　　〔zhānguāng〕잔광 **덕을 보다, 은혜를 입다**

□ 占据　　　　〔zhànjù〕잔쥐 **점거하다, 차지하다**

□ 展开　　　　〔zhǎnkāi〕잔카이 **전개하다**

□ 展览　　　　〔zhǎnlǎn〕잔란 **전람**

A
B
C
D
E
F
G
H
J
K
L
M
N
O
P
Q
R
S
T
W
X
Y
Z

□ 展览会 【zhǎnlǎnhuì】 잔란훼이 **전시회**

□ 占领 【zhànlǐng】 잔링 **점령하다**

□ 战略 【zhànlüè】 잔뤼에 **전략**

□ 赞赏 【zhànshǎng】 잔샹 **찬양하다**

□ 战胜 【zhànshèng】 잔성 **싸워 이기다, 이겨내다**

□ 展示 【zhǎnshì】 잔스 **전시하다**

□ 战士 【zhànshì】 잔스 **전사**

□ 战术 【zhànshù】 잔수 **전술**

□ 展望 【zhǎnwàng】 잔왕 **전망하다**

□ 战线 【zhànxiàn】 잔시엔 **전선, 전쟁터**

□ 展现 【zhǎnxiàn】 잔시엔 **펼쳐 보이다, 전시하다**

□ 展销 【zhǎnxiāo】 잔시아오 **전시판매하다**

□ 崭新 【zhǎnxīn】 잔씬 **참신하다**

□ 瞻仰 【zhānyǎng】 잔양 **경건한 마음으로 바라보다**

□ 战役 【zhànyì】 잔이 **전역**

□ 占有 【zhànyǒu】 잔여우 **점유하다**

□ 战友 【zhànyǒu】 잔여우 **전우**

□ 战争 【zhànzhēng】 잔정 **전쟁**

□ 障碍　　　〔zhàng'ài〕 장아이 **장애, 장애하다**

□ 张　　　　〔zhāng〕 장 **열다, 확대하다, 개업하다**

□ 掌　　　　〔zhǎng〕 장 **손바닥, 발바닥**

□ 长　　　　〔zhǎng〕 장 **자라다, 증가하다**

□ 涨　　　　〔zhǎng〕 장 **오르다**(가격)**, 붓다**(물)

□ 丈　　　　〔zhàng〕 장 **길이의 양사**

□ 帐　　　　〔zhàng〕 장 **막, 휘장**

□ 账　　　　〔zhàng〕 장 **계사, 회계, 장부**

□ 胀　　　　〔zhàng〕 장 **팽창하다, 부풀다**

□ 章程　　　〔zhāngchéng〕 장청 **장정, 규약**

□ 丈夫　　　〔zhàngfu〕 장푸 **남편**

□ 张皇　　　〔zhānghuáng〕 장황 **당황하다, 과장하다, 위세를 부리다**

□ 涨价　　　〔zhǎngjià〕 장지아 **가격이 오르다**

□ 掌声　　　〔zhǎngshēng〕 장성 **박수소리**

□ 张望　　　〔zhāngwàng〕 장왕 **들여다보다, 두리번거리다**

□ 掌握　　　〔zhǎngwò〕 장워 **장악하다**

□ 招　　　　〔zhāo〕 자오 **모집하다, 손짓하다**

□ 着　　　　〔zháo〕 자오 **닿다, 맞다, 불이 붙다**

A
B
C
D
E
F
G
H
J
K
L
M
N
O
P
Q
R
S
T
W
X
Y
Z

□ 找　　　　【zhǎo】 자오 찾다

□ 兆　　　　【zhào】 자오 조

□ 罩　　　　【zhào】 자오 씌우개, 덮개

□ 照　　　　【zhào】 자오 비추다, 찍다, ~을 향하여, ~대로

□ 罩　　　　【zhào】 자오 덮다, 씌우다, 가리다

□ 照常　　　【zhàocháng】 자오창 변함없이

□ 招待　　　【zhāodài】 자오따이 초대하다

□ 招待会　　【zhāodàihuì】 자오따이훼이 초대회, 연회

□ 照顾　　　【zhàogù】 자오꾸 돌보다

□ 招呼　　　【zhāohu】 자오후 부르다

□ 照会　　　【zhàohuì】 자오훼이 (외교) 각서를 보내다,
　　　　　　　　　　　　　　조회하다
□ 召集　　　【zhàojí】 자오지 소집하다

□ 着急　　　【zháojí】 자오지 조급해하다

□ 照旧　　　【zhàojiù】 자오지우 종전대로 하다

□ 召开　　　【zhāokāi】 자오카이 소집하다

□ 照例　　　【zhàolì】 자오리 관례에 따라

□ 着凉　　　【zháoliáng】 자오리앙 감기가 들다

□ 照料　　　【zhàoliào】 자오리아오 세심히 보살피다

504

□ **照明**　　　　〔zhàomíng〕 자오밍 **조명하다**

□ **照片**　　　　〔zhàopiàn〕 자오피엔 **사진**

□ **招聘**　　　　〔zhāopìn〕 자오핀 **초빙하다**

□ **朝气**　　　　〔zhāoqì〕 자오치 **생기**

□ **朝气蓬勃**　　〔zhāoqìpéngbó〕 자오치펑보 **생기발랄하다**

□ **朝三暮四**　　〔zhāoshānmùsì〕 자오샨무스 **조삼모사,
　　　　　　　　　　　　　　　　　　　 변덕스럽다**

□ **照射**　　　　〔zhàoshè〕 자오셔 **비추다**

□ **招生**　　　　〔zhāoshēng〕 자오성 **신입생을 모집하다**

□ **招收**　　　　〔zhāoshōu〕 자오셔우 **모집하다**

□ **招手**　　　　〔zhāoshǒu〕 자오셔우 **손짓해서 부르다**

□ **照相**　　　　〔zhàoxiàng〕 자오시앙 **사진을 찍다**

□ **照像机**　　　〔zhàoxiàngjī〕 자오시앙지 **사진기**

□ **照样**　　　　〔zhàoyang〕 자오양 **여전히, 예전대로**

□ **照耀**　　　　〔zhàoyào〕 자오야오 **밝게 비추다**

□ **照应**　　　　〔zhàoying〕 자오잉 **호응하다, 어울리다**

□ **沼泽**　　　　〔zhǎozé〕 자오저 **소택**

□ **着重**　　　　〔zháozhòng〕 자오종 **힘을 주다, 강조하다,
　　　　　　　　　　　　　　　　　　 중시하다**

□ **着**　　　　　〔zhē〕 저 **문장 끝에서 의문을 표시**

□ 遮　　　【zhē】 저 가리다, 막다

□ 折　　　【zhé】 저 꺾다, 부러뜨리다

□ 者　　　【zhě】 저 (~하는) 자, 사람, 것(접미사)

□ 这　　　【zhè】 저 이, 이때, 지금

□ 这边　　【zhèbiān】 저비엔 이쪽

□ 这个　　【zhège】 저거 이것

□ 折合　　【zhéhé】 저허 환산하다, 상당하다

□ 这会儿　【zhèhuìr】 저훨 이때

□ 这里　　【zhèlǐ】 저리 여기

□ 这么　　【zhème】 저머 이렇게

□ 这么着　【zhèmezhe】 저머저 이와 같이, 그러면, 이렇다면

□ 折磨　　【zhémó】 저모 구박하다, 괴롭히다

□ 折腾　　【zhēteng】 저텅 뒤치다꺼리다, 괴롭히다

□ 这些　　【zhèxiē】 저시에 이런 것들

□ 哲学　　【zhéxué】 저쉬에 철학

□ 这样　　【zhèyàng】 저양 이렇게

□ 这样一来【zhèyàngyìlái】 저양이라이 이렇게 되니

□ 真　　　【zhēn】 전 정말로, 진실로

□ 针　　　　〔zhēn〕 전 바늘, 침

□ 震　　　　〔zhèn〕 전 진동하다, 지나치게 흥분하다

□ 振　　　　〔zhèn〕 전 떨쳐 일어나다

□ 镇　　　　〔zhèn〕 전 제압하다, 진압하다, 가라앉히다

□ 阵　　　　〔zhèn〕 전 진지, 잠깐 동안

□ 侦察　　　〔zhēnchá〕 전차 정찰하다

□ 真诚　　　〔zhēnchéng〕 전청 진실하다, 성실하다

□ 震荡　　　〔zhèndàng〕 전땅 진동하다

□ 阵地　　　〔zhèndì〕 전띠 진지

□ 镇定　　　〔zhèndìng〕 전띵 진정하다

□ 震动　　　〔zhèndòng〕 전똥 진동하다

□ 诊断　　　〔zhěnduàn〕 전뚜안 진단하다

□ 针对　　　〔zhēnduì〕 전뚜에이 겨누다

□ 振奋　　　〔zhènfèn〕 전펀 분발시키다, 진작하다

□ 珍贵　　　〔zhēnguì〕 전꿰이 진귀하다

□ 震惊　　　〔zhènjīng〕 전징 대단히 놀라다

□ 镇静　　　〔zhènjìng〕 전징 진정하다, 침착하다

□ 针灸　　　〔zhēnjiǔ〕 전지우 침구, 침질과 뜸질

□ 真理　　　　〖zhēnlǐ〗 전리 **진리**

□ 阵容　　　　〖zhènróng〗 전롱 **진용, 짜임새**

□ 真是　　　　〖zhēnshì〗 전스 **정말, 참**

□ 真实　　　　〖zhēnshí〗 전스 **진실하다**

□ 真是的　　　〖zhēnshìde〗 전스더 (불안을 나타낼 때) **정말로, 참**

□ 侦探　　　　〖zhēntàn〗 전탄 **정탐**

□ 枕头　　　　〖zhěntou〗 전터우 **베개**

□ 珍惜　　　　〖zhēnxī〗 전시 **진귀하게 아끼다, 소중히 여기다**

□ 阵线　　　　〖zhènxiàn〗 전시엔 **전선**

□ 真相　　　　〖zhēnxiàng〗 전시앙 **진상**

□ 真心　　　　〖zhēnxīn〗 전씬 **진심**

□ 振兴　　　　〖zhènxīng〗 전씽 **진흥시키다, 흥성하게하다**

□ 镇压　　　　〖zhènyā〗 전야 **진압하다**

□ 阵营　　　　〖zhènyíng〗 전잉 **진영**

□ 真正　　　　〖zhēnzhèng〗 전정 **진정한, 참된, 진실로, 참으로**

□ 珍珠　　　　〖zhēnzhū〗 전주 **진주**

□ 争　　　　　〖zhēng〗 정 **다루다, 논쟁하다**

□ 睁　　　　　〖zhēng〗 정 **눈을 뜨다**

□ 征	[zhēng] 정	징집하다, 징수하다, 모집하다	
□ 蒸	[zhēng] 정	찌다, 김이 오르다	
□ 增	[zhēng] 정	증가하다, 더하다	
□ 整	[zhěng] 정	바로잡다, 고치다, 족치다	
□ 整	[zhěng] 정	완전하다, 정연하다	
□ 症	[zhèng] 정	증상, 병세	
□ 挣	[zhèng] 정	돈을 벌다, 애를 쓰다	
□ 正	[zhèng] 정	마침, 바로, 곧, 바르다	
□ 证	[zhèng] 정	증명, 증명하다	
□ 正比	[zhèngbǐ] 정비	정비례	
□ 政变	[zhèngbiàn] 정삐엔	정변	
□ 政策	[zhèngcè] 정처	정책	
□ 正常	[zhèngcháng] 정창	정상(적)이다	
□ 争吵	[zhēngchǎo] 정차오	말다툼하다	
□ 政党	[zhèngdǎng] 정당	정당	
□ 正当	[zhèngdàng] 정당	정당하다, 합법적이다	
□ 正当	[zhèngdāng] 정당	마침 ~할 때에 이르다	
□ 争端	[zhēngduān] 정뚜안	분쟁의 실마리	

509

□ 整顿	【zhěngdùn】 정뚠	**정돈하다**
□ 争夺	【zhēngduó】 정뚜어	**쟁탈하다**
□ 蒸发	【zhēngfā】 정파	**증발하다**
□ 整风	【zhěngfēng】 정펑	**정풍하다, 기풍을 바로잡다**
□ 征服	【zhēngfú】 정푸	**정복하다**
□ 政府	【zhèngfǔ】 정푸	**정부**
□ 整个	【zhěnggè】 정거	**전체**
□ 正规	【zhèngguī】 정궤이	**정규적인, 정식의**
□ 正好	【zhènghǎo】 정하오	**꼭 낮다**
□ 正好	【zhènghǎo】 하오	**때마침**
□ 证件	【zhèngjiàn】 정지엔	**증명서, 증거 서류**
□ 整洁	【zhěngjié】 정지에	**단정하고 깨끗하다**
□ 正经	【zhèngjǐng】 정징	**올바르다, 정당하다**
□ 证据	【zhèngjù】 정쥐	**증거**
□ 整理	【zhěnglǐ】 정리	**정리하다**
□ 争论	【zhēnglùn】 정룬	**논쟁하다**
□ 正面	【zhèngmiàn】 정미엔	**정면**
□ 证明	【zhèngmíng】 정밍	**증명**

□ **整齐** 【zhěngqí】 정치 **정연하다**

□ **争气** 【zhēngqì】 정치 **(지지 않으려고) 애쓰다**

□ **蒸气** 【zhēngqì】 정치 **증기**

□ **正气** 【zhèngqì】 정치 **정기, 올바른 기풍**

□ **正巧** 【zhèngqiǎo】 정치아오 **마침, 공교롭게**

□ **征求** 【zhēngqiú】 정취 **널리 구하다**

□ **争取** 【zhēngqǔ】 정취 **쟁취하다**

□ **政权** 【zhèngquán】 정취엔 **정권**

□ **正确** 【zhèngquè】 정취에 **정확하다**

□ **增设** 【zhēngshè】 정셔 **증설하다**

□ **正式** 【zhèngshì】 정스 **정식의, 공식의**

□ **证实** 【zhèngshí】 정스 **증명하다**

□ **征收** 【zhēngshōu】 정셔우 **징수하다**

□ **证书** 【zhèngshū】 정수 **증서**

□ **整数** 【zhěngshù】 정수 **정수 (수학)**

□ **整体** 【zhěngtǐ】 정티 **정체**

□ **整天** 【zhěngtiān】 정티엔 **온종일**

□ **正义** 【zhèngyì】 정이 **정의, 정의롭다**

□ **争先恐后** 〔zhēngxiānkǒnghòu〕 정시엔콩허우 **뒤질세라**
앞을 다투다

□ **争议** 〔zhēngyì〕 정이 **쟁의하다, 논쟁하다**

□ **增援** 〔zhēngyuán〕 정위엔 **증원하다**

□ **正月** 〔zhēngyuè〕 정위에 **정월**

□ **正在** 〔zhèngzài〕 정자이 **바야흐로**

□ **挣扎** 〔zhēngzhá〕 정자 **발악하다, 몸부림치다**

□ **政治** 〔zhèngzhì〕 정즈 **정치**

□ **郑重** 〔zhèngzhòng〕 정종 **정중하다**

□ **症状** 〔zhèngzhuàng〕 정주앙 **병, 증상**

□ **这儿** 〔zhèr〕 절 **여기**

□ **之** 〔zhī〕 즈 **~의, 그, 이, 그것**

□ **支** 〔zhī〕 즈 **자루, 곡, 짝(한쪽), 괴다, ~하게 하다,**
버티다

□ **枝** 〔zhī〕 즈 **~자루, ~대, ~자루, 가지**

□ **汁** 〔zhī〕 즈 **즙(과일, 식물)**

□ **知** 〔zhī〕 즈 **알다**

□ **织** 〔zhī〕 즈 **직물을 짜다, 뜨개질하다**

□ **直** 〔zhí〕 즈 **곧다, 정직하다, 공정하다**

□ **植** 〔zhí〕 즈 **심다, 재배하다**

□ 值　　　　〔zhí〕 즈 ~할 가치가 있다

□ 止　　　　〔zhǐ〕 즈 ~까지, 다만, 정지하다, 그치다

□ 只　　　　〔zhǐ〕 즈 다만

□ 纸　　　　〔zhǐ〕 즈 종이

□ 指　　　　〔zhǐ〕 즈 가리키다, 지도하다

□ 制　　　　〔zhì〕 즈 법도, 제도, 만들다, 제지하다

□ 质　　　　〔zhì〕 즈 질, 성질

□ 治　　　　〔zhì〕 즈 다스리다, 치료하다

□ 至　　　　〔zhì〕 즈 가장, 대단히, ~까지, ~에 이르러

□ 致　　　　〔zhì〕 즈 주다, 초래하다, 애쓰다

□ 志　　　　〔zhì〕 즈 뜻, 의지, 표시

□ 置　　　　〔zhì〕 즈 놓아두다, 설치하다

□ 掷　　　　〔zhì〕 즈 던지다

□ 治安　　　〔zhì'ān〕 즈안 치안

□ 值班　　　〔zhíbān〕 즈반 당직을 맡다

□ 质变　　　〔zhìbiàn〕 즈삐엔 질적 변화

□ 指标　　　〔zhǐbiāo〕 즈비아오 지표

□ 直播　　　〔zhíbō〕 즈보 (농업) 직파하다, 생방송하다

□ 支部	【zhībù】 즈뿌	지부
□ 制裁	【zhìcái】 즈차이	제재하다
□ 职称	【zhíchēng】 즈청	직함, 직명
□ 支掌	【zhīchēng】 즈청	버티다
□ 支持	【zhīchí】 즈츠	지지하다
□ 支出	【zhīchū】 즈추	지출, 지출하다
□ 指出	【zhǐchū】 즈추	지적하다
□ 致辞	【zhìcí】 즈츠	인사말을 하다, 치사하다
□ 直达	【zhídá】 즈다	곧바로 가다, 직통하다
□ 指导	【zhǐdǎo】 즈다오	지도하다
□ 直到	【zhídào】 즈따오	~에 이르다
□ 知道	【zhīdào】 즈따오	알다
□ 值得	【zhǐdé】 즈더	부득이, 부득불
□ 值得	【zhíde】 즈더	값에 상응하다
□ 致电	【zhìdiàn】 즈띠엔	전보를 보내다
□ 指点	【zhǐdiǎn】 즈디엔	지시하다, 지적하다
□ 制定	【zhìdìng】 즈띵	제정하다
□ 指定	【zhǐdìng】 즈띵	지정하다

□ 制度	〔zhìdù〕 즈뚜	제도
□ 至多	〔zhìduō〕 즈뚜어	최대한, 많아도
□ 执法	〔zhífǎ〕 즈파	법을 집행하다
□ 脂肪	〔zhīfang〕 즈팡	지방
□ 制服	〔zhìfú〕 즈푸	제복
□ 支付	〔zhīfù〕 즈푸	지불하다
□ 致富	〔zhìfù〕 즈푸	치부하다, 부자가 되다
□ 职工	〔zhígōng〕 즈궁	직원과 공원, 종업원
□ 只顾	〔zhǐgù〕 즈꾸	오로지, ~에만 열중하다
□ 只管	〔zhǐguǎn〕 즈관	얼마든지, 마음대로
□ 只好	〔zhǐhǎo〕 즈하오	부득이
□ 之后	〔zhīhòu〕 즈허우	그다음에
□ 智慧	〔zhìhuì〕 즈훼이	지혜
□ 指挥	〔zhǐhuī〕 즈훼이	지휘
□ 之间	〔zhījiān〕 즈지엔	~사이에
□ 直接	〔zhíjiē〕 즈지에	직접(의), 직접적(인)
□ 至今	〔zhìjīn〕 즈진	지금까지
□ 致敬	〔zhìjìng〕 즈징	경의를 표하다

□ 直径	【zhíjìng】 즈징	직경
□ 知觉	【zhījué】 즈쥐에	지각, 감각, 깨닫다
□ 之类~	【zhīlèi~】 즈레이	~의류다, ~와 같은
□ 智力	【zhìlì】 즈리	지력
□ 治理	【zhìlǐ】 즈리	다스리다, 통치하다
□ 质量	【zhìliàng】 즈리앙	질량
□ 治疗	【zhìliáo】 즈리아오	치료하다
□ 指令	【zhǐlìng】 즈링	지령
□ 芝麻	【zhīmá】 즈마	깨(식물)
□ 殖民地	【zhímíndì】 즈민띠	식민지
□ 殖民主义	【zhímínzhǔyì】 즈민주이	식민주의
□ 指明	【zhǐmíng】 즈밍	분명히 지적하다
□ 指南针	【zhǐnánzhēn】 즈난전	나침반, 지남침
□ 之内~	【zhīnèi~】 즈네이	~의 안쪽, ~의 내
□ 智能	【zhìnéng】 즈넝	지능
□ 只能	【zhǐnéng】 즈넝	오직 ~해야만
□ 职能	【zhínéng】 즈넝	직능
□ 支配	【zhīpèi】 즈페이	지배하다

□ 支票	〔zhīpiào〕	즈피아오	지표
□ 制品	〔zhìpǐn〕	즈핀	제품
□ 质朴	〔zhìpǔ〕	즈푸	소박하다, 질박하다
□ 之前	〔zhīqián〕	즈치엔	~그전에
□ 执勤	〔zhíqín〕	즈친	근무하다, 근무를 집행하다
□ 职权	〔zhíquán〕	즈취엔	직권
□ 之上	〔zhīshàng〕	즈샹	~의 위
□ 至少	〔zhìshǎo〕	즈시아오	최소한
□ 只是	〔zhǐshì〕	즈스	그렇지만, 그런데
□ 指示	〔zhǐshì〕	즈스	지시하다
□ 知识	〔zhīshi〕	즈스	지식
□ 致使	〔zhìshǐ〕	즈스	~이르게 하다
□ 只是	〔zhǐshì〕	즈스	다만
□ 指头	〔zhǐtou〕	즈터우	손가락
□ 之外~	〔zhīwài~〕	즈와이	~이외, ~이밖에
□ 指望	〔zhǐwang〕	즈왕	기대, 희망
□ 职务	〔zhíwù〕	즈우	직무
□ 植物	〔zhíwù〕	즈우	식물

□ 之下	〖zhīxià〗	즈시아	그 아래에
□ 直辖市	〖zhíxiáshì〗	즈시아스	직할시
□ 直线	〖zhíxiàn〗	즈시엔	직선
□ 执行	〖zhíxíng〗	즈씽	집행하다
□ 秩序	〖zhìxù〗	즈쉬	질서
□ 只要	〖zhǐyào〗	즈야오	~하기만 하면, 오직 ~라면
□ 职业	〖zhíye〗	즈예	직업
□ 之一	〖zhīyi〗	즈이	~의 하나이다
□ 指引	〖zhǐyǐn〗	즈인	지도하다, 인도하다
□ 只有	〖zhǐyǒu〗	즈여우	~해야만
□ 至于	〖zhīyú〗	즈위	~정도에, ~로 말하면
□ 志愿	〖zhìyuàn〗	즈위엔	지원, 지원하다, 희망하다
□ 支援	〖zhīyuán〗	즈위엔	지원하다
□ 职员	〖zhíyuán〗	즈위엔	직원
□ 制约	〖zhìyuē〗	즈위에	제약하다
□ 制造	〖zhìzào〗	즈자오	제조하다
□ 纸张	〖zhǐzhāng〗	즈장	종이
□ 执照	〖zhízhào〗	즈자오	허가증, 면허증

□ 指针	〔zhǐzhēn〕 즈전	지침
□ 执政	〔zhízhèng〕 즈정	집정하다
□ 直至	〔zhízhì〕 즈즈	쭉 ~에 이르다
□ 制止	〔zhìzhǐ〕 즈즈	제지하다, 저지하다
□ 之中	〔zhīzhōng〕 즈종	그중에
□ 支柱	〔zhīzhù〕 즈주	지주, 받침대
□ 蜘蛛	〔zhīzhū〕 즈주	거미
□ 侄子	〔zhízi〕 즈즈	조카
□ 制作	〔zhìzuò〕 즈쭈어	제작하다
□ 志气	〔zhìqì〕 즈치	패기, 의기
□ 中	〔zhōng〕 종	중간, 속, 안, 두 끝 사이
□ 钟	〔zhōng〕 종	시계, 벽시계
□ 终	〔zhōng〕 종	끝, 종말
□ 总	〔zhǒng〕 중	전체의, 총괄적인
□ 肿	〔zhǒng〕 종	붓다
□ 种	〔zhǒng〕 종	씨, 종자
□ 种	〔zhòng〕 종	(씨앗을) 심다, 종류, 부류, 가지
□ 中	〔zhòng〕 종	맞히다, 당하다

□ 重	【zhòng】	종 겹, 무게, 무겁다, 정도가 심하다
□ 众	【zhòng】	중 많다 (사람)
□ 钟表	【zhōngbiǎo】	종비아오 시계
□ 中部	【zhōngbù】	종뿌 중부
□ 中餐	【zhōngcān】	종추안 중국음식
□ 忠诚	【zhōngchéng】	종청 충성하다
□ 重大	【zhòngdà】	종따 중대하다
□ 总得	【zhǒngděi】	종떼이 아무래도 ~해야 한다
□ 中等	【zhōngděng】	종덩 중등의, 중급의
□ 种地	【zhòngdì】	종띠 농사짓다
□ 重点	【zhòngdiǎn】	종디엔 중점
□ 钟点	【zhōngdiǎn】	종디엔 시각, 시간
□ 终点	【zhōngdiǎn】	종디엔 종점
□ 终端	【zhōngduān】	종뚜안 종단
□ 中断	【zhōngduàn】	종뚜안 중단하다
□ 众多	【zhòngduō】	종뚜어 아주 많다 (사람)
□ 重工业	【zhònggōngyè】	종궁예 중공업
□ 纵横	【zhònghéng】	종헝 종횡, 가로 세로

□ **中间** 〔zhōngjiān〕 종지엔 **중간**

□ **终究** 〔zhōngjiū〕 종지우 **결국, 필경**

□ **种类** 〔zhǒnglèi〕 종레이 **종류**

□ **中立** 〔zhōnglì〕 종리 **중립, 중립하다**

□ **重量** 〔zhòngliàng〕 종리앙 **중량**

□ **肿瘤** 〔zhǒngliú〕 종리우 **종양, 혹**

□ **终年** 〔zhōngnián〕 종니엔 **종년, 향년**

□ **中年** 〔zhōngnián〕 종니엔 **중년**

□ **中秋** 〔zhōngqiū〕 종치우 **중추, 추석**

□ **众人** 〔zhòngrén〕 종런 **많은 사람**

□ **终身** 〔zhōngshēn〕 종션 **종신**

□ **重视** 〔zhòngshì〕 종스 **중시하다**

□ **忠实** 〔zhōngshí〕 종스 **충실하다**

□ **钟头** 〔zhōngtóu〕 종터우 **시간**

□ **中途** 〔zhōngtú〕 종투 **중도**

□ **中文** 〔Zhōngwén〕 종원 **중문, 중국어**

□ **中午** 〔zhōngwǔ〕 종우 **정오, 한낮**

□ **重心** 〔zhòngxīn〕 종씬 **중심, 핵심**

A
B
C
D
E
F
G
H
J
K
L
M
N
O
P
Q
R
S
T
W
X
Y
Z

□ 中心	〔zhōngxīn〕 종씬	**중심**
□ 衷心	〔zhōngxīn〕 종씬	**충심, 진심**
□ 重型	〔zhòngxíng〕 종씽	**중형, 대형, 중량급**
□ 中型	〔zhōngxíng〕 종씽	**중형**
□ 中学	〔zhōngxué〕 종쉬에	**중학**
□ 中旬	〔zhōngxún〕 종쒼	**중순**
□ 中央	〔zhōngyāng〕 종양	**중앙**
□ 中药	〔zhōngyào〕 종야오	**한약, 중국 의약**
□ 重要	〔zhòngyào〕 종야오	**중요하다**
□ 中医	〔zhōngyī〕 종이	**한방의, 한의사**
□ 众议院	〔zhòngyìyuàn〕 종이위엔	**중의원, 하원**
□ 中游	〔zhōngyóu〕 종여우	(강의) **중류, 중간상태**
□ 终于	〔zhōngyú〕 종위	**끝내**
□ 忠于	〔zhōngyú〕 종위	~에 **충성하다**
□ 忠贞	〔zhōngzhēn〕 종전	**충성스럽고 절의가 있다**
□ 总之	〔zǒngzhī〕 종즈	**총적으로 말하면, 요컨대**
□ 终止	〔zhōngzhǐ〕 종즈	**정지하다, 끝나다**
□ 种植	〔zhòngzhí〕 종즈	**종자를 심다**

□ 种种	【zhǒngzhong】 종종	여러 가지, 갖가지
□ 种族	【zhǒngzhú】 종주	종족
□ 种子	【zhǒngzi】 종즈	종자
□ 周	【zhōu】 저우	주위, 둘레, 주
□ 周	【zhōu】 저우	전반적이다, 주도면밀하다
□ 舟	【zhōu】 저우	배
□ 州	【zhōu】 저우	주 (지방행정구역단위)
□ 洲	【zhōu】 저우	대륙 및 그 도시의 총칭
□ 粥	【zhōu】 저우	죽
□ 皱	【zhòu】 저우	주름살이 생기다
□ 周到	【zhōudào】 저우따오	주도하다, 꼼꼼하다
□ 周密	【zhōumì】 저우미	세심하다, 세밀하다, 빈틈없다
□ 周末	【zhōumò】 저우모	주말
□ 周年	【zhōunián】 저우니엔	만 1년, 주년
□ 周期	【zhōuqī】 저우치	주기
□ 周围	【zhōuwéi】 저우웨이	주위
□ 皱纹	【zhòuwén】 저우원	주름, 구김살
□ 昼夜	【zhòuyè】 저우예	주야

A
B
C
D
E
F
G
H
J
K
L
M
N
O
P
Q
R
S
T
W
X
Y
Z

523

□ 周折　　　〔zhōuzhé〕 저우저 **우여곡절, 고심**

□ 周转　　　〔zhōuzhuǎn〕 저우주안 **유통되다**

□ 朱　　　　〔zhū〕 주 **주홍빛**

□ 株　　　　〔zhū〕 주 **그루**

□ 猪　　　　〔zhū〕 주 **돼지**

□ 足　　　　〔zhú〕 주 **발, 다리**

□ 主　　　　〔zhǔ〕 주 **주인, 소유주**

□ 拄　　　　〔zhǔ〕 주 **(지팡이를) 짚다**

□ 煮　　　　〔zhǔ〕 주 **삶다**

□ 著　　　　〔zhù〕 주 **현저하다, 저명하다**

□ 铸　　　　〔zhù〕 주 **주조하다, 지어붓다**

□ 著　　　　〔zhù〕 주 **저작, 저술**

□ 助　　　　〔zhù〕 주 **돕다, 협조하다, 원조하다**

□ 筑　　　　〔zhù〕 주 **건축하다**

□ 驻　　　　〔zhù〕 주 **머무르다, 주둔하다, 주류하다**

□ 著　　　　〔zhù〕 주 **저작하다, 저술하다**

□ 住　　　　〔zhù〕 주 **살다, 거주하다**

□ 祝　　　　〔zhù〕 주 **빌다, 축원하다**

□ 主办	【zhǔbàn】 주빤 **주최하다**
□ 主编	【zhǔbiān】 주비엔 **주필, 주필하다**
□ 逐步	【zhúbù】 주뿌 **차츰차츰**
□ 注册	【zhùcè】 주처 **등록하다**
□ 主持	【zhǔchí】 주츠 **주재하다, 주관하다**
□ 主导	【zhǔdǎo】 주다오 **주도적인 것, 주도하다**
□ 主动	【zhǔdòng】 주똥 **능동적이다, 자발적이다**
□ 住房	【zhùfang】 주팡 **주택**
□ 祝福	【zhùfú】 주푸 **축복하다**
□ 嘱咐	【zhǔfù】 주푸 **분부하다, 당부하다**
□ 主管	【zhǔguǎn】 주관 **주관하다, 관할하다, 주관자**
□ 主观	【zhǔguān】 주관 **주관(적이다)**
□ 祝贺	【zhùhè】 주허 **축하하다**
□ 逐渐	【zhújiàn】 주지엔 **점차**
□ 注解	【zhùjiě】 주지에 **주해, 주해하다, 주석하다**
□ 助理	【zhùlǐ】 주리 **보조, 보조하다**
□ 主力	【zhǔlì】 주리 **주력**
□ 主流	【zhǔliú】 주리우 **주류**

A
B
C
D
E
F
G
H
J
K
L
M
N
O
P
Q
R
S
T
W
X
Y
Z

- 著名 【zhùmíng】 주밍 저명하다

- 注目 【zhùmù】 주무 주목하다

- 逐年 【zhúnián】 주니엔 해마다, 매년

- 主权 【zhǔquán】 주취엔 주권

- 主任 【zhǔrèn】 주런 주임

- 主人 【zhǔrén】 주런 주인

- 主人翁 【zhǔrénwēng】 주런웡 주인장

- 诸如此类 【zhūrúcǐlèi】 주루츠레이 대개 이런 것들과 같다

- 注射 【zhùshè】 주셔 주사를 놓다

- 主食 【zhǔshí】 주스 주식

- 注视 【zhùshì】 주스 주시하다

- 注释 【zhùshì】 주스 주석

- 助手 【zhùshǒu】 주셔우 조수

- 住所 【zhùshuǒ】 주슈어 주소

- 主题 【zhǔtí】 주티 주제

- 主体 【zhǔtǐ】 주티 주체

- 嘱托 【zhǔtuō】 주투어 부탁하다, 의뢰하다

- 诸位 【zhūwèi】 주웨이 여러분

□ 主席	【zhǔxí】 주시	주석
□ 主要	【zhǔyào】 주야오	주요하다
□ 主义	【zhǔyì】 주이	주의
□ 主意	【zhùyì】 주이	의견, 방법
□ 注意	【zhùyì】 주이	주의하다
□ 祝愿	【zhùyuàn】 주위엔	축원, 축원하다
□ 住院	【zhùyuàn】 주위엔	입원하다
□ 铸造	【zhùzào】 주자오	주조하다
□ 驻扎	【zhùzhā】 주자	(군대가) 주둔하다
□ 住宅	【zhùzhái】 주자이	주택
□ 助长	【zhùzhǎng】 주장	조장하다
□ 主张	【zhǔzhāng】 주장	주장하다
□ 注重	【zhùzhòng】 주종	중시하다
□ 珠子	【zhūzi】 주즈	구슬, 진주
□ 柱子	【zhùzi】 주즈	기둥
□ 著作	【zhùzuò】 주쭈어	저작
□ 抓	【zhuā】 주아	잡다, 쥐다, 담당하다
□ 爪	【zhuǎ】 주아	발톱이 있는 짐승의 발

A
B
C
D
E
F
G
H
J
K
L
M
N
O
P
Q
R
S
T
W
X
Y
Z

□	抓紧	【zhuājǐn】주아진 꽉 잡다
□	拽	【zhuài】주아이 잡아당기다
□	专	【zhuān】주안 전문, 특별하다, 전문적이다
□	砖	【zhuān】주안 벽돌
□	传	【zhuàn】주안 전기, 일대기
□	赚	【zhuàn】주안 (돈을) 벌다, 이윤을 얻다
□	转	【zhuàn】주안 바뀌다, 돌리다, 전하다
□	转变	【zhuǎnbiàn】주안삐엔 전변하다
□	转播	【zhuǎnbō】주안보 중계방송하다
□	专长	【zhuāncháng】주안창 전문기능, 특기
□	专程	【zhuānchéng】주안청 특별히, 전적으로
□	转达	【zhuǎndá】주안다 전달하다
□	转动	【zhuǎndòng】주안뚱 돌리다, 돌다, 회전하다
□	转告	【zhuǎngào】주안까오 전하여 알리다
□	转化	【zhuǎnhuà】주안화 전화하다, 변하다
□	转换	【zhuǎnhuàn】주안후안 전환하다
□	传记	【zhuànjì】주안지 전기
□	专家	【zhuānjiā】주안지아 전문가

528

□ **转交** 〔zhuǎnjiāo〕 주안지아오 **전달하다**

□ **专科** 〔zhuānkē〕 주안커 **전문학과**

□ **专利** 〔zhuānlì〕 주안리 **특허**

□ **专门** 〔zhuānmén〕 주안먼 **전문직**

□ **转让** 〔zhuǎnràng〕 주안랑 **양도하다**

□ **专人** 〔zhuānrén〕 주안런 **전담자**

□ **转入** 〔zhuǎnrù〕 주안루 **전입하다**

□ **专题** 〔zhuāntí〕 주안티 **특별제목**

□ **转弯** 〔zhuǎnwān〕 주안완 **돌다, 모퉁이를 돌다**

□ **转向** 〔zhuǎnxiàng〕 주안시앙 **방향을 바꾸다,
전향하다**

□ **专心** 〔zhuānxīn〕 주안씬 **몰두하다**

□ **专业** 〔zhuānyè〕 주안예 **전업**

□ **专业户** 〔zhuānyèhù〕 주안예후 **전문업주, 특정업종
경영자**

□ **转移** 〔zhuǎnyí〕 주안이 **전이하다**

□ **专用** 〔zhuānyòng〕 주안용 **전용이다**

□ **转折** 〔zhuǎnzhé〕 주안저 **전환되다**

□ **专政** 〔zhuānzhèng〕 주안정 **독재, 독재정치를 하다**

□ **专制** 〔zhuānzhì〕 주안즈 **독재정치**

A
B
C
D
E
F
G
H
J
K
L
M
N
O
P
Q
R
S
T
W
X
Y
Z

□ 庄　　　　【zhuāng】 주앙 마을, 촌락, 부락

□ 桩　　　　【zhuāng】 주앙 건, 가지 (사건이나 일), 말뚝

□ 装　　　　【zhuāng】 주앙 담다, 가장하다

□ 壮　　　　【zhuàng】 주앙 강하다, 웅장하다, 강하게 하다

□ 撞　　　　【zhuàng】 주앙 부딪치다

□ 幢　　　　【zhuàng】 주앙 (건물의 동수를 세는 말) ~동

□ 装备　　　【zhuāngbèi】 주앙뻬이 장비, 갖추다

□ 壮大　　　【zhuàngdà】 주앙따 강대하다

□ 壮观　　　【zhuàngguān】 주앙관 장관이다

□ 庄稼　　　【zhuāngjiā】 주앙지아 농작물

□ 状况　　　【zhuàngkuàng】 주앙쾅 상황

□ 壮丽　　　【zhuànglì】 주앙리 장려하다

□ 壮烈　　　【zhuàngliè】 주앙리에 장렬하다

□ 装配　　　【zhuāngpèi】 주앙페이 조립하다, 맞추다

□ 装饰　　　【zhuāngshì】 주앙스 장식, 장식하다

□ 状态　　　【zhuàngtài】 주앙타이 상태

□ 装卸　　　【zhuāngxiè】 주앙시에 싣고 부리다, 조립분해
　　　　　　 하다

□ 庄严　　　【zhuāngyán】 주앙이엔 장엄하다

□ 装置　　　　【zhuāngzhì】 주앙즈 **장치, 장치하다**

□ 壮志　　　　【zhuàngzhì】 주앙즈 **웅대한 뜻**

□ 庄重　　　　【zhuāngzhòng】 주앙종 **장중하다**

□ 追　　　　　【zhuī】 주이 **뒤쫓다**

□ 追查　　　　【zhuīchá】 주이차 **추적조사하다**

□ 追究　　　　【zhuījiū】 주이차 **규명하다, 추궁하다**

□ 追求　　　　【zhuīqiú】 주이치우 **추구하다**

□ 准　　　　　【zhǔn】 준 **정확하다, 틀림없이, 표준**

□ 准备　　　　【zhǔnbèi】 준뻬이 **준비하다**

□ 准时　　　　【zhǔnshí】 준스 **시간을 정확히 지키다**

□ 准许　　　　【zhǔnxǔ】 준쉬 **허가하다**

□ 准则　　　　【zhǔnzé】 준저 **준칙**

□ 捉　　　　　【zhuō】 주어 **체포하다, 잡다**

□ 着　　　　　【zhuó】 주어 **붙다, 접촉하다, 입다**

□ 啄　　　　　【zhuó】 주어 **부리로 쪼다**

□ 酌情　　　　【zhuóqíng】 주어칭 **참작하다, 알아서하다**

□ 着手　　　　【zhuóshǒu】 주어셔우 **착수하다, 시작하다**

□ 着想　　　　【zhuóxiǎng】 주어상 **생각하다**

- □ 卓越　　　【zhuóyuè】주어위에 **탁월하다**

- □ 桌子　　　【zhuōzi】주어즈 **탁자**

- □ 紫　　　　【zǐ】즈 **자색의, 보랏빛의**

- □ 籽　　　　【zǐ】즈 **씨, 씨앗**

- □ 自　　　　【zì】쯔 **자연히, 당연히, 자기, 자신**

- □ 自卑　　　【zìbēi】쯔베이 **열등감을 갖다**

- □ 资本　　　【zīběn】즈번 **자본**

- □ 资本家　　【zīběnjiā】즈번지아 **자본가**

- □ 资本主义　【zīběnzhǔyì】즈번주이 **자본주의**

- □ 资产　　　【zīchǎn】즈추안 **자산**

- □ 自从　　　【zìcóng】쯔추웅 **~에서, ~부터**

- □ 子弹　　　【zǐdàn】즈딴 **탄알**

- □ 子弟　　　【zǐdì】즈띠 **자제**

- □ 字典　　　【zìdiǎn】쯔디엔 **자전**

- □ 自动　　　【zìdòng】쯔똥 **자동적인, 자발적으로**

- □ 自发　　　【zìfā】쯔파 **자연발생적인, 자발적인**

- □ 自费　　　【zìfèi】쯔페이 **자비로**

- □ 自古　　　【zìgǔ】쯔구 **자고로, 예로부터**

□ 自负盈亏	〔zìfùyíngkuī〕 쯔푸잉쿠에이	손익을 자기가 책임지다
□ 自豪	〔zìháo〕 쯔하오	자부, 자부하다
□ 自己	〔zìjǐ〕 쯔지	자기, 자신
□ 资金	〔zījīn〕 즈진	자금
□ 自觉	〔zìjué〕 쯔쮜에	자각적이다, 자각하다
□ 自来水	〔zìláishuǐ〕 쯔라이쉐이	수돗물
□ 自力更生	〔zìlìgēngshēng〕 쯔리겅셩	자력갱생
□ 资料	〔zīliào〕 즈리아오	자료
□ 自满	〔zìmǎn〕 쯔만	자만하다
□ 字母	〔zìmǔ〕 쯔무	자모
□ 自然	〔zìrán〕 쯔란	자연
□ 自杀	〔zìshā〕 쯔시아	자살하다
□ 自身	〔zìshēn〕 쯔션	자신
□ 姿势	〔zīshì〕 즈스	자세
□ 自始至终	〔zìshǐzhìzhōng〕 쯔스즈종	시종일관, 처음부터 끝까지
□ 自私	〔zìsī〕 쯔쓰	이기적이다
□ 自私自利	〔zìsīzìlì〕 쯔스쯔리	이기적이다, 사리사욕
□ 子孙	〔zǐsūn〕 즈쑨	자손

A
B
C
D
E
F
G
H
J
K
L
M
N
O
P
Q
R
S
T
W
X
Y
Z

- 恣态　　　【zītài】 즈타이 **자태**

- 滋味　　　【zīwèi】 즈웨이 **맛, 흥취**

- 自卫　　　【zìwèi】 쯔웨이 **자위하다**

- 自我　　　【zìwǒ】 쯔워 **자기, 자신**

- 仔细　　　【zǐxì】 즈시 **자세히**

- 自相矛盾　【zìxiāngmáodùn】 쯔시앙마오뚠 **자체모순이다, 자가당착이다**

- 自信　　　【zìxìn】 쯔씬 **자신하다, 스스로 믿다**

- 自行　　　【zìxíng】 쯔씽 **스스로, 저절로**

- 自行车　　【zìxíngchē】 쯔씽처 **자전거**

- 自学　　　【zìxué】 쯔쉬에 **독학, 독학하다**

- 咨询　　　【zīxún】 즈쉰 **자문하다**

- 自言自语　【zìyánzìyǔ】 쯔이엔쯔위 **혼자말로 중얼거리다**

- 自由　　　【zìyóu】 쯔여우 **자유**

- 自由市场　【zìyóushìchǎng】 쯔여우스창 **자유시장**

- 资源　　　【zīyuǎn】 즈위엔 **자원**

- 自愿　　　【zìyuàn】 쯔위엔 **자원하다**

- 滋长　　　【zīzhǎng】 즈장 **생기다, 성장하다**

- 自治　　　【zìzhì】 쯔즈 **자치하다**

□ 自治区	〔zìzhìqū〕	쯔즈취	자치구
□ 资助	〔zīzhù〕	즈주	재물로 돕다
□ 自主	〔zìzhǔ〕	쯔주	자주적이다, 자기마음대로 하다
□ 总	〔zǒng〕	종	합치다, 늘, 언제나
□ 总的来说	〔zǒngdeláishūo〕	종더라이슈어	전반적으로 말하면
□ 总督	〔zǒngdū〕	종두	총독
□ 总额	〔zǒng'é〕	종어	총액
□ 总而言之	〔zǒngéryánzhī〕	종얼이엔즈	총괄적으로 말하면, 요컨대
□ 总共	〔zǒnggòng〕	종꽁	모두, 전부
□ 总和	〔zǒnghé〕	종허	총화, 총수
□ 综合	〔zōnghe〕	종허	합하다
□ 踪迹	〔zōngjì〕	종지	종적
□ 总计	〔zǒngjì〕	종지	총계하다, 합계하다
□ 宗教	〔zōngjiào〕	종지아오	종교
□ 总结	〔zǒngjié〕	종지에	모두 마무리하다
□ 总理	〔zǒnglǐ〕	종리	총리
□ 宗派	〔zōngpài〕	종파이	종파
□ 纵然	〔zòngrán〕	종란	~일지라도

□ **棕色**	〔zōngsè〕	종써	**갈색, 다갈색**
□ **总数**	〔zǒngshù〕	종수	**총수**
□ **总司令**	〔zǒngsīlìng〕	종스링	**총사령**
□ **总算**	〔zǒngsuàn〕	종쑤안	**마침내, 간신히**
□ **总统**	〔zǒngtǒng〕	종통	**총통, 대통령**
□ **总务**	〔zǒngwù〕	종우	**총무**
□ **宗旨**	〔zōngzhǐ〕	종즈	**종지**
□ **走**	〔zǒu〕	저우	**가다**
□ **奏**	〔zòu〕	쩌우	**연주하다**
□ **揍**	〔zòu〕	쩌우	**때리다, 치다, 깨뜨리다**
□ **走道**	〔zǒudào〕	저우따오	**보도**
□ **走访**	〔zǒufǎng〕	저우팡	**방문하다, 인터뷰**
□ **走狗**	〔zǒugǒu〕	저우거우	**주구, 앞잡이**
□ **走后门儿**	〔zǒuhòuménr〕	저우허우멀	**뒷거래를 하다**
□ **走廊**	〔zǒuláng〕	저우랑	**복도**
□ **走漏**	〔zǒulòu〕	저우러우	**새나가다**
□ **走私**	〔zǒusī〕	저우스	**밀수하다, 암거래하다**
□ **走弯路**	〔zǒuwānlù〕	저우완루	**굽은 길로 가다, 잘못 가다**

□ 走向	〔zǒuxiàng〕저우시앙 방향, 주향
□ 租	〔zū〕쭈 훼방 놓다
□ 族	〔zú〕쭈 종족
□ 足	〔zú〕쭈 족하다, 충분하다
□ 组	〔zǔ〕쭈 조, 그룹, 팀, 짜다, 조직하다
□ 阻碍	〔zǔ'ài〕쭈아이 저해하다, 방해하다
□ 组成	〔zǔchéng〕쭈청 구성하다, 편성하다
□ 阻挡	〔zǔdǎng〕쭈당 저지하다, 제지하다, 가로막다
□ 祖父	〔zǔfù〕쭈푸 조부, 할아버지
□ 祖国	〔zǔguó〕쭈구어 조국
□ 组合	〔zǔhé〕쭈허 조합하다, 짜맞추다
□ 租金	〔zūjīn〕쭈진 임대료
□ 阻力	〔zǔlì〕쭈리 저항력, 저지력
□ 租赁	〔zūlìn〕쭈린 (토지나 집 따위를) 빌려 쓰다
□ 祖母	〔zǔmǔ〕쭈무 조모
□ 阻挠	〔zǔnáo〕쭈나오 저지하다, 방해하다
□ 足球	〔zúqiú〕쭈치우 축구
□ 祖先	〔zǔxiān〕쭈시엔 선조

A
B
C
D
E
F
G
H
J
K
L
M
N
O
P
Q
R
S
T
W
X
Y
Z

- 足以 　【zúyǐ】 쭈이 충분히 ~할 수 있다
- 组长 　【zǔzhǎng】 쭈장 조장
- 阻止 　【zǔzhǐ】 쭈즈 저지하다
- 组织 　【zǔzhī】 쭈즈 조직
- 竹子 　【zúzi】 쭈즈 참대
- 钻 　【zuān】 쭈안 뚫다, (뚫고) 들어가다
- 钻空子 　【zuānkòngzi】 쭈안콩즈 기회를(빈틈을) 타다
- 钻石 　【zuànshí】 쭈안스 다이아몬드, 금강석
- 钻研 　【zuānyán】 쭈안이엔 탐구하다, 깊이 연구하다
- 嘴 　【zuǐ】 쮀이 입, 주둥이
- 罪 　【zuì】 쮀이 죄, 범죄, 잘못
- 最 　【zuì】 쮀이 가장, 최고로
- 醉 　【zuì】 쮀이 술에 취하다
- 嘴巴 　【zuǐbā】 쮀이바 뺨, 입
- 最初 　【zuìchū】 쮀이추 최초
- 嘴唇 　【zuǐchún】 쮀이춘 입술
- 追悼 　【zuīdào】 쮀이따오 추도하다
- 罪恶 　【zuìè】 쮀이어 죄악

538

□ 罪犯	〔zuìfàn〕 쮀이판	**범죄**
□ 追赶	〔zuīgǎn〕 쮀이간	**쫓아가다**
□ 最好	〔zuìhǎo〕 쮀이하오	**가장 좋아하는**
□ 最后	〔zuìhòu〕 쮀이허우	**최후**
□ 最近	〔zuìjìn〕 쮀이진	**최근**
□ 罪名	〔zuìmíng〕 쮀이밍	**죄명**
□ 追问	〔zuīwèn〕 쮀이원	**추궁하다**
□ 罪行	〔zuìxíng〕 쮀이씽	**범죄 행위, 범법 행위**
□ 罪状	〔zuìzhuàng〕 쮀이주앙	**죄상**
□ 尊	〔zūn〕 쭌	**존경하다**
□ 尊称	〔zūnchēng〕 쭌청	**존칭**
□ 尊敬	〔zūnjìng〕 쭌징	**존경하다**
□ 遵守	〔zūnshǒu〕 쭌셔우	**준수하다**
□ 遵循	〔zūnxún〕 쭌쉰	**따르다, 지키다**
□ 尊严	〔zūnyán〕 쭌이엔	**존엄**
□ 遵照	〔zūnzhào〕 쭌자오	**따르다**
□ 尊重	〔zūnzhòng〕 쭌종	**존중하다**
□ 作案	〔zuò'àn〕 쭈어안	**범죄를 저지르다**

A
B
C
D
E
F
G
H
J
K
L
M
N
O
P
Q
R
S
T
W
X
Y
Z

□ 左　　　　【zuǒ】 쭈어 좌

□ 作　　　　【zuò】 쭈어 하다, 제작하다

□ 坐　　　　【zuò】 쭈어 앉다

□ 座　　　　【zuò】 쭈어 ~동, ~좌, ~하나

□ 做　　　　【zuò】 쭈어 일하다, 만들다, ~로 하다

□ 作案　　　【zuòàn】 쭈어안 (개인이나 단체가) 범죄를 저지르다

□ 作罢　　　【zuòbà】 쭈어바 취소하다, 중지하다, 그만두다

□ 坐班　　　【zuòbān】 쭈어반 정시에 출퇴근하다

□ 左边　　　【zuǒbian】 쭈어비엔 왼쪽

□ 作对　　　【zuòduì】 쭈어뚜에이 맞서다, 대립하다,
　　　　　　　　　　　　　　　적대하다

□ 作恶　　　【zuòè】 쭈어어 나쁜 짓을 하다

□ 作法　　　【zuòfǎ】 쭈어파 작업

□ 做法　　　【zuòfǎ】 쭈어파 (만드는) 법, (하는) 방법

□ 左方　　　【zuǒfāng】 쭈어팡 좌방, 왼쪽

□ 作坊　　　【zuōfang】 쭈어팡 (수공업) 작업장(공장)

□ 作废　　　【zuòfèi】 쭈어페이 무효로 하다, 폐지하다

□ 作风　　　【zuòfēng】 쭈어펑 작풍, 태도

□ 做工　　　【zuògōng】 쭈어궁 일하다, 노동하다

□ 作家　　　〔zuòjiā〕쭈어지아 **작가**

□ 做客　　　〔zuòkè〕쭈어커 **손님이 되다, 방문하다**

□ 做梦　　　〔zuòmèng〕쭈어멍 **꿈을 꾸다**

□ 琢磨　　　〔zuómo〕쭈어모 **(옥, 돌을) 갈다**

□ 作弄　　　〔zuònòng〕쭈어농 **우롱하다, 조롱하다, 놀리다**

□ 左派　　　〔zuǒpài〕쭈어파이 **좌파, 급진파, 과격파**

□ 做派　　　〔zuò·pài〕쭈어파이 **가식하다, 거드름 피우다, 젠체하다**

□ 作品　　　〔zuòpǐn〕쭈어핀 **작품**

□ 座儿　　　〔zuòr〕쭈얼 **자리, 좌석**

□ 座谈　　　〔zuòtán〕쭈어탄 **좌담하다**

□ 昨天　　　〔zuótiān〕쭈어티엔 **어제**

□ 坐位　　　〔zuòwèi〕쭈어웨이 **좌석**

□ 作为　　　〔zuòwéi〕쭈어웨이 **~의 신분으로, ~로 하다**

□ 作文　　　〔zuòwén〕쭈어원 **작문**

□ 作物　　　〔zuòwù〕쭈어우 **농작물**

□ 作业　　　〔zuòyè〕쭈어예 **작업**

□ 作用　　　〔zuòyòng〕쭈어용 **작용**

□ 左右　　　〔zuǒyòu〕쭈어여우 **좌우, 옆 , 곁**

□ 座右銘　　【zuòyòumíng】쭈어여우밍 **좌우명**

□ 作战　　【zuòzhàn】쭈어잔 **작전, 작전하다, 싸우다**

□ 作者　　【zuòzhe】쭈어저 **작가, 작자**

□ 坐正　　【zuòzhèng】쭈어정 **정좌하다, 단정히 앉다**

□ 作证　　【zuòzhèng】쭈어정 **입증하다, 증명하다**

□ 作主　　【zuòzhǔ】쭈어주 **주장, 주장하다, 결정하다**

□ 做作　　【zuòzuo】쭈어쭈어 **가식하다, 짐짓 ~인 체하다**

주제별 단어

■ 숫자

□ 零　　　【líng】 링 영 / 0

□ 一　　　【yī】 이 일 / 1

□ 二　　　【èr】 얼 이 / 2

□ 三　　　【sān】 싼 삼 / 3

□ 四　　　【sì】 쓰 사 / 4

□ 五　　　【wǔ】 우 오 / 5

□ 六　　　【liù】 리우 육 / 6

□ 七　　　【qī】 치 칠 / 7

□ 八　　　【bā】 빠 팔 / 8

□ 九　　　【jiǔ】 지우 구 / 9

□ 十　　　【shí】 스 십 / 10

□ 二十　　【èrshí】 얼스 이십 / 20

□ 三十　　【sānshí】 싼스 삼십 / 30

□ 四十　　【sìshí】 쓰스 사십 / 40

五十	【wǔshí】 우스 **오십** / 50
六十	【liùshí】 리우스 **육십** / 60
七十	【qīshí】 치스 **칠십** / 70
八十	【bāshí】 빠스 **팔십** / 80
九十	【jiǔshí】 지우스 **구십** / 90
百	【bǎi】 바이 **백** / 100
二百	【èrbǎi】 얼바이 **이백** / 200
三百	【sānbǎi】 싼바이 **삼백** / 300
四百	【sìbǎi】 쓰바이 **사백** / 400
五百	【wǔbǎi】 우바이 **오백** / 500
六百	【liùbǎi】 리우바이 **육백** / 600
七百	【qībǎi】 치바이 **칠백** / 700
八百	【bābǎi】 빠바이 **팔백** / 800
九百	【jiǔbǎi】 지우바이 **구백** / 900
一千	【yīqiān】 이치엔 **천** / 1,000
二千	【èrqiān】 얼치엔 **이천** / 2,000
三千	【sānqiān】 싼치엔 **삼천** / 3,000
四千	【sìqiān】 쓰치엔 **사천** / 4,000

▫ 五千	【wǔqiān】 우치엔 **오천** / 5,000	
▫ 六千	【liùqiān】 리우치엔 **육천** / 6,000	
▫ 七千	【qīqiān】 치치엔 **칠천** / 7,000	
▫ 八千	【bāqiān】 빠치엔 **팔천** / 8,000	
▫ 九千	【jiǔqiān】 지우치엔 **구천** / 9,000	
▫ 一万	【yīwàn】 이완 **만** / 10,000	
▫ 两万	【liǎngwàn】 리앙완 **이만** / 20,000	
▫ 三万	【sānwàn】 싼완 **삼만** / 30,000	
▫ 四万	【sìwàn】 쓰완 **사만** / 40,000	
▫ 五万	【wǔwàn】 우완 **오만** / 50,000	
▫ 六万	【liùwàn】 리우완 **육만** / 60,000	
▫ 七万	【qīwàn】 치완 **칠만** / 70,000	
▫ 八万	【bāwàn】 빠완 **팔만** / 80,000	
▫ 九万	【jiǔwàn】 지우완 **구만** / 90,000	
▫ 十万	【shíwàn】 스완 **십만** / 100,000	
▫ 百万	【bǎiwàn】 바이완 **백만** / 1,000,000	
▫ 千万	【qiānwàn】 치엔완 **천만**	
▫ 亿	【yì】 이 **억**	

■ 시간

- 一点　　　　【yīdiǎn】 이띠엔 **한 시 / 1시**

- 二点　　　　【èrdiǎn】 얼띠엔 **두 시 / 2시**

- 三点　　　　【sāndiǎn】 싼띠엔 **세 시 / 3시**

- 四点　　　　【sìdiǎn】 쓰띠엔 **네 시 / 4시**

- 五点　　　　【wǔdiǎn】 우띠엔 **다섯 시 / 5시**

- 六点　　　　【liùdiǎn】 리우띠엔 **여섯 시 / 6시**

- 七点　　　　【qīdiǎn】 치띠엔 **일곱 시 / 7시**

- 八点　　　　【bādiǎn】 빠띠엔 **여덟 시 / 8시**

- 九点　　　　【jiǔiǎn】 지우띠엔 **아홉 시 / 9시**

- 十点　　　　【shídiǎn】 스띠엔 **열 시 / 10시**

- 十一点　　　【shíyīdiǎn】 스이띠엔 **열한 시 / 11시**

- 十二点　　　【shí'èrdiǎn】 스얼띠엔 **열두 시 / 12시**

- 几点　　　　【jǐdiǎn】 지띠엔 **몇 시**

- ~分　　　　【fēn】 펀 **~분**

- 几分　　　　【jǐfēn】 지펀 **몇 분**

- ~秒　　　　【miǎo】 미아오 **~초**

- 几秒　　　　【jǐmiǎo】 지미아오 **몇 초**

546

■ 날짜

□ 一日(号)　　　【yīrì(hào)】 이르(하오) 1일

□ 二日(号)　　　【èrrì(hào)】 얼르(하오) 2일

□ 三日(号)　　　【sānrì(hào)】 싼르(하오) 3일

□ 四日(号)　　　【sìrì(hào)】 쓰르(하오) 4일

□ 五日(号)　　　【wǔrì(hào)】 우르(하오) 5일

□ 六日(号)　　　【liùrì(hào)】 리우르(하오) 6육

□ 七日(号)　　　【qīrì(hào)】 치르(하오) 7일

□ 八日(号)　　　【bārì(hào)】 빠르(하오) 8일

□ 九日(号)　　　【jiǔrì(hào)】 지우르(하오) 9일

□ 十日(号)　　　【shírì(hào)】 스르(하오) 10일

□ 十一日(号)　　【shíyīrì(hào)】 스이르(하오) 11일

□ 二十日(号)　　【èrshírì(hào)】 얼스르(하오) 20일

□ 二十一日(号)　【èrshíyīrì(hào)】 얼스이르(하오) 21일

□ 三十日(号)　　【sānshírì(hào)】 싼스르(하오) 30일

□ 三十一日(号)　【sānshíyīrì(hào)】 싼스이르(하오) 31일

□ 几号　　　　　【jǐhào】 지하오 며칠

■ 요일

□ 星期一　【xīngqīyī】씽치이 월요일

□ 星期二　【xīngqīèr】씽치얼 화요일

□ 星期三　【xīngqīsān】씽치싼 수요일

□ 星期四　【xīngqīsì】씽치쓰 목요일

□ 星期五　【xīngqīwǔ】씽치우 금요일

□ 星期六　【xīngqīliù】씽치리우 토요일

□ 星期日　【xīngqīrì】씽치르 일요일

　星期天　【xīngqītiān】씽치티엔 일요일

□ 星期几　【xīngqījǐ】씽치지 무슨 요일

■ 월

□ 一月　　【yīyuè】이위에 1월

□ 二月　　【èryuè】얼위에 2월

□ 三月　　【sānyuè】싼위에 3월

□ 四月　　【sìyuè】쓰위에 4월

□ 五月　　【wǔyuè】우위에 5월

□ 六月　　【liùyuè】리우위에 6월

□ 七月　　【qīyuè】치위에 7월

□ 八月	【bāyuè】	빠위에	8월
□ 九月	【jiǔyuè】	지우위에	9월
□ 十月	【shíyuè】	스위에	10월
□ 十一月	【shíyīyuè】	스이위에	11월
□ 十二月	【shíèryuè】	스얼위에	12월
□ 几月	【jǐyuè】	지위에	몇 월

■ 때

□ 时间	【shíjiān】	스지엔	시간
□ 时候	【shíhòu】	스허우	때, 시
□ 时刻	【shíkè】	스커	시각
□ 现在	【xiànzài】	시엔짜이	현재, 지금
□ 过去	【guòqù】	꾸어취	과거
□ 未来	【wèilái】	웨이라이	미래
□ 以前	【yǐqián】	이치엔	이전
□ 以后	【yǐhòu】	이허우	이후, 그후
□ 最近	【zuìjìn】	쮀이진	최근, 요즘
□ 最初	【zuìchū】	쮀이추	최초, 처음
□ 最后	【zuìhòu】	쮀이허우	최후, 마지막

□ 世纪	【shìjì】 스지 세기
□ 年	【nián】 니엔 연, 해
□ 前年	【qiánnián】 치엔니엔 재작년
□ 去年	【qùnián】 취니엔 작년
□ 今年 `	【jīnnián】 진니엔 금년, 올해
□ 明年	【míngnián】 밍니엔 내년, 명년
□ 后年	【hòunián】 허우니엔 내후년
□ 每年	【měinián】 메이니엔 매년
□ 新年	【xīnnián】 씬니엔 신년, 새해
□ 月	【yuè】 위에 월, 달
□ 上个月	【shànggèyuè】 샹거위에 지난달
□ 这个月	【zhègèyuè】 저거위에 이번달
□ 下个月	【xiàgèyuè】 시아거위에 다음달
□ 每月	【měiyuè】 메이위에 매달, 매월
□ 星期	【xīngqī】 씽치 주, 주간
□ 周末	【zhōumò】 저우모 주말
□ 上个星期	【shànggèxīngqī】 샹거씽치 지난주
□ 这个星期	【zhègèxīngqī】 저거씽치 이번주

□ 下个星期	【xiàgèxīngqī】	시아거씽치	다음주
□ 每星期	【měixīngqī】	메이씽치	매주
□ 日子	【rìzǐ】	르쯔	날, 날짜
□ 前天	【qiántiān】	치엔티엔	그제
□ 昨天	【zuótiān】	쭈어티엔	어제
□ 今天	【jīntiān】	진티엔	오늘
□ 明天	【míngtiān】	밍티엔	내일
□ 后天	【hòutiān】	허우티엔	모레
□ 天天	【tiāntiān】	티엔티엔	매일
□ 每天	【měitiān】	메이티엔	매일
□ 第二天	【dìèrtiān】	디얼티엔	다음날
□ 整天	【zhěngtiān】	정티엔	온종일
□ 半天	【bàntiān】	빤티엔	반나절
□ 天亮	【tiānliàng】	티엔리앙	새벽
□ 早上	【zǎoshàng】	짜오샹	아침
□ 白天	【báitiān】	바이티엔	낮
□ 上午	【shàngwǔ】	샹우	오전
□ 中午	【zhōngwǔ】	종우	정오

下午	【xiàwǔ】 시아우 오후
晚上	【wǎnshàng】 완샹 저녁
夜	【yè】 예 밤
半夜	【bànyè】 빤예 한밤중

■ 지시대명사

这个	【zhègè】 저거 이것, 그것
那个	【nàgè】 나거 저것
哪个	【nǎgè】 나거 어느 것
这里	【zhèlǐ】 저리 여기
那里	【nàlǐ】 나리 저기, 거기
哪里	【nǎlǐ】 나리 어디
这边	【zhèbiān】 저삐엔 이쪽
那边	【nàbiān】 나삐엔 저쪽, 그쪽
哪边	【nǎbiān】 나삐엔 어느 쪽

■ 인칭대명사

我	【wǒ】 워 나
我们	【wǒmėn】 워먼 우리들
你	【nǐ】 니 당신

- 您 　　　　【nín】닌 당신(존경어)

- 你们 　　　【nǐmėn】니먼 당신들

- 先生 　　　【xiānshēng】시엔성 씨

- 小姐 　　　【xiǎojiě】시아오지에 양

- 他 　　　　【tā】타 그, 그이

- 她 　　　　【tā】타 그녀

■ 의문사

- 什么时候 【shénmeshíhòu】션머스허우 언제

- 什么地方 【shénmedìfāng】션머띠팡 어디

- 谁 　　　　【shéi】쉐이 누구

- 什么 　　　【shénme】션머 무엇

- 为什么 　　【wéishénme】웨이션머 왜

- 怎么 　　　【zěnme】전머 어떻게

- 怎么样 　　【zěnmeyàng】쩐머양 어떻게

■ 위치와 방향

- 上 　　　　【shàng】샹 위

- 中 　　　　【zhōng】종 가운데

- 下 　　　　【xià】시아 아래

□ 左边	【zuǒbiān】	쭈어삐엔 **왼쪽**
□ 右边	【yòubiān】	여우삐엔 **오른쪽**
□ 东边	【dōngbiān】	동삐엔 **동쪽**
□ 西边	【xībiān】	시삐엔 **서쪽**
□ 南边	【nánbiān】	난삐엔 **남쪽**
□ 北边	【běibiān】	베이삐엔 **북쪽**
□ 前边	【qiánbiān】	치엔삐엔 **앞**
□ 后边	【hòubiān】	허우삐엔 **뒤**
□ 旁边	【pángbiān】	팡삐엔 **옆, 가로**
□ ~从	【cóng】	총 **~부터**
□ ~到	【dào】	따오 **~까지**

■ 사계절

□ 季节	【jìjié】	지지에 **계절**
□ 春天	【chūntiān】	춘티엔 **봄**
□ 夏天	【xiàtiān】	시아티엔 **여름**
□ 秋天	【qiūtiān】	치우티엔 **가을**
□ 冬天	【dōngtiān】	동티엔 **겨울**

- **男人**　　【nánrén】 난런 **남자**

- **女人**　　【nǔrén】 뉘런 **여자**

- **婴儿**　　【yīng'ér】 잉얼 **아기**

- **小孩子**　【xiǎoháizǐ】 시아오하이즈 **어린이**

- **大人**　　【dàrén】 따런 **어른**

- **成人**　　【chéngrén】 청런 **성인**

- **少年**　　【shǎonián】 시아오니엔 **소년**

- **少女**　　【shǎonǔ】 시아오뉘 **소녀**

- **儿子**　　【érzǐ】 얼쯔 **아들**

- **女儿**　　【nǔér】 뉘얼 **딸**

- **兄弟**　　【xiōngdì】 시옹띠 **형제**

- **哥哥**　　【gēge】 꺼거 **형**

- **弟弟**　　【dìdi】 띠디 **동생**

- **姐妹**　　【jiěmèi】 지에메이 **자매**

- **姐姐**　　【jiějie】 지에지에 **누나, 언니**

- **妹妹**　　【mèimei】 메이메이 **누이동생, 여동생**

- **父亲**　　【fùqīn】 푸친 **아버지**

□ 爸爸	【bàba】 빠바	아빠
□ 母亲	【mǔqīn】 무친	어머니
□ 妈妈	【māma】 마마	엄마
□ 丈夫	【zhàngfū】 장푸	남편
□ 妻子	【qīzǐ】 치즈	아내
□ 祖父	【zǔfù】 쭈푸	할아버지
□ 祖母	【zǔmǔ】 쭈무	할머니
□ 公公	【gōnggong】 꽁공	시아버지
□ 婆婆	【pópo】 퍼퍼	시어머니
□ 岳父	【yuèfù】 위에푸	장인
□ 岳母	【yuèmǔ】 위에무	장모
□ 女婿	【nǚxù】 뉘쉬	사위
□ 媳妇	【xífù】 시푸	며느리
□ 孙子	【sūnzǐ】 쑨즈	손자
□ 孙女	【sūnnǚ】 쑨뉘	손녀
□ 朋友	【péngyǒu】 펑여우	친구
□ 韩国人	【Hánguórén】 한꾸어런	한국인
□ 中国人	【Zhōngguórén】 종꾸어런	중국인

- 신체

□ 身体　　【shēntǐ】션티 **몸**

□ 头　　　【tóu】터우 **머리**

□ 额头　　【étóu】어터우 **이마**

□ 眉毛　　【méimáo】메이마오 **눈썹**

□ 眼睛　　【yǎnjīng】이엔징 **눈**

□ 鼻子　　【bízǐ】삐즈 **코**

□ 耳朵　　【ěrduǒ】얼뚜어 **귀**

□ 嘴　　　【zuǐ】쮀이 **입**

□ 脖子　　【bózǐ】뽀즈 **목**

□ 吼咙　　【hǒulóng】허우롱 **목구멍**

□ 肚子　　【dùzǐ】뚜즈 **배**

□ 肚脐　　【dùqí】뚜치 **배꼽**

□ 下腹部　【xiàfùbù】시아푸뿌 **아랫배**

□ 腰　　　【yāo】야오 **허리**

□ 肩膀　　【jiānbǎng】지엔빵 **어깨**

□ 肘　　　【zhǒu】저우 **팔꿈치**

□ 手腕　　【shǒuwàn】셔우완 **손목**

557

□ 手指　　【shǒuzhǐ】셔우즈 **손가락**

□ 手　　　【shǒu】셔우 **손**

□ 脚　　　【jiǎo】지아오 **다리**

□ 膝盖　　【xīgài】시까이 **무릎**

□ 臀部　　【túnbù】툰뿌 **엉덩이**

□ 大腿上部　【dàtuǐshàngbù】따투에이샹뿌 **허벅다리**

□ 脚腕　　【jiǎowàn】지아오완 **발목**

□ 脚尖　　【jiǎojiān】지아오지엔 **발끝**

■ <u>스포츠</u>

□ 足球　　【zúqiú】주치우 **축구**

□ 橄榄球　【gǎnlǎnqiú】깐란치우 **럭비**

□ 排球　　【páiqiú】파이치우 **배구**

□ 篮球　　【lánqiú】란치우 **농구**

□ 棒球　　【bàngqiú】방치우 **야구**

□ 乒乓球　【pīngpāngqiú】핑팡치우 **탁구**

□ 羽毛球　【yǔmáoqiú】위마오치우 **배드민턴**

□ 网球　　【wǎngqiú】왕치우 **테니스**

□ 游泳　　【yóuyǒng】여우용 **수영**

558

□ 赛马	【sàimǎ】	싸이마	경마
□ 柔道	【róudào】	루어따오	유도
□ 举重	【jǔzhòng】	쥐종	역도
□ 拳击	【quánjī】	취엔지	권투
□ 摔跤	【shuāiqiāo】	수아이치아오	씨름
□ 溜冰	【liūbīng】	리우삥	스케이팅
□ 滑雪	【huáxuě】	화쉬에	스키
□ 马拉松	【mǎlāsōng】	마라송	마라톤
□ 田径赛	【tiánjìngsài】	티엔징싸이	육상경기
□ 体操	【tǐcāo】	티차오	체조
□ 跳水	【tiàoshuǐ】	티아오쉐이	다이빙
□ 射击	【shèjī】	셔지	사격
□ 手球	【shǒuqiú】	셔우치우	핸드볼
□ 曲棍球	【qūgùnqiú】	취꾼치우	하키
□ 冰球	【bīngqiú】	빙치우	아이스하키
□ 射箭	【shèjiàn】	셔지엔	양궁
□ 高尔夫球	【gāo'ěrfūqiú】	까옹얼푸치우	골프
□ 保龄球	【bǎolíngqiú】	빠오링치우	볼링

■ 거리와 도로

□ 高速公路　【gāosùgōnglù】 까오쑤꿍루 고속도로

□ 国道　　　【guódào】 꾸어따오 국도

□ 街道　　　【jiēdào】 지에따오 거리

□ 十字路口　【shízìlùkǒu】 스즈루커우 사거리

□ 马路　　　【mǎlù】 마오루 대로, 큰길

□ 小巷　　　【xiǎoxiàng】 시아오시앙 골목길

□ 单行道　　【dānxíngdào】 단씽따오 일방통행로

□ 近道　　　【jìndào】 진따오 지름길

□ 人行道　　【rénxíngdào】 런씽따오 인도, 보도

□ 平交道　　【píngjiāodào】 핑지아오따오 횡단보도

□ 地下道　　【dìxiàdào】 띠시아따오 지하도

□ 隧道　　　【suìdào】 쉬에이따오 터널

□ 天桥　　　【tiānqiáo】 티엔치아오 육교

□ 红绿灯　　【hónglǜdēng】 홍뤼덩 신호등

□ 红灯　　　【hóngdēng】 홍덩 적신호

□ 绿灯　　　【lǜdēng】 뤼덩 청신호

□ 交通警察　【jiāotōngjǐngchá】 지아오통징차 교통경찰

堵塞	【dǔsāi】 뚜싸이 교통체증
路边	【lùbiān】 뤼삐엔 길가
车道	【chēdào】 처따오 차도

■ 교통

上车	【shàngchē】 샹처 타다
下车	【xiàchē】 시아처 내리다
换车	【huànchē】 환처 갈아타다
开车	【kāichē】 카이처 운전하다
停车	【tíngchē】 팅처 정차하다
停车场	【tíngchēchǎng】 팅처창 주차장
执照	【zhízhào】 즈자오 면허증
站	【zhàn】 잔 역
车站	【chēzhàn】 처잔 정류장
终点站	【zhōngdiǎnzhàn】 종띠엔잔 종점
到站	【dàozhàn】 따오잔 도착하다
加油站	【jiāyóuzhàn】 지아여우잔 주유소
公共汽车	【gōnggòngqìchē】 꽁공치처 버스
长途车	【chángtúchē】 창투처 장거리버스

□ 游览车	【yóulǎnchē】 여우란처 **관광버스**
□ 汽车	【qìchē】 치처 **자동차**
□ 出租汽车	【chūzūqìchē】 추쭈치처 **택시**
□ 救护车	【jiùhùchē】 지우후처 **구급차**
□ 救火车	【jiùhuǒchē】 지우후어처 **소방차**
□ 自行车	【zìxíngchē】 즈씽처 **자전거**
□ 摩托车	【mótuōchē】 모투어처 **오토바이**
□ 卡车	【kǎchē】 카처 **트럭**
□ 电车	【diànchē】 띠엔처 **전차**
□ 地铁	【dìtiě】 띠티에 **지하철**
□ 船	【chuán】 추안 **배**
□ 货船	【huòchuán】 후어추안 **화물선**
□ 客船	【kèchuán】 커추안 **여객선**
□ 港口	【gǎngkǒu】 강커우 **항구**
□ 飞机	【fēijī】 페이지 **비행기**
□ 机场	【jīchǎng】 지창 **공항**
□ 火车	【huǒchē】 후어처 **기차**
□ 铁路	【tiělù】 티에루 **철도**

□ 客车　　　　【kèchē】 커처 객차

□ 博物馆　　　【bówùguǎn】 보우꽌 박물관

□ 美术馆　　　【měishùguǎn】 메이수꽌 미술관

□ 动物园　　　【dòngwùyuán】 동우위엔 동물원

□ 电影院　　　【diànyǐngyuàn】 디엔잉위엔 영화관

□ 剧场　　　　【jùchǎng】 쥐창 극장

□ 百货公司　　【bǎihuògōngsī】 빠이후어꽁쓰 백화점

□ 饭店　　　　【fàndiàn】 판띠엔 호텔

□ 旅馆　　　　【lǚguǎn】 뤼꽌 여관

□ 餐厅　　　　【cāntīng】 찬팅 레스토랑

□ 公园　　　　【gōngyuán】 꽁위엔 공원

□ 寺院　　　　【sìyuàn】 쓰위엔 사원

□ 寺庙　　　　【sìmiào】 쓰미아오 절

□ 教堂　　　　【jiàotáng】 지아오탕 교회

□ 图书馆　　　【túshūguǎn】 투수꽌 도서관

□ 城　　　　　【chéng】 청 성

□ 运动场　　　【yùndòngchǎng】 윈동창 운동장

□ 体育馆	【tǐyùguǎn】	티위꽌	체육관
□ 礼堂	【lǐtáng】	리탕	강당
□ 游泳池	【yóuyǒngchí】	여우용츠	수영장
□ 医院	【yīyuàn】	이위엔	병원
□ 夜总会	【yèzǒnghuì】	예종훼이	나이트클럽

■ 조리법

□ 煮	【zhǔ】	주	삶다
□ 炖	【dùn】	뚠	약한 불로 삶다
□ 炒	【chǎo】	차오	볶다
□ 爆	【bào】	빠오	강한 불로 빠르게 볶다
□ 炸	【zhà】	자	튀기다
□ 烹	【pēng】	펑	기름에 볶아 조미료를 치다
□ 煎	【jiān】	지엔	기름을 빼고 볶다
□ 烧	【shāo】	샤오	가열하다
□ 蒸	【zhēng】	정	찌다
□ 拌	【bàn】	빤	무치다
□ 烤	【kǎo】	카오	굽다
□ 砂锅	【shāguō】	시아꾸어	질냄비에 삶다

□ 溜	【liū】 리우	양념장을 얹다
□ 烩	【huì】 훼이	삶아 양념장에 얹다

■ 식사

□ 早饭	【zǎofàn】 짜오판	아침밥
□ 午饭	【wǔfàn】 우판	점심밥
□ 晚饭	【wǎnfàn】 완판	저녁밥
□ 点心	【diǎnxīn】 디엔씬	간식
□ 小吃	【xiǎochī】 시아오츠	스낵
□ 菜肴	【càiyáo】 차이야오	요리, 반찬
□ 餐	【cān】 찬	요리, 식사
□ 点菜	【diǎncài】 띠엔차이	(음식을) 주문하다
□ 夜餐	【yècān】 예찬	밤참, 야식
□ 茶点	【chádiǎn】 차띠엔	다과
□ 摊子	【tānzǐ】 탄즈	노점
□ 菜单	【càidān】 차이딴	식단, 메뉴
□ 好吃	【hǎochī】 하오츠	맛있다
□ 不好吃	【bùhǎochī】 뿌하오츠	맛없다
□ 口渴	【kǒukě】 커우커	목이 마르다

□ 香　　　【xiāng】 시앙 **향기롭다**

□ 甜　　　【tián】 티엔 **달다**

□ 苦　　　【kǔ】 쿠 **쓰다**

□ 淡　　　【dàn】 딴 **싱겁다**

□ 咸　　　【xián】 시엔 **짜다**

□ 辣　　　【là】 라 **맵다**

□ 酸　　　【suān】 쑤안 **시다**

□ 腥　　　【xīng】 씽 **비리다**

■ 곡류

□ 大米　　【dàmǐ】 따미 **쌀**

□ 大麦　　【dàmài】 따마이 **보리**

□ 小麦　　【xiǎomài】 시아오마이 **밀**

□ 玉米　　【yùmǐ】 위미 **옥수수**

□ 大豆　　【dàdòu】 따떠우 **콩**

□ 落花生　【luòhuāshēng】 루어화성 **땅콩**

■ 야채

□ 蔬菜　　【shūcài】 수차이 **야채**

□ 葱　　　【cōng】 총 **파**

566

□ 洋葱	【yángcōng】	양총	양파
□ 蒜	【suàn】	쑤안	마늘
□ 姜	【jiāng】	지앙	생강
□ 辣椒	【làjiāo】	라지아오	고추
□ 茄子	【qiézǐ】	치에즈	가지
□ 黄瓜	【huángguā】	후앙꾸아	오이
□ 南瓜	【nánguā】	난꾸아	호박
□ 菠菜	【bōcài】	보차이	시금치
□ 白菜	【báicài】	빠이차이	배추
□ 箩卜	【luóbo】	루어보	무
□ 土豆	【tǔdòu】	투떠우	감자
□ 白薯	【báishǔ】	빠이수	고구마
□ 豆芽儿	【dòuyár】	떠우얄	콩나물

■ 과일

□ 水果	【shuǐguǒ】	쉐이꾸어	과일
□ 苹果	【píngguǒ】	핑꾸어	사과
□ 梨子	【lízi】	리즈	배
□ 橙子	【chéngzi】	청즈	오렌지

□ 香蕉　　【xiāngjiāo】시앙지아오 **바나나**

□ 桃　　　【táo】타오 **복숭아**

□ 西瓜　　【xīguā】시꾸아 **수박**

□ 甜瓜　　【tiánguā】티엔꾸아 **참외**

□ 杏　　　【xìng】씽 **살구**

□ 梅　　　【méi】메이 **매실**

□ 葡萄　　【pútáo】푸타오 **포도**

□ 扬莓　　【yángméi】양메이 **딸기**

■ 육고기

□ 牛肉　　【niúròu】니우러우 **소고기**

□ 猪肉　　【zhūròu】주러우 **돼지고기**

□ 鸡肉　　【jīròu】지러우 **닭고기**

□ 羊肉　　【yángròu】양러우 **양고기**

□ 排骨　　【páigǔ】파이꾸 **갈비**

■ 어패류

□ 鱼　　　【yú】위 **생선**

□ 金枪鱼　【jīnqiāngyú】진치앙위 **참치**

□ 青鱼　　【qīngyú】칭위 **고등어**

□ 黄鱼	【huángyú】 후앙위	조기
□ 虾	【xiā】 시아	새우
□ 螃蟹	【pángxiè】 팡시에	게
□ 鳗鱼	【mányú】 만위	뱀장어
□ 贝	【bèi】 베이	조개
□ 牡蛎	【mǔlí】 무리	굴

■ 조미료

□ 味精	【wèijīng】 웨이징	조미료
□ 酱油	【jiàngyóu】 지앙여우	간장
□ 酱	【jiàng】 지앙	된장
□ 盐	【yán】 이엔	소금
□ 糖	【táng】 텅	설탕
□ 醋	【cù】 추	식초
□ 胡椒	【hújiāo】 후지아오	후추
□ 芥末	【jièmò】 지에모	겨자
□ 生姜	【shēngjiāng】 셩지앙	생강
□ 辣椒	【làjiāo】 라지아오	고추

■ 의류

□ 衣服　　　【yīfú】 이푸 **옷, 의복**

□ 西装　　　【xīzhuāng】 시주앙 **양복**

□ 上衣　　　【shàngyī】 샹이 **상의**

□ 衬衫　　　【chènshān】 천샨 **와이셔츠**

□ 毛衣　　　【máoyī】 마오이 **스웨터**

□ 背心　　　【bèixīn】 뻬이씬 **조끼**

□ 裙子　　　【qúnzi】 췬즈 **스커트**

□ 裤子　　　【kùzǐ】 쿠즈 **바지**

□ 夹克　　　【jiākè】 지아커 **점퍼**

□ 汗衫　　　【hánshān】 한샨 **속옷, 내의**

□ 汗背心　　【hánbèixīn】 한뻬이씬 **러닝셔츠**

□ 内裤　　　【nèikù】 네이쿠 **팬티**

□ 三角裤　　【sānjiǎokù】 싼지아오쿠 **삼각팬티**

□ 乳罩　　　【rǔzhào】 루자오 **브래지어**

□ 袜子　　　【wàzi】 와즈 **양말**

□ 帽子　　　【màozǐ】 마오즈 **모자**

□ 领带　　　【lǐngdài】 링따이 **넥타이**

□ **皮鞋**　　【píxié】 피시에 **구두**

□ **高跟鞋**　　【gāogēnxié】 까오건시에 **하이힐**

□ **球鞋**　　【qiúxié】 치우시에 **운동화**

□ **凉鞋**　　【liángxié】 리앙시에 **샌들**

□ **拖鞋**　　【tuōxié】 투어시에 **슬리퍼**

□ **长筒皮鞋**　　【chángtǒngpíxié】 창통피시에 **부츠**

■ 동물

□ **动物**　　【dòngwù】 동우 **동물**

□ **牲口**　　【shēngkǒu】 셩커우 **가축**

□ **狗**　　【gǒu】 꺼우 **개**

□ **猫**　　【māo】 마오 **고양이**

□ **马**　　【mǎ】 마 **말**

□ **斑马**　　【bānmǎ】 빤마 **얼룩말**

□ **牛**　　【niú】 니우 **소**

□ **猪**　　【zhū】 주 **돼지**

□ **鸡**　　【jī】 지 **닭**

□ **鸭子**　　【yāzi】 야즈 **오리**

□ **兔**　　【tù】 투 **토끼**

□ 羊	【yáng】 양 양
□ 山羊	【shānyáng】 산양 염소
□ 狐	【hú】 후 여우
□ 狼	【láng】 랑 늑대
□ 猴	【hóu】 허우 원숭이
□ 鹿	【lù】 루 사슴
□ 虎	【hū】 후 호랑이
□ 狮子	【shīzi】 스즈 사자
□ 熊	【xióng】 시옹 곰
□ 熊猫	【xióngmāo】 시옹마오 판다
□ 象	【xiàng】 시앙 코끼리
□ 河马	【hémǎ】 허마 하마
□ 鼠	【shǔ】 수 쥐
□ 蛇	【shé】 셔 뱀
□ 鸟	【niǎo】 니아오 새

■ 식물

| □ 植物 | 【zhíwù】 즈우 식물 |
| □ 木 | 【mù】 무 나무 |

□ 花　　　【huā】화 꽃

□ 草　　　【cǎo】차오 풀

□ 松树　　【sōngshù】쏭수 소나무

□ 竹子　　【zhúzi】주즈 대나무

□ 菊花　　【júhuā】쥐화 국화

□ 兰　　　【lán】란 난

□ 跟　　　【gēn】껀 뿌리

□ 秆子　　【gǎnzi】깐즈 줄기

□ 茎　　　【jīng】징 가지

□ 叶子　　【yèzi】예즈 잎

□ 芽　　　【yá】야 싹

□ 树皮　　【shùpí】수피 나무껍질

□ 花瓣　　【huābàn】화빤 꽃잎

□ 种子　　【zhǒngzǐ】종즈 씨앗

■ 주거

□ 房子　　【fángzǐ】팡즈 집

□ 住宅　　【zhùzhái】주자이 주택

□ 公寓　　【gōngyù】꽁위 아파트

□ 大楼　　　【dàlóu】따러우 빌딩

□ 正门　　　【zhèngmén】정면 현관

□ 起居室　　【qǐjūshì】치쥐스 거실

□ 卧室　　　【wòshì】우스 침실

□ 客厅　　　【kètīng】커팅 응접실, 객실

□ 餐厅　　　【cāntīng】찬팅 부엌

□ 洗脸间　　【xǐliǎnjiān】시리엔지엔 세면장

□ 厕所　　　【cèsuǒ】처쑤어 화장실

□ 洗澡间　　【xǐzǎojiān】시짜오지엔 욕실

□ 楼上　　　【lóushàng】루어샹 위층

□ 楼下　　　【lóuxià】루어시아 아래층

□ 楼梯　　　【lóutī】루어티 계단

□ 电梯　　　【diàntī】띠엔티 엘리베이터

□ 窗户　　　【chuānghù】추앙후 창문

■ 식기

□ 餐具　　　【cānjù】찬쥐 식기

□ 碗　　　　【wǎn】완 그릇

□ 盘子　　　【pánzi】판즈 쟁반

□ 碟子　　　　【diézi】 띠에즈 접시

□ 筷子　　　　【kuàizǐ】 콰이즈 젓가락

□ 匙子　　　　【chízi】 츠즈 숟가락

□ 勺子　　　　【sháozi】 샤오즈 국자

□ 餐刀　　　　【cāndāo】 찬따오 부엌칼

□ 菜刀　　　　【càidāo】 차이따오 요리용 칼

□ 菜板　　　　【càibǎn】 차이빤 도마

□ 茶杯　　　　【chábēi】 차베이 찻잔

□ 锅　　　　　【guō】 꾸어 냄비

■ 가구와 침구

□ 家具　　　　【jiājù】 지아쥐 가구

□ 桌子　　　　【zhuōzi】 주어즈 탁자

□ 椅子　　　　【yǐzi】 이즈 의자

□ 沙发　　　　【shāfā】 샤파 소파

□ 床　　　　　【chuáng】 추앙 침대

□ 被子　　　　【bèizi】 뻬이즈 이불

□ 褥子　　　　【rùzi】 루즈 요

□ 枕头　　　　【zhěntóu】 전터우 베개

■ 생활용품

□ 牙刷　　【yáshuā】 야수아 **칫솔**

□ 牙膏　　【yágāo】 야까오 **치약**

□ 脸盆　　【liǎnpén】 리엔펀 **세숫대야**

□ 肥皂　　【féizào】 페이짜오 **비누**

□ 香皂　　【xiāngzào】 시앙짜오 **세숫비누**

□ 洗衣粉　【xǐyīfěn】 시이펀 **세제**

□ 镜子　　【jìngzi】 징즈 **거울**

□ 梳子　　【shūzi】 수즈 **빗**

□ 剪刀　　【jiǎndāo】 지엔따오 **가위**

□ 指甲刀　【zhǐjiǎdāo】 즈지아따오 **손톱깎이**

□ 雨伞　　【yǔsǎn】 위싼 **우산**

□ 钱包　　【qiánbāo】 치엔빠오 **지갑**

□ 钥匙　　【yàochí】 야오츠 **열쇠**

□ 钟表　　【zhōngbiǎo】 종삐아오 **시계**

□ 眼镜　　【yǎnjìng】 이엔징 **안경**

□ 火柴　　【huǒchái】 후어차이 **성냥**

□ 大火机　【dàhuǒjī】 따후어지 **라이터**